ARMORIAL GÉNÉRAL
DE FRANCE

RECUEIL OFFICIEL
DRESSÉ EN VERTU DE L'ÉDIT DE 1696

PAR

CHARLES D'HOZIER
JUGE D'ARMES DE FRANCE ET GÉNÉALOGISTE DE LA MAISON DU ROY

publié par

HENRY BOUCHOT
DE L'ÉCOLE NATIONALE DES CHARTES

GÉNÉRALITÉ DE BOURGOGNE

TOME I*er* seul

DIJON
IMPRIMERIE D'ARANTIERE
RUE CHABOT-CHARNY
1878

ARMORIAL GÉNÉRAL

DE FRANCE

TOME I*er*

Le tome Ier comprend les villes suivantes :

DIJON — SEMUR-EN-AUXOIS — CHATILLON-SUR-SEINE
ET BAR-SUR-SEINE

ARMORIAL GÉNÉRAL
DE FRANCE

RECUEIL OFFICIEL
DRESSÉ EN VERTU DE L'ÉDIT DE 1696

PAR

CHARLES D'HOZIER
JUGE D'ARMES DE FRANCE ET GÉNÉALOGISTE DE LA MAISON DU ROY

publié par
HENRY BOUCHOT
DE L'ÉCOLE NATIONALE DES CHARTES

GÉNÉRALITÉ DE BOURGOGNE

TOME Ier

DIJON
IMPRIMERIE DARANTIERE
RUE CHABOT-CHARNY

1875

Peu de manuscrits ont eu la vogue de l'*Armorial Général*, peu ont eu d'aussi fervents détracteurs. Nous sommes de ceux qui estiment que ce long travail ne mérite ni cet honneur excessif, ni ce dédain systématique : d'autres personnes plus autorisées pensent-elles de même? Nous le croyons. Quelques notes, dues à la plume d'un érudit éminent et disséminées dans l'ouvrage, semblent prouver que les chercheurs vulgaires ne furent point seuls à feuilleter l'*Armorial* : et si des généalogistes fantaisistes ont puisé et puisent encore chez d'Hozier les principaux documents de leurs échafaudages nobiliaires, il n'en faut point malmener d'autant le juge d'armes : d'Hozier ne fait pas de généalogies; il enregistre officiellement des armoiries à lui présentées par des notables, qui moyennant finance acquièrent un droit; le Roi lui a donné plein pouvoir à ce sujet, un édit autorise, et des arrêts sanctionnent les décisions de l'homme de France le plus compétent en matière d'armoiries; ne lui demandons rien d'autre, son recueil est un armorial, et n'est qu'un armorial.

Nous ne venons donc ni défendre ni exalter le juge d'armes : tout au plus dirons-nous que ceux-là mêmes qui se montrèrent le plus âpres envers lui, furent précisément de riches prétentieux à qui il refusa de signer certaines généalogies fausses; être attaqué dans ce cas est un brevet d'intégrité que nul ne saurait contester.

D'aucuns lui font reproche d'avoir falsifié les armes, d'avoir corrompu et estropié les noms comme à plaisir. Ceci ne se soutient pas lorsqu'on sait par quelle série de mains inintelligentes passaient les cahiers avant d'arriver aux bureaux. Parfois cependant les erreurs étaient si grossières ou les blasons si mal décrits que, malgré la bonne volonté de d'Hozier à excuser les fautes héraldiques, force lui était d'apporter un sursis à l'enregistrement pour proposer à son tour une interprétation nouvelle. De là viennent ces changements d'émaux, de métaux ou de pièces qui, se produisant parfois entre les armoiries des membres d'une même famille, donnent tant d'inquiétude aux intéressés ; de là viennent aussi ces mentions sans cesse répétées d'armoiries à expliquer plus amplement, à cause des informations qu'il était nécessaire de prendre pour les comprendre et les enregistrer.

En dépit de ces reproches sans fondement sérieux, l'*Armorial*, comme nous le disions, a été et est encore en grande faveur dans les familles du Parlement et de la haute bourgeoisie : pourtant, bien que consulté à chaque instant, le recueil n'avait point été publié jusqu'à ce jour, et à peine quelques essais malheureux avaient-ils donné à une ou deux provinces une édition de leurs armoiries ; mais trop luxueux et partant trop chers, ces livres s'en étaient tenus à leurs premiers volumes ; d'autres raisons d'ailleurs et d'autres difficultés entravaient encore leur succès.

Publier d'Hozier tel quel, est impossible à qui le veut populariser et le rendre intelligible à tout le monde sans étude préalable. Composé de cahiers séparés, apportés successivement au bureau du juge d'armes et classés dans le manuscrit sans autre ordre que celui de leurs enregistrements successifs, l'*Armorial* ne peut devenir utile et maniable qu'après un assez long temps de recherches fréquentes. Là était l'écueil des publications antérieures, qu'il fallait éviter à tout prix.

Les nouveaux éditeurs ont pensé que d'Hozier, manuscrit moderne, pouvait sans inconvénient se prêter à certaines coupures comme aussi à certaines omissions. Partant de ce fait que chaque ville n'envoyait dans les bureaux que peu à peu les armoiries des notables qui l'habitaient, et que par conséquent ces armoiries se trouvent égarées un peu dans tous les cahiers de la province à des dates bien différentes, les éditeurs ont parcouru l'*Armorial* et groupé ensemble les éléments épars de ces villes pour en faire un tout homogène ; ils ont eu soin toutefois de laisser subsister les mentions initiales des cahiers qui excusent certaines transpositions de chiffres et aussi les sursis du juge d'armes.

Cet ordre une fois obtenu, les éditeurs ont négligé de rappeler les arrêts d'enregistrement placés après chaque cahier du manuscrit ; ces arrêts se reproduisant dans les mêmes termes, à des dates différentes seulement, il suffisait d'en placer un à la fin de chaque province avec la date extrême. Dans le courant du volume une simple note donnera le jour de l'enregistrement d'une série d'armoiries, et suppléera au fatras inutile et embrouillé des arrêts du Conseil.

Il eût été de plus bien inutile de conserver les récapitulations de finances perçues par le bureau pour chaque armoirie autorisée, et d'ailleurs l'idée de réunir les divers éléments égarés d'une ville en un tout s'opposait à ce que l'on gardât ces chiffres. Cela eût dérouté le lecteur peu au courant de l'*Armorial* sans rien lui apprendre. Pourquoi en effet ces récapitulations de sommes d'argent, qui se fussent forcément trouvées mêlées à l'explication des armoiries ? D'autres notes eussent été nécessaires pour expliquer leur intrusion ; nouvel effort pour le lecteur, nouvelle cause de fatigue et d'erreur qu'il nous parut préférable de supprimer.

La province formera un volume indépendant avec table des matières séparée de celle de l'ouvrage complet, laquelle ne sera terminée qu'après la publication entièrement achevée de l'*Armorial*. Mais voulant avant tout faire un travail utile, les éditeurs font appel à la bienveillance de leurs souscripteurs pour les aider dans la confection de cette table.

Nous avons dit en effet combien certains noms de famille ont souffert dans les bureaux de l'enregistrement, soit qu'on lût mal ces noms déjà fort mal écrits, soit qu'on les écrivît plus mal encore : il en est d'absolument méconnaissables, et pour lesquels aucune lecture ne satisfait, malgré les corrections que donne la table même de d'Hozier. Et du reste ces erreurs se comprennent surtout pour les noms de certaines villes de guerre où se faisaient inscrire les officiers des régiments royaux ; ceux-ci étant peu connus dans la Généralité, étaient fort maltraités par les scribes des bureaux.

Nous avons résolu d'accueillir toutes les rectifications qui nous seront adressées par les intéressés dans l'espace de quelques mois après la publication du volume d'une province. Ces rectifications, scrupuleusement contrôlées, seront mises à la suite des noms fournis par d'Hozier et donneront à la fin de l'ouvrage une table sûre et consciencieuse avec laquelle les erreurs grossières seront moins fréquentes qu'elles ne le sont aujourd'hui.

N'eussions-nous obtenu que ce résultat, que nos humbles espérances seraient dépassées.

H. B.

ARMORIAL GÉNÉRAL DE FRANCE

RECUEIL OFFICIEL DRESSÉ EN VERTU DE L'ÉDIT DE 1696

GÉNÉRALITÉ DE BOURGOGNE

ESTAT DES ARMOIRIES

DES PERSONNES ET COMMUNAUTEZ DÉNOMMÉES CY-APRÈS ENVOIÉES AUX BUREAUX ESTABLIS PAR Me ADRIEN VANIER, CHARGÉ DE L'EXÉCUTION DE L'ÉDIT DU MOIS DE NOVEMBRE DERNIER, POUR ESTRE PRÉSENTÉES A NOSSEIGNEURS LES COMMISSAIRES GÉNÉRAUX DU CONSEIL, DÉPUTEZ PAR SA MAJESTÉ, PAR ARRESTS DES QUATRE DÉCEMBRE MIL SIX CENS QUATRE-VINGT-SEIZE ET VINGT-TROIS JANVIER MIL SIX CENS QUATRE-VINGT-DIX-SEPT.

DIJON

SUIVANT L'ORDRE DU REGISTRE 1er.

1. — BOYER, Jean, antien notaire, conseiller vétéran du Parlement de Dijon :

D'azur, à un bœuf passant d'or.

2. — BOUHIER, Benoist, antien doien de la Sainte-Chapelle de Dijon :

D'azur, à un bœuf passant d'or.

3. — BOUCHU, Pierre, conseiller ordinaire du Roy en ses conseils et premier président au Parlement de Dijon :

D'azur, à un chevron d'or, accompagné en chef de deux croissants, et en pointe d'un lion de mesme.

4. — DE LA RIVIÈRE, Paule, femme dudit sieur BOUCHU :
De sable, à une bande d'argent.

5. — JACOB, François-Bernard, second président à mortier du Parlement de Dijon :
De gueules, à une rencontre de cerf d'or.

6. — DE BERBISEY, Jean, troisième président à mortier au Parlement de Dijon :
D'azur, à une brebis d'argent, paissante sur une motte de sinople.

7, 8. — DE MUCIE, Jacques, président à mortier au Parlement de Dijon, et Bénigne DELAMARE, sa femme :
D'azur, à une croix fleuronnée d'or, au pied fiché dans un cœur de mesme.

9, 10. — BERNARD, Estienne, président audit Parlement, et Marie DUMAY, sa femme :
D'azur, à une fasce d'or, chargée d'une molette à six rais d'azur et accompagnée en chef de deux épées d'argent, les gardes et poignées d'or, et en pointe d'un estendard d'argent, attaché à une lance d'or, mise en bande, accolé d'azur, à trois sautoirs d'or en chef, un baston noueux de mesme en fasce, et en pointe une hure de sanglier aussy d'or, deffendue d'argent.

11. — BOUHIER, Jean, président à mortier au Parlement de Dijon :
D'azur, à un bœuf passant d'or.

12, 13. — LE COMPASSEUR DE COURTIVRON, François-Bernard, chevalier, conseiller du Roy en ses conseils, président à mortier au Parlement de Dijon, et Thérèse FIOT, sa femme :
D'azur, à trois compas ouverts d'or, deux et un, parti d'or, à un créquier de gueules, coupé d'azur, à trois barres d'or; accolé d'azur, à un chevron d'or, accompagné de trois lozanges de mesme, deux en chef et un en pointe.

14. — DE LA MARE, Jean-Baptiste, président à mortier audit Parlement :
De gueules, à un chevron d'or, accompagné de trois coquilles d'argent, deux en chef et une en pointe.

15. — FEVRET, Pierre, prestre, premier conseiller clerc audit Parlement, seigneur d'Escrot :
D'azur, à trois bandes d'or, écartelé d'argent, à une hure de sanglier arrachée de sable, armée et allumée d'argent, lampassée d'une flamme de gueules.

16, 17. — DE BRETAGNE, François-Joseph, conseiller audit Parlement, et Marie DE BRETAGNE, sa femme :
D'azur, à une fasce ondée d'or, accompagnée en chef de trois grelots de mesme, et d'un croissant d'argent en pointe : accolé de mesme.

18. — De Macheco, Bénigne, conseiller audit Parlement :

D'azur, à un chevron d'or, accompagné de trois têtes de perdrix arrachées de mesme, et posées deux en chef et une en pointe.

19. — Rigoley, Pierre, conseiller audit Parlement :

D'azur, à un chevron d'or, accompagné en chef de deux étoiles, et en pointe d'une poule de mesme.

20, 21. — Bernard, Bernard, seigneur de Trouhans, conseiller audict Parlement, et Christine Fiot, sa femme :

D'azur, à une fasce d'or, chargée d'une molette à six rais d'azur, accompagnée en chef de deux épées d'argent, les gardes et poignées d'or, et en pointe d'un étendart d'argent, attaché à une lance d'or, posée en bande ; accolé d'azur, à un chevron d'or, accompagné de trois lozanges de mesme, deux en chef et une en pointe.

22, 23. — Perreney, Nicolas, seigneur de Grosbois et conseiller audict Parlement, et Anne Quarré, sa femme :

D'azur, semé d'étoiles d'or ; accolé, échiqueté d'argent et d'azur, à un chef d'or, chargé d'un lion léopardé de sable.

24, 25. — Jehannin, Philibert, conseiller au Parlement de Dijon, et Barbe Fevret, sa femme :

D'azur, à trois bandes d'or et un chef de mesme, chargé de deux estoiles de gueules, accolé d'azur, à trois bandes d'or, écartelé d'argent, à une hure de sanglier arrachée de sable, deffendue et allumée d'argent, et lampassée d'une flamme de gueules.

26. — Millière de Saumoize, Estienne, prestre, conseiller audict Parlement, ancien prieur commandataire et seigneur d'Espoisses, chanoine et official de la Sainte-Chapelle du Roy à Dijon :

D'azur, à trois épis de millet d'or, posés deux et un, écartelé d'azur, à un chevron ondé d'or, accompagné de trois glands de mesme, et une bordure de gueules.

27, 28. — Fiot, Philippe, conseiller audit Parlement, et Magdelaine de Mucie, sa femme :

D'azur, à un chevron d'or, accompagné de trois lozanges de mesme, deux en chef et une en pointe, accolé d'azur, à une croix fleuronnée d'or, au pied fiché dans un cœur de mesme.

29, 30. — De Berbisey, Jean, conseiller audict Parlement, et Nicolle de la Mothe, sa femme :

D'azur, à une brebis d'argent, paissant sur une mothe de sinople, accolé d'azur, à un chevron d'or, accompagné de trois glandz de mesme, deux en chef et un en pointe.

31. — Fijan, Estienne, conseiller audit Parlement :

D'azur, à un chevron d'or, accompagné de trois étoiles de mesme, deux en chef et une en pointe, et un chef d'or, chargé de troix croix pattées de gueules.

32, 33. — Languet-Robelin, seigneur de Rochefort, conseiller au Parlement, et Marie-Odette Quarré, sa femme :

D'azur, à un triangle d'or, chargé de trois molettes de gueules, deux et une, écartée d'azur, à un chevron d'or, accompagné de trois étoiles de mesme, surmonté en chef d'un bellier d'argent, passant dans une nuée de mesme ; accolé, échiqueté d'argent et d'azur, à un chef d'or, chargé d'un lion léopardé de sable.

34. — De Mongey, Philipes-Eugène, conseiller audit Parlement :
D'azur, à une bande d'or.

35. — D'Arlay, Charles, conseiller audit Parlement :
D'argent, à une fasce de sable.

36. — Jehannin puisné, Jean, conseiller audit Parlement :
D'azur, à trois bandes d'or et un chef de mesme, chargé de deux estoiles de gueules.

37. — Guye, Claude-Joseph, sieur de la Bergemeule, conseiller audit Parlement :
D'or, à une fasce d'azur, accompagnée de trois roses de gueules, deux en chef et une en pointe.

38. — Thomas, François, conseiller vétéran audit Parlement :
D'azur, à une fasce d'or, chargée en cœur d'une étoile de gueules, accompagnée en chef de deux quintefeuilles d'or, et en pointe d'un croissant d'argent.

39. — Jolly, Georges, greffier en chef civil audit Parlement :
D'azur, à un léopard d'or, armé de gueules.

40. — Jolly, Antoine, greffier en chef criminel audit Parlement :
De mesme.

41. — Le Compasseur de Courtivron, Jean, conseiller audit Parlement :
Parti au premier d'azur, à trois compas ouverts d'or, deux et un, et au second d'or, à un créquier de gueules, coupé d'azur, à trois barres d'or.

42. — Thésut, Charles-Bénigme, doien audit Parlement :
D'or, à une bande de gueules, chargée de trois sautoirs d'or.

43, 44. — Gontier, Louis, conseiller audit Parlement, et Jeanne-Marie Defleury, sa femme :
De gueules, à une fasce d'or, chargée de deux hures de sanglier arrachées et affrontées de sable, deffendues d'argent, écartée d'or, à un aigle éploié de sable, et un

chef d'azur, chargé de deux étoiles d'or, accolé de sinople, à un chevron d'argent et un lis naissant de mesme.

45. — BAZIN, Jean-Baptiste, conseiller audit Parlement :
D'argent, à trois pommes de pin de sinople, deux en chef et une en pointe.

46, 47. — QUARRÉ, Jean, conseiller audit Parlement :
QUARRÉ, Abraham, conseiller audit Parlement :
Échiqueté d'argent et d'azur, à un chef d'or, chargé d'un lion léopardé de sable.

48, 49. — DE BROSSES, Pierre, conseiller audit Parlement, et Françoise CHOISSON, sa femme :
D'azur, à trois trefles d'or, deux en chef et une en pointe ; accolé de sinople, à trois bandes ondées d'argent, et un chef d'azur, chargé de trois étoiles d'or.

50. — A expliquer plus amplement.

51. — DE BRETAGNE, Antoine, ancien conseiller audit Parlement :
D'azur, à une fasce ondée d'or, accompagnée en chef de trois grelots de mesme, et en pointe d'un croissant d'argent.

52. — MARTENOT, Simon, substitud du procureur général audit Parlement :
D'azur, à une bande d'or, accompagnée de trois martinets de sable (*), deux en chef et un en pointe.

53, 54. — PÉRARD, François, seigneur de la Vaivre, conseiller audit Parlement, et Marie-Charlotte GUILLAUME, sa femme :
De gueules, à une bande d'argent, chargée d'un ours de sable, et un chef d'or ; accolé de gueules, à deux palmes d'argent, liées par le bas de mesme, et en cœur une croix d'or.

55. — ESPIARD, Claude, conseiller audit Parlement :
D'azur, à trois épis de bled d'or, rangés en pal.

56. — TOPIN DE PERRIGNY, Pierre-Bernard, conseiller audit Parlement :
D'azur, à un chevron d'or, accompagné en chef de deux étoiles, et en pointe d'un pin, le tout d'or.

57. — BAUDINOT, Claude-Palamède, conseiller audit Parlement :
De gueules, à trois fasces d'or, et trois croissants rangés en chef.

58. — DAVID, Hugues, conseiller clerc audit Parlement :
D'azur, à une harpe d'or, accompagnée de trois *grillots* (**) de mesme, deux en chef et un en pointe.

(*) De mème. (Note de l'éditeur.)
(**) Les animaux représentés dans l'armoirie sous ce nom ont la forme du scorpion. (Note de l'éditeur.)

59. — Quarré d'Aligni, Gaspard-Nicolas, premier avocat général audit Parlement :

Échiqueté d'argent et d'azur, et un chef d'or, chargé d'un lion léopardé de sable.

60. — Gontier, Aimé, conseiller antien dudit Parlement :

De gueules, à une fasce d'or, chargée de deux hures de sanglier arrachées et affrontées de sable, deffendues d'argent ; écartelé d'or, à un aigle éployé de sable, et un chef d'azur, chargé de deux étoiles d'or.

61. — De Thésut, Claude, trésorier de France, vétéran du bureau des finances de Dijon :

D'or, à une bande de gueules, chargée de trois sautoirs d'or.

62, 63. — Bouhier, Bénigne, président à mortier, vétéran audit Parlement, et Claire de la Toison, sa femme :

D'azur, à un bœuf passant d'or ; accolé de gueules, à une bande d'or, chargée d'une quintefeuille d'azur.

64. — Bouhier l'aisné, Jean, conseiller audit Parlement :

D'azur, à un bœuf passant d'or.

65. — De Berbisey l'aîné, Georges, conseiller audit Parlement :

D'azur, à une brebis d'argent, paissante sur une motte de sinople.

66, 67. — Le Belin, Jean-Jacques, conseiller audit Parlement, et Claude de Chaugi, sa femme :

De sinople, à trois moutons ou béliers d'argent, deux en chef, rampans et affrontés, et un en pointe, passant ; accolé d'or, party de gueules.

68. — De Clugny, Estienne, conseiller audit Parlement :

D'azur, à deux clefs d'or, adossées et mises en pal.

69, 70. — Bauyn, Jean-Baptiste, conseiller audit Parlement, et Ursule Bretagne, sa femme :

D'azur, à un chevron d'or, accompagné de trois mains couchées d'argent, deux en chef et une en pointe ; accolé d'azur, à une fasce ondée d'or, accompagnée en chef de trois grillots de mesme, et en pointe d'un croissant d'argent.

71, 72. — De Chintré, André-Bernard, conseiller audit Parlement, et Marguerite Bretagne, sa femme :

De gueules, à une bande d'or, chargée de trois étoiles d'azur et accompagnée en chef d'un cor d'or, lié, enguiché et virollé de mesme ; accolé d'azur, à une fasce ondée d'or, accompagnée en chef de trois grelots de mesme, et en pointe d'un croissant d'argent.

73. — Espiard, Jacques-Auguste, seigneur de Vernot, conseiller audit Parlement :

D'azur, à trois épis de froment d'or, rangés en pal.

74. — De la Marre, Philippe, conseiller audit Parlement :

De gueules, à un chevron d'or, accompagné de trois coquilles d'argent, deux en chef et une en pointe.

75. — De la Michaudière, Bertrand, conseiller audit Parlement :

D'azur, à une fasce d'or, chargée d'un levrier de sable ; accolé de gueules.

76. — Pouffier, Hector-Bernard, conseiller audit Parlement :

De gueules, à un vase d'or plein de fleurs d'argent.

77. — Le Gouz, Jean-Baptiste, conseiller clerc audit Parlement :

De gueules, à une croix dentelée d'argent, cantonnée de quatre fers de lance de même.

78. — Berbis, Odette, femme de Pierre Rigolley, conseiller audit Parlement :

D'azur, à un chevron d'or, accompagné en pointe d'une brebis d'argent paissante.

79, 80. — Chartraire, Antoine, trésorier des Etats de Bourgogne, et Elisabeth Marloud, sa femme :

De gueules, à une tour d'or ; accolé d'azur, à deux aiglons d'argent affrontés, perchés sur une roche de mesme, regardant un soleil qui est au milieu du chef.

81. — Chartraire, François, seigneur de Dompières, conseiller de S. A. S. Monseigneur le Prince :

De gueules, à une tour d'or.

82. — Gauthier, Perrette, veuve de N. de Cluny, lieutenant général au baillage de Dijon :

D'azur, à un chevron d'or, accompagné en chef de deux roses de mesme, et en pointe d'un croissant d'argent, surmonté d'une étoile d'or.

83. — De la Mare, Pierre, escuier, seigneur de Chevigny :

De gueules, à un chevron d'or, accompagné de trois coquilles d'argent, deux en chef et une en pointe.

84. — De Millet, N., femme dudit sieur de la Mare, de Chevigny :

De gueules, à cinq lozanges d'or, posées en croix.

85. — DE LA MARE fille, Catherine :

De gueules, à un chevron d'or, accompagné de trois coquilles d'argent, deux en chef et une en pointe.

86. — A expliquer plus amplement.

87. — MARLOUD, Guillaume, escuier, seigneur de Charnailles :

D'azur, à une montagne entre deux aigles d'or, surmontée d'un soleil de mesme.

88. — GAUTHIER, Jean, antien maistre des comptes, vétéran :

D'azur, à un chevron d'or, accompagné en chef de deux roses de mesme, et en pointe d'un croissant d'argent, surmonté d'une étoile d'or.

89. — VALON DE MIMEURE, Richard, antien conseiller vétéran au Parlement de Dijon :

D'azur, à une licorne passante d'argent.

90. — LE BELIN, Claude, secrétaire près du Parlement de Dijon :

De sinople, à trois béliers d'argent, deux en chef, rampans et affrontés, et un en pointe, passant.

91. — GRANGER, Daniel, marchand drapier :

D'azur, à une grange couverte en dos-d'âne, d'or, accompagnée en chef de deux étoiles d'argent, et en pointe d'un croissant de mesme.

92. — CORTOT, Françoise, femme dudit sieur GRANGER :

D'azur, à un dextrochère d'or, mouvant d'une nuée d'argent, empoignant deux plantes de fleurs de pensées d'argent, et supportant un cœur surmonté d'une petite croix pattée de mesme.

93. — BAILLET, Pierre, antien président à mortier au Parlement à Dijon :

D'argent, à trois chardons de sinople, fleuris de gueules, deux en chef et un en pointe.

94, 95. — LEVET, Philippe-Bernard, conseiller au Parlement de Dijon, et Jeanne-Jacqueline DE CHAUMELIS, sa femme :

D'azur, à une fasce ondée d'argent, accompagnée de trois quintefeuilles d'or, deux en chef et une en pointe ; accolé d'or, à un chef de gueules, chargé de trois flammes d'or.

96. — BARBIS, Jacques, écuier, seigneur de Longecourt :

D'azur, à un chevron d'or, accompagné en pointe d'une brebis paissante d'argent.

97. — DE MUCIE, Catherine, femme dudit sieur DE BARBIS-LONGECOURT :

D'azur, à une croix fleuronnée d'or, au pied fiché dans un cœur de mesme.

98. — Perrenet, Nicolas, antien conseiller au Parlement de Dijon, vétéran :

D'azur, semé d'étoiles d'or.

99. — Morelet, Jean, escuier, seigneur de Couchey, de Loge et de Colonges-la-Magdelaine :

D'azur, à une teste de more d'argent, liée de gueules.

100. — Turrel, Jean-Bernard, ancien conseiller du Roy, correcteur en la Chambre des comptes de Bourgogne et Bresse :

D'azur, à une tour d'argent, posée sur une motte de sinople, et soutenue de deux lions affrontés d'or, lampassés et armés de gueules.

101. — Mochot, Jean, seigneur de Gemeaux, trésorier de France, vétérant :

D'azur, à un croissant d'argent, duquel sort une branche de trois roses mal ordonnées, d'or.

102. — Burteur, Anne, femme dudit sieur Mochot :

D'azur, à un chevron d'or, accompagné de trois flèches de mesme, les pointes en bas, deux en chef et une en pointe.

103. — De Massol, Antoine-Bernard, chevalier, seigneur de Montmoien, président en la Chambre des comptes de Bourgogne et Bresse :

D'or, à un aigle éploié à deux testes de sable, langué et onglé de gueules, coupé de gueules, à un bras dextrochère armé d'or, mouvant d'une nuée d'argent, et tenant un marteau d'armes d'or.

104. — Morisot, Gabriel-Guillaume, avocat en Parlement, escuier :

De gueules, à deux palmes d'argent, liées au bas et ouvertes par le haut, enfermantes une croix d'or.

105, 106. — Fiot, Anselme-Bernard, président aux requestes du Palais du Parlement de Dijon, et Anne-Philippine Valons de Mimeurs, sa femme :

D'azur, à un chevron d'or, accompagné de trois lozanges de mesme, deux en chef et une en pointe ; accolé d'azur, à une licorne passante d'argent.

107. — De Courcelles, N., capitaine au régiment de Tournon :

D'azur, à une fasce d'or, surmontée de trois étoiles de mesme ; écartelé de mesme, à deux épées d'argent, les gardes et poignées d'or, les pointes en bas, et sur le tout de gueules, à un aigle d'or, et une cotice componée d'argent et d'azur, brochante sur le tout.

108. — DE LA MICHAUDIÈRE, Henry, trésorier de France en Bourgogne et Bresse, vétéran :

D'azur, à une fasce d'or, chargée d'un lévrier de sable ; accolé de gueules.

109. — PASQUIER DE PREL, François, escuier, avocat en la Cour :

De gueules, à un chef cousu de sinople et chargé d'un pal d'argent.

110. — LE GOUX-MORIN, Charles, escuier, maistre ordinaire de la garde-robbe de Madame la Dauphine :

De gueules, à une croix dentelée d'or, cantonnée de quatre fers de lance d'argent : écartelé d'argent, à trois mûres au naturel, deux et une.

111, 112. — CŒURDEROY, Estienne, président, et Claude THOMAS, sa femme :

D'azur, à un cœur d'or, couronné de mesme, soutenu de deux palmes passées en sautoir, aussy d'or ; accolé d'azur, à une fasce d'or, chargée d'une étoile de gueules, accompagnée en chef de deux quintefeuilles d'or, et en pointe d'un croissant d'argent.

113, 114. — BARBIS, Bénigne, baron Desbares, et Margueritte DU FAUR DE PIBRAC, sa femme :

D'azur, à un chevron d'or, accompagné en pointe d'une brebis paissante d'argent ; accolé d'azur, à deux fasces d'or, accompagnées de six besans d'argent, trois, deux et un.

115. — JOLY DE LA BORDE, Georges-Bernard, conseiller au Parlement :

Ecartelé, au premier et quatrième d'azur, à un lis d'argent, et un chef d'or, chargé d'une croix pattée et alaisée de sable, au deux et troisième d'azur, à un léopard d'or, lampassé et armé de gueules.

116. — DE MAILLARD, Claude, conseiller audit Parlement :

D'argent, à une bande de gueules, chargée de trois lis d'argent et accompagnée de six merlettes de sable mises en orle.

117, 118. — A expliquer plus amplement.

119. — COMEAU, Antoine-Bernard, conseiller audit Parlement :

D'azur, à une fasce d'or, accompagnée de trois comètes d'argent, deux en chef et une en pointe.

220, 221. — DE LA TOISON, Nicolas, conseiller vétéran audit Parlement, et Marie FIOT, sa femme :

De gueules, à une bande d'or, chargée en cœur d'une quintefeuille d'azur ; accolé d'azur, à un chevron d'or, accompagné de trois lozanges de mesme, deux en chef et une en pointe.

122. — Burteur, Jean, conseiller audit Parlement, commissaire aux requestes du Palais :

D'azur, à un chevron d'or, accompagné de trois flèches, les pointes en bas, de mesme, deux en chef et une en pointe.

123. — Pérard, Estienne, conseiller audit Parlement, commissaire aux requestes du Palais :

De gueules, à une bande d'argent, chargée d'un ours de sable, et un chef d'or.

124. — Canablin, Marie, veuve de Louis Thésut, trésorier de France au bureau des finances de Dijon :

D'or, à une bande de gueules, chargée de trois sautoirs d'or.

125. — Lebeau, Antoine, conseiller du Roy, controlleur du domaine et bois du Roy en Bourgogne et en Bresse :

D'azur, à un chevron d'or, accompagné de trois molettes de mesme, deux en chef et une en pointe, et un chef aussi d'or, chargé de deux testes d'aigle arrachées au naturel.

126. — Lebeau, Claude, conseiller aux requestes du Palais du Parlement de Dijon :

De mesme.

127. — Chauveau, Marie-Anne, veuve de Pierre Loppin, conseiller du Roy, maistre ordinaire en la Chambre des comptes de Dijon :

D'azur, à une croix d'or.

128. — Chartraire, François, conseiller au Parlement de Dijon :

De gueules, à une tour d'or.

129, 130. — Joly, Guillaume, seigneur de Norges, conseiller audit Parlement, et Marie-Anne Thésut, sa femme :

D'azur, à un lis d'argent, et un chef de mesme, chargé d'une croix pattée de sable; écartelé d'azur, à un léopard d'or, armé de gueules ; accolé d'or, à une bande de gueules, chargée de trois sautoirs d'or.

131, 132. — Le Goust l'aîné, Pierre, conseiller audit Parlement, et Denise Richard, sa femme :

De gueules, à une croix dentelée d'or, cantonnée de quatre fers de lance d'argent; accolé d'azur, à un chef de mesme, chargé de trois besans d'or.

133, 134. — Gagne, Antoine, conseiller audit Parlement, et Marie Guyet, sa femme :

D'azur, à trois molettes d'or, deux en chef et une en pointe; accolé d'azur, à deux chevrons d'or, accompagnés en pointe d'un croissant d'argent.

135, 136. — Baudinot-Selorre, antien conseiller audit Parlement, et Marie Levet, sa femme :

De gueules, a trois fasces d'or, surmontées de trois croissants d'argent rangés en chef; accolé d'azur, à une fasce ondée d'argent, accompagnée de trois quintefeuilles d'or, deux en chef et une en pointe.

137. — Clopin, Julien, conseiller audit Parlement, commissaire aux requestes du Palais :

D'or, à un pin de sinople, terrassé de mesme et fruité d'or, et un chef d'azur, chargé de deux étoiles d'or.

138, 139. — Dumai, Pierre, conseiller audit Parlement, vétéran, et Jeanne Le Compasseur, sa femme :

D'azur, à un tronc écoté, posé en fasce, d'or, surmonté de trois sautoirs rangés en chef, et accompagné en pointe d'une hure de sanglier de mesme, deffendue d'argent : accolé d'azur, à trois compas ouverts d'or, posés deux et un.

140. — Bouhier de Lentenay, Bernard, conseiller audit Parlement :

D'azur, à un bœuf, passant d'or.

141. — Mairetet, Denis, conseiller du Roy, secrétaire au Parlement de Dijon :

D'argent, à un olivier de sinople, sur une terrasse de mesme, et un chef d'azur, chargé de trois étoiles d'argent.

142, 143. — Gagne, Claude-Marie, veuve de Bouhier de Lantenay, conseiller au grand Conseil :

D'azur, à un bœuf passant d'or ; accolé d'azur, à trois molettes d'or, deux et une.

144. — De Migieu, Antide, président à mortier audit Parlement :

De sable, à trois étoiles d'argent, deux en chef et une en pointe.

145, 146. — De Melin, Jean-Baptiste, escuier, seigneur de Saint-Seyne, La Tour et autres lieux, lieutenant de Messieurs les mareschaux de France en Bourgogne, et Anne Guerinet, sa femme :

D'or, à deux lions affrontés de sable, couronnés de mesme, lampassés et armés de gueules, surmontés de trois merlettes de sable, rangées en chef et séparées des lions par une ligne de sable ; accolé d'azur, à une bande d'argent, chargée de trois trefles de sable, posés en bande.

147, 148. — Cottin, Pierre-Antoine, escuier, conseiller secrétaire du Roy, maison, couronne de France, audiencier en la chancellerie establie près le Parlement de Dijon.

GÉNÉRALITÉ DE BOURGOGNE

Cottin, Pierre, escuier, conseiller secrétaire du Roy, maison, couronne de France, controlleur en ladite chancellerie :

D'azur, à deux pilliers d'or.

149. — Canet, Jean, escuier, conseiller secrétaire du Roy, maison, couronne de France, audiencier en ladite chancelerie :

D'azur, à trois cannes d'argent volantes, posées en bande.

150. — Léaulté, Jean, escuier, conseiller secrétaire du Roy, maison, couronne de France, controlleur en ladite chancellerie :

D'azur, à une foi d'or, posée en fasce, soutenant un cœur de gueules, accompagné en pointe d'un croissant d'argent.

151. — Lucot, Humbert, escuier, conseiller secrétaire du Roy, maison, couronne de France, controlleur en ladite chancellerie :

D'azur, à une fasce d'or, surmontée d'un coq de mesme, dont les pieds sont perdus derrière la fasce, accompagnée en pointe d'un croissant d'argent.

152. — Pelletier, Jacques, escuier, conseiller secrétaire du Roy, maison, couronne de France, controlleur en ladite chancellerie :

D'argent, cantonné de quatre mouchetures d'hermines, et une rose de gueules, posée en cœur.

153. — De Gissey fille, Elisabeth :

D'azur, à trois chandeliers d'argent, posés en pal, deux et un, surmontés de trois étoiles d'or, deux et une.

154. — Gissey fille, Marie, dame de Gissey et de Benoizey :

De mesme.

155, 156. — Milletot, Claude, veuve de Jacques Richard, conseiller au Parlement de Dijon, commissaire aux requestes du Palais, seigneur en partie de Bligny-sous-Beaune :

D'azur, à trois sautoirs d'or, posés deux et un, et un chef de mesme, chargé de trois tourteaux de gueules; accolé d'argent, à un lion de sable, lampassé et armé de gueules, soutenant de sa patte dextre une rose tigée et feuillée de mesme.

157. — Gontier, Jean-Bernard, escuier, seigneur de Chastelgontier en Charollois :

D'azur, à une fasce d'or, chargée d'une étoile de gueules, accostée de deux hures de sanglier arrachées et affrontées de sable, défendues d'argent.

158. — Le Belin, Estienne, conseiller du Roy, antien maître des comptes de Dijon, vétérant :

De sinople, à trois béliers d'argent, deux en chef, rampans et affrontés, et un en pointe, passant.

159. — Barbier, Jacques, escuier, seigneur d'Entre-Deux-Monts :

D'azur, à un chevron d'or, accompagné de trois roses de mesme, deux en chef et une en pointe, et un chef d'argent, chargé d'un lion léopardé de sable.

160. — De Requeleyne, N., conseiller au Parlement de Dijon, commissaire aux requestes du Pallais :

D'azur, à deux étoiles d'or en chef, et une nuée d'argent en fasce, d'où pend une toison d'or.

161. — Malteste, Jacques, docteur de Sorbonne, doien de la Sainte-Chapelle du Roy à Dijon :

De gueules, à un croissant d'argent et un chef d'or.

162. — Loyson, Philipes, receveur des deniers roiaux au baillage de Dijon :

D'azur, à un chevron d'or, accompagné de trois oyes d'argent, deux en chef et une en pointe.

163. — Millotet, Cézard, escuier :

D'azur, à un sautoir d'or, accompagné en chef d'une croisette d'argent.

164. — Millotet, Pierre, escuier :

De mesme.

165. — Baillet, Jean, premier président de la Chambre des comptes de Bourgogne et Bresse :

D'argent, à trois chardons tigés et feuillés de sinople, fleuris de gueules, deux en chef et un en pointe.

166. — Bernardon, André-Bernard, second président en ladite Chambre :

D'azur, à un sautoir d'or, accompagné en chef d'un croissant de mesme et de trois étoiles, posées deux au flanc et une en pointe, aussy d'or.

167. — Jachiet, Gérard, président en ladite Chambre :

D'azur, à un baston brizé en deux pièces péries en bande d'or.

168. — Badoux, Michel, président en la Chambre des comptes de Bourgogne et Bresse :

De gueules, à un chevron d'or, accompagné en chef de deux étoiles d'argent, et en pointe d'une roue d'or.

GÉNÉRALITÉ DE BOURGOGNE

169. — Gagne, Jean-Baptiste, président en ladite Chambre :

D'azur, à trois molettes à huit pointes d'or, deux en chef et une en pointe.

170. — De Massol, Jean-Baptiste, président en ladite Chambre :

D'or, à un aigle à deux testes de sable, coupé de gueules, à un dextrochère armé d'or, mouvant d'une nuée d'argent et tenant un marteau d'armes d'or.

171. — Pernay, Guillaume, président en ladite Chambre des comptes :

D'azur, semé d'étoiles d'or.

172. — Joly, Jean-Barthélemy, président en ladite Chambre :

D'azur, à un léopard d'or, armé de gueules.

173. — De Filsjean Sainte-Colombe, Claude, conseiller du Roy, maître ordinaire en ladite Chambre :

D'azur, à un chevron d'or, accompagné de trois étoiles de mesme, deux en chef et une en pointe, et un chef aussy d'or, chargé de trois croisettes de gueules.

174. — Filsjean de Mimande, Jean, conseiller du Roy, maistre ordinaire en ladite Chambre :

D'azur, à un chevron d'or, accompagné de trois étoiles de mesme, deux en chef et une en pointe, et un chef aussy d'or, chargé de trois croisettes de gueules.

175. — De Mucie, Antoine, conseiller du Roi, maistre ordinaire en ladite Chambre :

D'azur, à une croix fleuronnée d'or, au pied fiché dans un cœur de mesme.

176, 177. — De Roqueleine, Bénigne, baron de Longepierre, seigneur de la Villeneuve et de Chambegon, conseiller du Roy, maître ordinaire en ladite Chambre, et Bénigne de la Michaudière, sa femme :

D'azur, à une nuée mouvante des deux angles du chef et périe en demi-cercle d'argent, à laquelle est attachée, avec une chaînette d'or, une toison de mesme, et de laquelle tombe une pluie aussi d'or ; accolé d'azur, à une fasce d'or, chargée d'un levrier courant de sable ; accolé de gueules.

178. — Rémond, Bonaventure, escuier, seigneur de Chauvirey, de Revillon et du fief de Verneuil, conseiller du Roi, maître ordinaire en ladite Chambre :

De gueules, à trois roses d'argent, deux en chef et une en pointe ; écartelé d'or, à un aigle désarmé de sable.

179. — Mochot-Coppin, Jacques, seigneur de Montbéliard, de

Monteulot et Ursy, conseiller du Roi, maistre ordinaire en ladite Chambre :

Écartelé au premier et quatrième d'azur, à un croissant d'argent, duquel sortent trois roses d'or, tigées et feuillées de mesme, au second aussy d'azur, à deux lions affrontez d'or, soutenant une pomme de pin d'argent, et au troisième encore d'azur, à une licorne passante d'argent.

180. — Thomas, Pierre, escuier, conseiller du Roy, maistre ordinaire en ladite Chambre :

D'azur, à une fasce d'or, chargée en cœur d'une étoile de gueules, accompagnée en chef de deux quintefeuilles d'or, et en pointe d'un croissant d'argent.

181. — Joly, François, conseiller du Roy, maistre ordinaire en ladite Chambre :

D'azur, à un chevron d'or, accompagné en chef de deux étoiles de mesme, et en pointe d'une teste d'enfant d'argent, soutenue d'un croissant de mesme.

182. — Cœur-de-Roy, François, conseiller du Roy, maistre ordinaire en ladite Chambre :

D'azur, à un cœur d'or, couronné de mesme, à deux palmes aussy d'or, passées en sautoir.

183. — Jacob, Marc-Antoine, escuier, conseiller du Roy, maître ordinaire en ladite Chambre :

De gueules, à une rencontre de cerf d'or.

184. — De Chanrenault, Philippe, conseiller du Roy, maître ordinaire en ladite Chambre :

D'azur, à une tour à cinq créneaux d'or, surmontée d'une étoile d'argent.

185. — Vitte, Claude, conseiller du Roy, maistre ordinaire en ladite Chambre :

D'azur, à un sautoir d'or, accompagné en chef d'un croissant d'argent.

186. — Lucot, Julien, escuier, conseiller du Roi, maistre ordinaire en ladite Chambre :

D'azur, à une fasce d'or, surmontée d'un coq de mesme, les pieds perdus derrière la fasce, et accompagnée en pointe d'un croissant d'argent.

187. — Grillot, Guillaume, conseiller du Roi, maistre ordinaire en ladite Chambre :

D'azur, à trois grelots d'or, deux en chef et un en pointe.

188. — Cartois, Antoine, conseiller du Roi, maistre ordinaire en ladite Chambre :

Coupé au premier d'or, à un aigle éployé de sable, au second d'argent, à une branche de laurier de sinople, à trois feuilles de mesme.

GÉNÉRALITÉ DE BOURGOGNE

189. — CANABILIN, Jean-Baptiste, conseiller du Roi, maître ordinaire en ladite Chambre :

D'azur, à une fasce d'argent, chargée de trois merlettes de sable.

190. — CHAPOTOT, Claude, maistre ordinaire en ladite Chambre :

Fascé d'or et de gueules de six pièces, à un chef d'argent, chargé d'un trèfle de sinople.

191. — LEBELIN, Claude, conseiller du Roi, maître ordinaire en ladite Chambre :

De sinople, à trois béliers d'argent, deux en chef rampans et affrontés, et un passant en pointe.

192. — DE PIZE, Jean, maître ordinaire en ladite Chambre :

D'argent, à un chevron de gueules, accompagné de trois roses de mesme, deux en chef et une en pointe.

193. — BAUDOT, François, conseiller du Roi, maistre ordinaire en ladite Chambre :

D'azur, à une ancre d'argent, posée en pal, et une fasce en devise de gueules, brochant sur le tout, chargée de trois étoiles d'or.

194. — BAUDOT, Philibert, conseiller du Roi, maître ordinaire en ladite Chambre :

De mesme.

195. — SIMON, Nicolas, conseiller du Roi, maître ordinaire en ladite Chambre :

D'azur, à une montagne à six coupeaux d'or.

196. — A expliquer plus amplement.

197. — JOMARD, Barthélemi, conseiller du Roy, correcteur en ladite Chambre :

D'azur, à une fasce d'or, accompagnée en chef d'un croissant d'argent, accosté de deux étoiles d'or, et en pointe de trois roses d'argent, posées deux et une.

198. — JOLY, Louvand-Bernard, conseiller du Roi, correcteur en laditte Chambre :

D'azur, à une bande ondée d'or, accompagnée de deux lis d'argent, tigés de mesme, posés en pal, un en chef et l'autre en pointe, et un chef d'or, chargé d'une croix ancrée de gueules.

199. — CARRELET, Bernard, conseiller du Roi, correcteur en ladite Chambre :

D'or, à un lion de sable, lampassé et armé de gueules, et un chef d'azur, chargé de trois lozanges d'or.

200. — Chevaldin, Mammès, conseiller du Roi, correcteur en ladite Chambre :

D'azur, à un chevron d'or, accompagné de trois étoiles de mesme, deux en chef et une en pointe.

201. — Turrel, Charles, conseiller du Roi, correcteur en ladite Chambre :

D'azur, à une tour d'argent, ouverte et ajourée de sable, et massonnée de mesme, soutenue de deux lions affrontés d'or.

202. — Joly, Nicolas, conseiller du Roi, correcteur en ladite Chambre :

D'azur, à un lis de trois fleurs d'argent.

203. — De Reyqueleine, Philippe, conseiller du Roi, auditeur en ladite Chambre :

D'azur, à deux moutons passans et affrontés d'argent, accompagnés en pointe d'un croissant de mesme, et un chef cousu de gueules, chargé de trois étoiles d'argent.

204. — Gauthier, Pierre, conseiller du Roi, auditeur en ladite Chambre :

D'azur, à un croissant d'argent, et un chef cousu de gueules, chargé de trois roses d'argent.

205. — Morelet, Bernard, conseiller du Roy, auditeur en ladite Chambre :

D'or, à une bande de gueules, accompagnée de deux raisins de sable, un en chef et l'autre en pointe.

206. — Finet, Antoine, conseiller du Roi, auditeur en ladite Chambre :

De gueules, à un renard passant d'or, accompagné de trois roses d'argent, deux en chef et une en pointe.

207. — Denisot, Edme, conseiller du Roi, auditeur en ladite Chambre :

D'azur, à un chevron d'or, accompagné en chef de deux roses à cinq feuilles de mesme, et en pointe d'un croissant d'argent.

208. — Gaudelet, Philippe, conseiller du Roi, auditeur en ladite Chambre :

D'azur, à un chevron d'or, surmonté d'une croisette de mesme.

209. — Broudeault, Claude, conseiller maître ordinaire en ladite Chambre :

D'argent, à un arbre de sinople, sur un tertre de mesme, et un chef d'azur, chargé de trois étoiles d'argent.

210. — Aimery, Léon, conseiller du Roi, auditeur en ladite Chambre :

D'azur, à un griffon d'or, et un chef d'argent, chargé de trois merlettes de sable.

211. — Carnot, Edme, conseiller du Roi, auditeur en ladite Chambre :

D'azur, à un chevron d'or, accompagné de trois canes d'argent, deux en chef et une en pointe.

212. — Minard, Nicolas, conseiller du Roi, auditeur en ladite Chambre :

D'argent, à un pont à trois arches de gueules, massonné de sable, accompagné de six mouchetures d'hermines de sable, trois en chef et trois en pointe, celles-ci posées, une sous chaque arche.

213. — Jurain, César, conseiller du Roi, auditeur en ladite Chambre :

D'azur, à une gerbe d'or.

214. — Martin, Humbert, conseiller du Roi, auditeur en ladite Chambre :

D'azur, à un chevron d'argent, accompagné de trois aiglettes d'or, deux en chef et une en pointe, et un chef d'or, chargé d'un lion passant de sable, lampassé et armé de gueules.

215. — Quarré, Jean, antien conseiller maître des comptes en ladite Chambre :

Echiqueté d'argent et d'azur, à un chef d'or, chargé d'un lion léopardé de sable, lampassé et armé de gueules.

216. — Lamy, Edme, conseiller du Roi, receveur des droits et épices de ladite Chambre :

D'azur, à trois lézards d'argent, posés en pal, deux et un.

217. — Brunet, Paul, conseiller secrétaire du Roi près ladite Chambre :

D'or, à une fasce d'azur, chargée de trois vanets ou coquilles d'argent.

218. — Thierry, Claude, conseiller du Roi, secrétaire en ladite Chambre :

Tiercé en fasce d'azur, d'or et de gueules.

219. — Petitjean, Charles, secrétaire du Roi près ladite Chambre :

De gueules, à une tour d'or, ouverte et ajourée de sable, suportant un vol d'argent.

220. — Joly, Pierre, conseiller du Roi, secrétaire à ladite Chambre :

D'azur, à un lis de trois fleurons au naturel d'argent.

221. — Pierre, Louis, conseiller du Roi, secrétaire en ladite Chambre :

D'azur, à un lion d'or, accompagné de trois pierres précieuses taillées à facettes d'argent, deux en chef et une en pointe.

222. — Guibaudet, François, conseiller du Roi, secrétaire en ladite Chambre :

D'azur, à un chevron d'or, accompagné de trois étoiles d'argent, deux en chef et une en pointe.

223. — Joly, Jean-Pierre, conseiller du Roi, secrétaire vétéran en ladite Chambre :

D'azur, à un lis à trois fleurs d'argent.

224. — Jolyot, Melchior, conseiller du Roy, greffier en chef en ladite Chambre :

D'azur, à un aigle éployé d'or, et tenant en son bec une plante de trois lis d'argent.

225. — Thibert, Jean, conseiller du Roy, greffier en chef de ladite Cour :

D'azur, à un croissant d'argent, d'où sort un rozier chargé de trois rozes d'or, surmonté de deux étoiles d'argent, rangées en chef.

226, 227. — Comeau, Marie, veuve de Jean-Claude-Jacob de Charmelieu, conseiller au Parlement de Bourgogne :

De gueules, à une rencontre de cerf d'or ; accolé d'azur, à une fasce d'or, accompagnée de trois comètes d'argent, deux en chef et une en pointe.

228. — Richard, Germain, conseiller du Roy et son esleu aux Etats du duché de Bourgogne et Bresse :

D'azur, à un chef cousu de gueules, chargé de trois bezans d'or.

229. — Cœurderoy, Nicolas, conseiller du Roy, maistre ordinaire en la Chambre des comptes de Bourgogne :

D'azur, à un cœur d'or, couronné de mesme, avec deux palmes aussy d'or, passées en sautoir.

230. — Chifflot, Vincent, maistre des comptes en ladite Chambre :

D'azur, à un chevron d'or, accompagné de trois quintefeuilles d'argent, deux vers le chef et une en pointe, le chevron sommé d'une trangle d'or, surmontée de trois quintefeuilles d'argent, rangées en chef.

GÉNÉRALITÉ DE BOURGOGNE

231. — Noirot, Claude, maistre des comptes à Dijon :

D'or, à une teste de more de sable, bandée d'argent, et un chef d'azur, chargé de deux étoiles d'argent.

232. — Filsjean de Presle, Jean-Bernard, maistre des comptes à Dijon :

D'azur, à un chevron d'or, accompagné de trois étoiles de mesme, deux en chef et une en pointe, et un chef aussi d'or, chargé de trois croix de gueules.

233. — Gevreau, Pierre, conseiller du Roy, correcteur en ladite Chambre :

D'azur, à une *clitie* ou tournesol, tigé et feuillé d'or, tourné vers un soleil de mesme, mouvant de l'angle dextre du chef.

234. — Ravynet, Louis, conseiller du Roi, correcteur en ladite Chambre :

D'azur, à un navire d'or, équipé d'argent.

235. — Caillet, Abraham, conseiller du Roy, auditeur en ladite Chambre :

D'azur, à un chevron d'or, accompagné en chef de deux étoiles d'argent, et en pointe d'une colombe de mesme.

236. — Perrot, Gérard, conseiller du Roi, auditeur en ladite Chambre :

D'or, à une fasce de gueules, accompagnée en chef de deux perroquets passans à senestre, la teste contournée à dextre de sinople, bequés de sable, et en pointe d'un rocher de sinople.

237. — A expliquer plus amplement.

238. — De la Monnoye, Bernard, ancien conseiller du Roi, correcteur en la Chambre des comptes de Dijon :

De gueules, à un chevron d'or, accompagné de trois besans de mesme, deux en chef et l'autre en pointe.

239. — Bernard, François, secrétaire au Parlement de Dijon :

De sinople, à un chevron d'or, accompagné de trois narcisses ou roses sans tige de mesme, deux en chef et un en pointe, et un chef cousu d'azur, chargé de trois étoiles d'argent.

240, 241. — Le Gous-Maillard, Bénigne, conseiller audit Parlement, et Anne Berthier, sa femme :

De gueules, à une croix dentelée d'or, cantonnée de quatre fers de lance d'argent ; écartelé d'azur, à un chevron d'or, chargé sur la pointe d'un tourteau de sable, surchargé d'une croix aussi d'or, accompagnée en chef de deux quintefeuilles, et en pointe d'une étoile de mesme; accolé d'azur, semé de besans d'or, à un bœuf furieux de gueules, chargé de trois étoiles d'or.

242. — GEVREAU, Pierre, procureur général en la Chambre des comptes de Bourgogne et Bresse :

D'azur, à une clitie ou tournesol, tigé et feuillé d'or, tourné vers un soleil de mesme, naissant de l'angle dextre du chef.

243, 244. — RICHARD, Nicolas, conseiller du Roy au Parlement de Bourgogne, et Henriette SALIER, sa femme :

D'azur, à un chef de gueules, chargé de trois besans d'or ; accolé d'azur, à un chevron d'or, accompagné en chef de deux étoiles d'or, et en pointe d'un vase de mesme.

245. — LEBŒUF, Jeanne, veuve de Jacques RICHARD, conseiller audit Parlement :

D'azur, à un bœuf d'argent, accompagné en pointe d'une étoile d'or.

246. — PETIT, Henry, conseiller du Roy, antien controlleur des rentes en Bourgogne :

D'azur, à un lion d'or.

247. — DE MUCIE, Pierre, escuier, conseiller secrétaire du Roy, maison, couronne de France, et controlleur de la chancellerie du Parlement de Bourgogne :

D'azur, à une croix fleuronnée d'or, au pied fiché dans un cœur de mesme.

248. — BLANCHETON, Pierre, escuier, conseiller secrétaire du Roy, maison, couronne de France, audiencier en laditte chancellerye :

D'azur, à un lion d'or, tenant un épi de bled d'argent.

249. — VÉTU, Estienne, escuier, conseiller secrétaire du Roy, maison, couronne de France en ladite chancellerie :

D'azur, à une fasce d'or, chargée d'une étoile de gueules, et accompagnée de trois quintefeuilles d'argent, deux en chef et une en pointe.

250. — BOUSCAUT, Gabriel, escuier, conseiller secrétaire du Roi, audientier en la lite chancellerie :

De sable, à une bande d'argent, chargée de trois coquilles de gueules.

251. — LAURENCHET, Philibert, escuier, conseiller secrétaire du Roy et audiencier en ladite chancellerie :

D'azur, à une fasce d'or, accompagnée en chef de trois molettes d'argent, et en pointe d'un chat courant d'argent, armé de gueules.

252, 253. — Millière, Estienne, escuier, seigneur de la Chapelle et autres lieux, antien conseiller du Roy et maistre ordinaire en la Chambre des comptes de Bourgogne et Bresse, et Jeanne Boulier, sa femme :

D'azur, à trois épis de millets d'or, posés deux en chef et un en pointe ; accolé d'azur, à une fasce d'or, accompagnée de trois bezans de mesme, deux en chef et un en pointe.

254. — Morizeau, Antoinette, veuve de Paul de la Michaudière, trésorier de France à Dijon :

D'azur, à une fasce d'or, chargée d'un levrier de sable ; accolé de gueules.

255. — Des Barres, Anselme, écuier :

D'azur, à une fasce d'or, chargée d'une étoile de gueules et accompagnée de trois croissans d'argent, deux en chef et un en pointe.

256. — Jehannin, François-Claude, conseiller du Roy, substitut de Monsieur le procureur général du Parlement de Dijon :

D'azur, à trois bandes d'or, et un chef de mesme, chargé de trois étoiles de gueules.

257, 258. — Humbert, Claude, veuve de Jean-Louis Troctu, seigneur d'Allerey, conseiller du Roy, maistre des comptes à Dijon :

D'azur, à une bande d'or, semée d'étoiles d'azur ; accolé aussi d'azur, à deux lions affrontés d'or et accompagnés en pointe d'une étoile d'argent.

259. — Emonin, Antoinette, femme de Jean Canet, escuier, conseiller secrétaire du Roy, maison et couronne de France, audiencier en la chancellerie près le Parlement de Dijon :

De gueules, à un singe d'or, assis sur une terrasse de sinople, tenant dans sa main un treffle d'argent et un chef de mesme, chargé de trois merlettes de sable.

260. — Berbis, Jean, chevalier d'honneur au Parlement de Dijon :

D'azur, à un chevron d'or, accompagné en pointe d'une brebis paissante d'argent.

261. — Galoche, Guillaume, trésorier et chanoine de la Sainte-Chapelle de Dijon :

D'azur, à trois fasces d'or.

262. — Lambert, Jacques, conseiller secrétaire du Roy honoraire audit Parlement :

Parti au premier d'azur, à un élan passant d'argent, et un chef d'or, chargé de deux étoiles de gueules ; au second d'azur à une fasce d'or, accompagnée de trois chabots d'argent, péris en fasce et posés deux en chef et un en pointe.

263. — MILLETOT, Jean-Bénigne, conseiller vétéran audit Parlement :

De gueules, à un lion d'or; écartelé de sinople, à trois portes d'argent, deux et une.

264, 265. — DE FRAZANS, Jacques-Guillaume, escuier, seigneur de Turcey et Saint-Romain en partie, et Pierrette DE COURVAUT, sa femme :

D'or, à un cerf de gueules; accolé d'azur, à trois coquilles d'or, deux en chef et une en pointe.

266. — MORIZOT, Antoine, conseiller au Parlement, commissaire aux requestes du Parlement de Dijon :

D'argent, à une quintefeuille de gueules, accompagnée de trois meures (mûres) de sable, deux en chef et une en pointe.

267. — JAUNON, Louis, conseiller audit Parlement, commissaire aux requestes du Palais :

De gueules, à trois quintefeuilles d'argent, deux en chef et une en pointe.

268. — MAGUIN, Guillaume, substitut vétéran de Monsieur le procureur général au Parlement de Metz, avocat en celuy de Dijon :

De gueules, à quatre besans d'argent, posés deux et deux, et un chef cousu d'azur, chargé d'un lion naissant d'or, regardant un soleil de mesme mouvant de l'angle dextre.

269. — GUYET, Simon, conseiller au Parlement, commissaire aux requestes du Palais :

D'azur, à deux chevrons d'or, accompagnés en pointe d'un croissant d'argent.

270. — LE FOUL, Cristine, femme d'Estienne DE CLUGNY, conseiller audit Parlement :

D'azur, à un chevron dentelé d'or.

271. — MOCHOT-COPPIN, Jacques, seigneur de Montbéliard, Ursy et Momeulot, conseiller du Roi, maistre ordinaire en sa Chambre des comptes de Bourgogne :

De gueules, à une tour d'or; écartelé d'azur, à trois pommes de pin d'or, deux et une.

272. — LAMBERT, Vivant, conseiller secrétaire du Roi au Parlement de Dijon :

D'azur, à un élan d'argent, paissant sur une terrasse de sinople, et un chef d'or, chargé de deux étoiles de gueules.

273. — Melenet, Jean, avocat au Parlement :

D'azur, à un chevron d'or, accompagné vers le chef de deux croissans d'argent, et en pointe d'une rose tigée et feuillée de mesme, et un chef d'or, chargé de trois étoiles d'azur.

274. — Fourneret, Jean, escuier :

D'azur, à trois meures au naturel, deux et une, accompagnées en cœur d'une croisette d'or.

275. — Parisot, Claude, procureur général au Parlement et Cour des aydes de Dijon :

De gueules, à un perroquet d'argent, le pied droit levé.

276. — Hénault, Catherine-Nicolle, femme dudit sieur Parisot :

D'azur, à un chevron d'or, accompagné de trois roses d'argent, deux en chef et une en pointe.

277. — Joly, Nicolas, conseiller du Roi, controlleur général du taillon en Bourgogne et Bresse :

D'azur, à trois lis d'argent, tigés de mesme et mouvans d'un mesme endroit.

278. — Fourneret, Nicolas, conseiller du Roi, président au bureau des finances de la généralité de Bourgogne et Bresse :

D'azur, à trois raisins d'or, deux et un, accompagnés en cœur d'une croisette d'argent.

279. — De Belin, Jacques, trésorier de France audit bureau :

De sinople, à trois béliers d'argent, deux en chef rampans et affrontés, et un passant en pointe.

280. — Eusenée, Claude, conseiller du Roy, trésorier général de France audit bureau :

D'azur, à trois étoiles d'or, posées en bande, et un chef d'argent.

281. — David, Pierre, sieur de Vilars, trésorier de France audit bureau :

D'azur, à un soleil d'or, posé en cœur et accompagné de trois harpes de mesme, deux en chef et une en pointe.

282. — De Requeleyne, François-Joseph, conseiller du Roy, trésorier de France audit bureau :

D'azur, à une nuée d'argent, posée en fasce, de laquelle pend une toison d'or, accompagnée en chef de deux étoiles de mesme.

283. — Couchet, Melchior, escuier, conseiller du Roy, trésorier de France audit bureau :

D'or, à une croix ancrée de gueules, et un chef d'azur, chargé de trois étoiles d'or.

284. — Taisand, Pierre, conseiller du Roi, trésorier de France audit bureau :

D'azur, à un chevron d'or, accompagné en chef de deux perles d'argent, et en pointe d'une rose d'argent, le chevron sommé d'une trangle d'or, surmontée de deux estoiles rayonnantes de mesme.

285, 286. — Gravier, Charles, seigneur de Vergennes et du Pouriot, conseiller du Roy, trésorier de France audit bureau, et Anne Garnier, sa femme :

De gueules, à trois pigeons essorans d'or, deux en chef affrontés et un en pointe ; accolé d'or, à trois merlettes de sable, rangées en fasce ; coupé d'azur, à une rose d'argent.

287. — Bichot, François, conseiller du Roi, trésorier de France audit bureau :

D'azur, à une biche d'or, passante devant trois arbres d'argent, rangés en pal.

288. — Cointot, Guillaume, conseiller du Roy, trésorier de France audit bureau :

D'azur, à un aigle d'or et un soleil de mesme au costé dextre du chef.

289. — Turrel, Isaac, conseiller du Roy, trésorier de France audit bureau :

D'azur, à une tour crénelée de cinq pièces d'argent, massonnée de sable, posée sur un tertre de sinople, et soutenue de deux lions affrontés d'or, lampassés et armés de gueules.

290. — Gravier, Esaye, seigneur des Angles et de Saint-Vincent-les-Bragny en partie, conseiller du Roy, trésorier de France audit bureau :

D'or, à trois cannes de sable, deux en chef et l'autre en pointe, ayant chacune en son bec un brin de rozeau de mesme.

291, 292. — Chevignard, Blaise, conseiller du Roy, trésorier de France audit bureau, et Marie-Reyne de Combevert, sa femme :

D'or, à un raisin de sinople, tigé et feuillé de deux feuilles de mesme, et un chef d'azur, chargé d'un soleil d'or ; accolé d'argent, à une fasce d'azur, accompagnée de trois hures de sanglier de sable, deffendues et éclairées d'argent, et posées deux en chef et une en pointe.

293. — Henrion, François, conseiller du Roy, trésorier de France audit bureau :

D'azur, à un croissant d'argent, et un chef d'or, chargé de deux étoiles de gueules.

294. — De Chanrenaut, Jacques, conseiller du Roy, trésorier de France audit bureau :

D'azur, à une tour d'or, surmontée d'une étoile d'argent.

295. — Périer, Antoine, conseiller du Roy, trésorier de France audit bureau :

D'azur, à un chevron d'or, accompagné en chef de deux roses d'argent, et en pointe d'un rocher de mesme.

296. — Vautier, trésorier de France audit bureau :

D'azur, à deux étoiles rangées en chef d'or, et en pointe une croisette de mesme.

297. — Guibaudet, François, conseiller du Roy, trésorier de France audit bureau :

D'azur, à un chevron d'or, accompagné de trois étoiles d'argent, deux en chef et une en pointe.

298. — Chevignard, Jean, trésorier de France audit bureau :

D'or, à un raisin de sinople, tigé et feuillé de deux feuilles de mesme, et un chef d'azur, chargé d'un soleil d'or.

299. — Mouchevaire, Jean-Baptiste, trésorier de France audit bureau :

D'azur, à trois mouches d'or, deux et une, et un chef de gueules, chargé de deux étoiles d'argent.

300. — Gault, Jean, conseiller du Roy, trésorier de France audit bureau :

D'argent, à deux pals d'azur, accompagnés de trois molettes de sable, posées en fasce, et un chef d'argent, chargé d'un lion naissant de sable.

301. — Durand, Antoine-Bénigne, conseiller du Roy, trésorier de France audit bureau :

D'azur, à un aigle essorant d'argent, posé sur un rocher de mesme et regardant un soleil raionnant d'or, mouvant de l'angle dextre du chef.

302. — David, François, conseiller du Roy, trésorier audit bureau :

D'azur, à une harpe d'or, cordée de même.

303. — Térisand (*), Pierre, conseiller et procureur du Roy audit bureau :

D'azur, à un chevron d'or, accompagné en chef de deux étoiles, et en pointe d'une mouche de mesme.

(*) On a mis *Toisand*. Voici la note de M. de Vailly à ce sujet : « Ce nom a été dénaturé ; la leçon véritable constatée par l'exemplaire original qui n'est pas communiqué au public est *Térisand*.

« Paris, ce 13 mars 1863. « N. de VAILLY. »

304. — Mouchevaire, Jean, conseiller et avocat du Roy audit bureau :

D'azur, à trois mouches d'or, deux et une, et un chef de gueules, chargé de deux estoiles d'argent.

305. — Tardy, Pierre, greffier en chef audit bureau des finances :

D'azur, à trois étoiles d'argent, deux et une, et un chef d'or.

306. — Tardy, Noël, greffier en chef audit bureau :

De mesme.

307. — Quirot, Henry, conseiller du Roy, greffier en chef audit bureau :

D'azur, à un chevron d'or, accompagné en pointe d'un pélican, les ailes étendues et se becquetant l'estomac d'argent, sur une motte de sinople et un chef d'argent.

308. — Laureau, Didier, conseiller du Roi, receveur et payeur des gages de Messieurs les officiers dudit bureau :

D'azur, à une fasce ondée d'or, accompagnée de trois grenades de mesme, tigées et feuillées de sinople.

309, 310. — Martenot, Marie-Magdelaine, veuve de Thomas Berthier, escuier, conseiller secrétaire du Roy, maison, couronne de France, et de ses finances :

D'azur, à une fasce d'or, accompagnée de trois martinets de mesme, deux en chef et un en pointe ; accolé d'azur, semé de besans d'or, et un bœuf furieux de gueules, chargé le long du corps de trois étoiles d'or.

311. — De la Verne, Pierre, escuier :

D'azur, à trois demi-vols d'or, deux et un, accompagnés en cœur d'une rose de mesme.

312. — A expliquer plus amplement.

313. — Milletot, Claude, seigneur de Villy :

De gueules, à un lion d'or ; écartelé de sinople, à trois portes d'argent, deux et une.

314. — Desbarres, Nicolas, recteur de l'hôpital de Nostre-Dame de Dijon et chanoine :

D'azur, à une fasce d'or, chargée d'une étoile de gueules et accompagnée de trois croissans d'argent, deux en chef et un en pointe.

315. — Perruchot, Pierre, conseiller du Roy, trésorier des fortifications en Bourgogne et Bresse :

D'azur, à une ruche d'or, accompagnée de trois abeilles de mesme, marquetées de sable, deux en chef, descendantes, et une en pointe, montante.

316. — Perrot, Jacques, conseiller du Roy, trésorier des fortifications de Bourgogne et Bresse :

D'or, à une fasce de gueules, accompagnée en chef de deux perroquets passans à sénestre et la teste contournée à dextre de sinople, becqués de sable, et en pointe d'un rocher ou montagne de sinople.

317. — Larcher, Nicolas, abbé et général de Cisteaux, premier conseiller-né au Parlement de Bourgogne :

D'azur, à trois fasces ondées d'argent, surmontées d'un arc-en-ciel au naturel.

318. — Jolly, Antoine :

D'azur, à un léopard d'or, lampassé et armé de gueules.

319. — Jolly fille, Marie :

D'azur, à un lis d'argent et un chef d'or, écartelé aussy d'azur, à un léopard d'or, lampassé et armé de gueules.

320. — De Mongey, Marie-Charlotte, femme séparée de Guillaume Despringles, escuier, seigneur de Vareuge et antien greffier des Etats de Bourgogne :

D'azur, à une bande d'or.

321. — Ballois, Anne, veuve de Jean-Louis de Mongey, conseiller au Parlement de Dijon :

D'azur, à une bande d'or.

322. — Voruelle, Françoise, conseiller du Roy, grenétier et président au grenier à sel de Seurre, dit Bellegarde, antien maire de ladicte ville :

D'azur, à une bande d'argent, chargée de trois molettes de sable et accompagnée de deux *voruelles* d'argent, posées en bande, une en chef, l'autre en pointe.

323. — Guyet, Philibert, prestre :

D'azur, à (un) deux chevrons d'or, accompagnés en pointe d'un croissant d'argent.

324. — Guyet, Pierre, prestre, doien de l'esglise collégialle de Saint-Estienne :

De mesme.

325, 326. — De Chaumelis, Claude-Huguette, veuve de Claude de la Coste, conseiller au Parlement de Dijon, baron de Brandon et de Chaudée :

D'azur, à cinq bandes d'or; accolé d'or, à un chef de gueules, chargé de trois flammes d'or.

327. — Languet, Jacques, conseiller du Roy, trésorier de France au bureau des finances de Dijon, vétérant, seigneur de Couchey, de Semezarge, de Ternan et autres lieux :

De gueules, à un triangle vuidé d'or, chargé sur les angles de trois molettes de sable.

328. — Languet, Jacques, escuier :

De mesme.

329, 330. — Bernard, Olimpe, veuve de Claude Gaillard, conseiller audit Parlement de Dijon, seigneur de Montigny, Boindin et autres lieux :

D'azur, à deux cimeterres recourbés, passés en sautoir, d'argent, la garde et la poignée d'or ; accolé d'azur, à une fasce d'or, chargée d'une molette d'azur, accompagnée en chef de deux épées d'argent, les gardes et poignées d'or, et en pointe d'un ostendart d'argent, attaché à une lance d'or, posée en bande.

331. — Tassinot, Jean, conseiller secrétaire du Roy près le Parlement de Dijon :

D'azur, à un cigne essorant d'argent, becqué et membré d'or, et un chef de mesme, chargé de trois tourteaux de gueules.

332. — Tabourot, Prudent, escuier, seigneur de Véronne :

D'azur, à un chevron d'or, accompagné de trois tambours de mesme, deux en chef et un en pointe, et un chef aussy d'or, chargé d'un lion passant de sable, lampassé et armé de gueules.

333. — Chevanot, Anne, femme d'Estienne Vestu, escuier, conseiller secrétaire du Roy, maison et couronne de France, controlleur en la chancellerie près le Parlement de Dijon :

D'azur, à un lion d'or, lampassé et armé de gueules, et une fasce d'argent brochant sur le tout.

334. — Marc, Hugues, avocat en Parlement :

D'azur, à un lion couché sur son ventre d'argent, tenant sa patte dextre sur un marc d'or et regardant un soleil rayonnant aussy d'or, mouvant de l'angle dextre du chef.

335, 336. — Godran, Pierre, escuier, et Marie de Motte, sa femme :

D'azur, à un quadran d'argent, les heures marquées de sable, l'aiguille de mesme pointée sur les dix heures ; accolé d'azur, à un chevron d'or, accompagné de trois mottes d'argent, deux en chef et une en pointe.

337. — Arviset, Philibert-Bernard, escuier :

De gueules, à un chevron d'or, accompagné en chef de deux larmes d'argent, et en pointe d'une étoile d'or.

338. — Comeau, Nicolas, escuier :

D'azur, à une fasce d'or, accompagnée de trois comètes d'argent, deux en chef et une en pointe.

339. — Bourrée, Pierre, escuier :

D'azur, à une fasce d'or, accompagnée en chef de deux têtes de béliers d'argent, et en pointe d'un grelot aussy d'argent.

340. — Bouhier, Estienne, chanoine de la Sainte-Chapelle du Roy à Dijon :

D'azur, à un bœuf passant d'or.

341, 342. — Le Bflin, Anne-Augustine, veuve de Nicolas Bourdier, escuier, sieur de Forges :

D'azur, à une bande d'argent, chargée de trois molettes de sable ; accolé de sinople, à trois béliers d'argent, deux en chef affrontés et un en pointe.

343. — Bourelier, Jean, conseiller du Roy, substitut de Monsieur le procureur général en la Chambre des comptes de Dijon :

D'azur, à une fasce d'or, accompagnée de trois trèfles d'argent, deux en chef et une en pointe.

344. — David, Bernard, conseiller secrétaire du Roy près le Parlement de Dijon :

D'azur, à une fasce d'or, accompagnée de trois cors de chasse de mesme, deux en chef et un en pointe.

345. — Burteur fille, Claude :

D'azur, à un chevron d'or, accompagné de trois flèches de mesme, deux en chef et une en pointe.

346. — Pérard, Françoise, veuve de Barthélemy Joly, avocat général à la Chambre des comptes de Dijon :

D'argent, à un arbre de sapin de sinople, accompagné d'un ours de sable passant devant le pied de l'arbre.

347. — Joly, Jeanne, dit Pérard fille :

D'azur, à un léopard d'or, lampassé et armé de gueules ; écartelé aussy d'azur, à un lis d'argent, et un chef d'or, chargé d'une croix pattée et alaisée de sable.

348. — Surmain, Cécille, veuve de Jean-Baptiste du May, correcteur en la Chambre des comptes de Dijon :

D'or, à un arbre dit un *may* de sinople, soutenu d'un croissant de gueules.

349. — Moreau, Claude, controlleur général des restes en la Chambre des comptes de Dijon, vétérant :

D'azur, à un chevron d'or, accompagné en chef de deux mures de pourpre, et en pointe d'une teste de more d'argent, bandée de gueules.

350. — GUILLAUME, Gabriel, antien conseiller du Roy, substitut de son procureur général au Parlement de Dijon :

De gueules, à une croix accostée de deux palmes de mesme, jointes par le bas.

351. — GRILLOT, Claude, femme de Bonaventure RÉMOND, escuier, seigneur de Chauviry, de Revillon et du fief de Verneuil, conseiller du Roy, maistre ordinaire en sa Chambre des comptes de Bourgogne et Bresse :

D'azur, à une fasce ondée d'argent, accompagnée en chef de trois grillets d'or, et en pointe d'une tour de mesme.

352. — BOUHIER, Benoist, chevalier de Malte, commandeur de Robecourt en Loraine :

D'azur, à un bœuf passant d'or.

353. — BIZOUARD, François, escuier :

D'azur, à deux chevrons d'or, accompagnés en pointe d'un lion d'or.

354. — GRILLOT, Claude-François :

D'azur, à trois grelots d'or, deux en chef et un en pointe.

355. — VARENNE, Claude, avocat en Parlement :

D'azur, à une jumelle d'or, accompagnée de trois demy-vols d'argent, deux en chef et un en pointe.

356. — BERBIS fille, Marie-Elisabeth :

D'azur, à un chevron d'or, accompagné en pointe d'une brebis paissante d'argent.

357. — DE VACTOR, Ingeberte, veuve d'Antoine MORISOT, escuier, seigneur de Taniot en Bourgogne :

D'argent, à trois mures de sable, deux en chef et une en pointe, et une quintefeuille de gueules en abisme.

358. — SIMON, Pierre, conseiller du Roy et son avocat à la Table de Marbre du Parlement de Dijon :

D'azur, à six monts d'or, joints les uns sur les autres.

359. — CHEVIGNARD, Théodore, antien conseiller et procureur du Roi au baillage et chancellerie de Beaune, secrétaire de feu S. A. S. Monseigneur le Prince de Condé :

D'or, à un raisin de sinople, tigé et feuillé de mesme, et un chef d'azur, chargé d'un soleil d'or.

360. — SÉGUENOT, Pierre, conseiller du Roy et son avocat général en la Chambre des comptes de Dijon :

D'argent, à trois taus ou croix de saint Antoine de sable, deux et une.

361, 362. — De Bretagne, Jean-Marie, escuier, seigneur de Nanzouty, conseiller du Roi, receveur général des finances en Bourgogne et Bresse, vétéran, et Catherine Pérard, sa femme :

D'azur, à une fasce ondée d'or, accompagnée en chef de trois grelots de mesme, et en pointe d'un croissant d'argent ; accolé de gueules, à une bande d'argent, chargée d'un ours de sable, et un chef d'or.

363. — Bouhier, Jean, conseiller clerc au Parlement de Dijon :

D'azur, à un bœuf passant d'or.

364. — Brusson, Marie, femme de Paul-François Brunet, secrétaire du Roy en la chancellerie des comptes à Dijon :

D'azur, à un chevron d'or, accompagné en chef de deux étoiles de mesme, et en pointe d'un croissant d'argent.

365. — Armet, Charles, antien capitaine d'infanterie :

D'argent, à trois casques de sable, deux en chef et un en pointe.

366. — De la Marre, Françoise, femme de N. Bouhier, président :

De gueules, à un chevron d'or, accompagné de trois coquilles d'argent, deux en chef et une en pointe.

367. — Futelot fils, Bénigne, conseiller au Parlement de Dijon :

D'argent, à trois trèfles de sable, deux en chef et un en pointe, et un chef de gueules, chargé d'un soleil d'or.

368. — Mouchevaire, Françoise, veuve de Jacques Blanche, trésorier de France au bureau des finances de Dijon :

D'azur, à une moucheture d'hermines d'or, et un chef de mesme, chargé de trois roses de gueules.

369. — De la Chaume, Jacques, conseiller du Roy, controlleur général des finances du taillon en Bourgogne et Bresse :

D'argent, à un lion de sable, lampassé et armé de gueules, tenant de sa patte dextre une rose aussy de gueules ; écartelé d'azur, à trois peignes de cheval d'or, deux et un, et sur le tout d'azur, à un roc d'argent et un chef d'or.

370. — Le Compasseur, Nicolle, veuve de Pierre Joly, trésorier de France au bureau des finances à Dijon :

D'azur, à trois compas ouverts d'or, deux en chef et un en pointe, et une étoile d'or aussy en pointe.

371, 372. — Bourée, Philiberte, veuve de N. Valon, escuier :

D'azur, à une licorne passante d'argent ; accolé d'azur, à trois gerbes d'or, deux et une.

373. — Fiot, Claude, conseiller d'honneur au Parlement de Dijon, comte de Boisjean, abbé de Saint-Estienne de Dijon :

D'azur, à un chevron d'or, accompagné de trois lozanges de mesme, deux en chef et un en pointe.

374. — Morizeau, Antoinette, veuve de Paul DE LA Michaudière, trésorier de France au bureau des finances de Dijon :

D'argent, à trois mures de sable, deux en chef et une en pointe, et une quintefeuille de gueules, posée en abisme.

375. — De Gissey fille, Anne :

D'azur, à trois chandeliers d'argent, deux et un, surmontés de trois étoiles, posées aussy deux et une.

376, 377. — Millière, Jean-Baptiste, escuier, seigneur d'Aizeray, et Marie David, sa femme :

D'azur, à trois épis de millet d'or, deux et un ; accolé d'azur, à trois harpes d'or, deux et une.

378. — De Berbisey, Barbe, femme de Jean-Baptiste DE Massol, président en la Chambre des comptes de Dijon :

D'azur, à une brebis d'argent, paissante sur une motte de sinople.

379. — Petit, Henry, gentilhomme servant de feue la Reyne mère :

D'azur, à un lion d'or.

380. — Deslandes, Pierre, conseiller du Roi, controlleur général du taillon en Bourgogne et Bresse :

D'azur, à un chevron d'or, accompagné en chef de deux étoiles d'argent, et en pointe d'une coquille de mesme.

381. — Régnier, Clément, seigneur de Bussière, chevalier d'honneur, vétérant en la Chambre des comptes de Dijon :

D'azur, à trois palmes d'or, deux en chef et une en pointe.

382. — Bernard, Philiberte, femme de Georges-Bernard Jolly, conseiller au Parlement de Dijon :

De gueules, à une bande d'or, chargée de trois étoiles d'azur, et accompagnée en chef d'un cor de chasse d'or, lié de mesme.

383, 384. — Comeau, Françoise, veuve de Barthélemy Joly, maistre des comptes à Dijon :

D'azur, à un léopard d'or, lampassé et armé de gueules ; accolé d'azur, à une fasce d'or, accompagnée de trois comettes d'argent, deux en chef et une en pointe.

385. — Morel, Pierre, conseiller du Roy à la Table de Marbre à Dijon :

D'argent, à un murier arraché de sinople, fusté de sable, à un chef d'or, chargé d'une teste de more de sable, bandée d'argent.

386, 387. — Bernard, Jeanne, veuve de Henry de Vienne, chevalier, comte de Commarin, baron de Chateauneuf, antien lieutenant général pour le Roy en Bourgogne :

De gueules, à un aigle d'or; accolé d'azur, à une fasce d'or, chargée d'une molette d'azur, accompagnée en chef de deux épées d'argent, les gardes et poignées d'or, et en pointe d'un étendart d'argent, attaché à une lance d'or, posée en bande.

388. — Mayrot, Joseph, avocat en Parlement :

D'or, à un murier arraché de sinople, fusté de sable.

389. — Chavannon, Anne, femme de Guillaume Grillot, maistre des comptes à Dijon :

D'azur, à un chesne arraché d'or, et un chef d'argent, chargé de deux molettes à huit pointes de sable.

390. — Bouillet, Guillaume, escuier :

D'azur, à un chevron d'or, accompagné de trois bezans d'argent, deux en chef et un en pointe, et un chef cousu d'azur, chargé d'un croissant d'argent, accosté de deux estoiles d'or; écartelé de gueules, à une fasce d'argent, chargée d'une fleur de lis de sable, et accompagnée de trois testes de léopard, deux en chef et une en pointe.

391. — Bouillet, Estienne, escuier :

De mesme.

392. — Miette, Simon, garde des titres, registres et papiers du Roy en ses finances de Bourgogne et Bresse :

De gueules, à deux cimeterres passés en sautoir, les pointes en haut, d'argent, les gardes et poignées d'or, accompagnés en chef d'un croissant d'argent, et en pointe d'une gerbe d'or.

393, 394. — Julien, Jacques, conseiller du Roy, escuier, secrétaire en chef des Etats de Bourgogne, et Jeanne-Thérèse Vittier, sa femme :

D'azur, à un lion d'or, lampassé et armé de gueules; accolé de gueules, à un chevron d'or, accompagné de trois pommes de pin de mesme, deux en chef et une en pointe, et un chef cousu d'azur, chargé de deux croisettes d'argent.

395. — Filsjean, Estienne, escuier :

D'azur, à un chevron d'or, accompagné de trois étoiles de mesme, deux en chef et une en pointe, et un chef d'or, chargé de trois croix de gueules.

396. — FLEURY, Catherine-Antoinette, femme de Pierre-Bernard TAPIN, conseiller au Parlement de Dijon :

De sinople, à un chevron d'argent, accompagné en pointe d'un lis de mesme.

397. — GAUDELET, Claude, conseiller du Roy, antien correcteur de la Chambre des comptes de Dijon :

D'azur, à un chevron d'or, surmonté d'une croix d'argent.

398, 399. — CREUSEVAULT, Philiberte, veuve de Jean FLUTELOT, conseiller au Parlement de Dijon :

D'argent, à trois trefiles de sable, deux et un, et un chef de gueules, chargé d'un soleil d'or; accolé d'argent, à une fasce dentelée d'azur, accompagnée de trois merlettes de sable, deux en chef et une en pointe.

400. — VALLOT, Pierrette, femme de Nicolas CŒURDEROY, conseiller du Roy, maistre ordinaire en sa Chambre des comptes de Bourgogne et Bresse :

De gueules, à deux palmes passées en sautoir d'or, accompagnées en chef d'un rocher de mesme, et en pointe d'un croissant d'argent.

401. — DE JEANT, Catherine, femme d'Antoine-Bernard COMEAU, conseiller au Parlement de Bourgogne :

D'azur, à un chef d'or, chargé de trois merlettes de gueules.

402. — DUREY, Philiberte, femme de François JOLLY, maistre des comptes à Dijon :

De sable, à un rocher d'argent, surmonté d'une croisette de mesme.

403. — TRIBOLET, Crestien, conseiller du Roy, lieutenant général des eaux, forests et traites foraines de France au siége général de la Table de Marbre à Dijon :

D'or, à trois trefiles de sinople, deux en chef et un en pointe.

404. — MILLOTET fille, Anne :

D'azur, à un sautoir d'or, accompagné en chef d'une croix alaisée d'argent.

405. — JOLIN, François, seigneur de Villecomte et prieur de Moutier-en-Bresse :

De gueules, à un arbre d'or, soutenu d'un croissant d'argent.

406. — MAGUIN, Marie-Joseph, femme de Claude-Joseph GUYE, seigneur de La Bergement, conseiller au Parlement de Dijon :

De gueules, à quatre besans d'argent, deux et deux, et un chef cousu d'azur, chargé d'un lion naissant d'or, regardant un rayon de soleil de mesme, mouvant du côté dextre du chef.

Arrêt d'enregistrement du 8 janvier 1698.

Signé : SENDRAS.

ESTAT DES ARMOIRIES

DES PERSONNES ET COMMUNAUTEZ DÉNOMMÉES CY-APRÈS, ENVOYÉES AUX BUREAUX ESTABLIS PAR M° ADRIEN VANIER, CHARGÉ DE L'EXÉCUTION DE L'ÉDIT DU MOIS DE NOVEMBRE 1696, POUR ESTRE PRÉSENTÉES A NOSSEIGNEURS LES COMMISSAIRES GÉNÉRAUX DU CONSEIL, DÉPUTEZ PAR SA MAJESTÉ, PAR ARRESTS DES 4 DÉCEMBRE AUDIT AN, ET 23 JANVIER 1697.

DIJON

SUIVANT L'ORDRE DU REGISTRE 2°.

225. — ARVISENET, Catherine, veuve de N. MOREL, advocat au Parlement de Dijon :

D'azur, à un murier d'or, fruité de pourpre, accosté de deux estoiles et de deux quintefeuilles de même, et soutenu d'un croissant d'argent, et un soleil d'or en chef.

226. — DE LA LOGE, Pierre, escuyer :

D'azur, à un ours passant d'or, et trois pommes de pin de même, rangées en chef.

227. — DE LA LOGE, Claude, escuyer :

D'azur, à trois pommes de pin rangées en chef d'or, et un ours de même, passant en pointe.

228. — DE FRASANS, Bénigne-Bernard, escuyer :

D'or, à un cerf passant de gueules.

229. — BAUDOT, Pierre-Bernard, prieur du Faybillot :

D'azur, à trois testes de léopards d'or, et un chef de même, chargé d'une croix pattée de sable ; écartelé d'azur, à un cigne d'argent.

230. — THEUREAU, Denis, prestre, curé de Mont-Saint-Jean :

D'azur, à un taureau effrayé d'or.

231. — BAUDOT, Jacques, advocat au Parlement de Dijon :

D'azur, à trois testes de léopards d'or, et un chef de même, chargé d'une croix pattée de sable ; écartelé d'azur, à un cigne d'argent.

232. — GÉRAULD-GARCELON, curé de Talmay :

D'azur, à une croix ancrée d'or, et un chef d'argent, chargé de trois roses de gueules.

233, 234. — DE SAUMAISE, Claude, escuyer, seigneur de Bouze, et Marie-Magdelaine DE SAINT-LIGIER, son épouse :

D'azur, à un chevron d'or, accompagné de trois glands de même, deux en chef et un en pointe ; accolé d'argent, à une fasce de gueules, frettée d'or, accompagnée de trois merlettes de sable, deux en chef et une en pointe.

235. — GAUVAIN, Claude, conseiller au grenier à sel de Baune et Chambre de Chagny :

D'azur, à deux étoiles d'or en chef et un croissant de même en pointe, duquel sort une tige de pois d'argent, chargée de trois cosses de même.

236. — RICHARD, Marie, veuve de Jean BOUCHIN, conseiller au baillage et chancellerie (*) de Baune :

D'azur, à un bouc et une levrette affrontés d'argent, le bouc acorné d'or et la levrette accolée de même, accompagnée en chef d'une étoile aussy d'or, et en pointe d'un croissant d'argent.

237. — VILAIN, Pierre, avocat, antique maire de la ville de Baune :

D'azur, à un poisson d'argent, appelé *vilain*, posé en fasce, accompagné de trois estoiles de même, deux en chef et une en pointe.

238. — PETIT, Estienne, prieur de Mirebeau :

D'azur, à un chevron d'or, sommé d'un poulet de même et accompagné en chef de deux estoiles aussy d'or, et en pointe d'un croissant d'argent.

239. — PITOIS, Claude, docteur en médecine :

De sable, à un baston noueux d'or, posé en bande, accompagné de trois quintefeuilles d'or, deux en chef et une en pointe.

240. — MERCIER, Françoise, veuve de Pierre BOURRÉE, bourgeois à Dijon :

D'azur, à une fasce d'or, accompagnée en chef de deux testes de belliers d'argent, et en pointe d'un grelot d'argent.

241. — CATHERINET, Odette, veuve de Claude TEURLOT, ancien greffier au bailliage de Dijon :

D'azur, à une palme et un rameau d'olivier, liés par le bas et passés en sautoir, d'or, et au milieu une colombe d'argent, tenant en son bec une feuille d'olivier d'or, et accompagnée au costé dextre du chef d'une étoile d'or.

242. — DE GENTOT, Jean, écuyer :

D'azur, à un lyon d'argent, lampassé et armé de gueules.

(*) *Chevalerie* dans le texte.

243. — Caillet, Bénigne-Joseph, substitud de Monsieur le procureur général au Parlement de Dijon :

D'azur, à un chevron d'or, accompagné en chef de deux étoiles d'argent, et en pointe d'une caille de même.

244. — Lorenchet, Jean, médecin :

D'azur, à une fasce d'or, accompagnée en chef de trois étoiles, et en pointe d'un chat passant de même, montrant les deux yeux.

245. — Chauvelot, Philibert, curé de Nolay :

D'azur, à un sauvage d'or, tenant en sa main droite une massue de même en pal.

246. — Genot, Elisabeth, veuve d'Abraham Durand, nottaire royal à Nolay :

D'azur, à un rocher d'argent, surmonté d'une étoile d'or.

247. — Chappeau, Jean, trésorier des mortes-payes en Bourgogne et Bresse :

D'azur, à une foy d'argent, posée en fasce, et un chef d'or, chargé de trois coquilles de gueules.

248. — Dodun, Marie, veuve de Jacques Frollois, procureur à la Cour :

D'azur, à un arbre arraché d'or et accompagné en pointe de mouches sans nombre d'argent.

249, 250. — Lantin, Anne, veuve de Pierre Filsjean, seigneur de Presle, maître des comptes à Dijon :

D'azur, à un chevron d'or, accompagné de trois étoiles de même, deux en chef et une en pointe, et un chef d'or, chargé de trois croix de gueules ; accolé d'azur, à une couleuvre d'argent et un chef d'or.

251. — De Blanot, Jean-Bernard, chevalier de Saint-Lazare de Jérusalem, seigneur de Chanrenault et de Bornay, commandant le premier escadron de la noblesse de Bourgogne :

D'azur, à trois épis de blé mouvans d'une même tige d'or, soutenu d'un croissant d'argent.

252. — De Requeleyne, Charles, prieur de Frollois :

D'azur, à deux estoiles d'or en chef, et une nuée aussy d'or, posée en fasce, d'où pend une toison de même.

253. — De Champot, Claude, veuve de George Bourée, secrétaire du Roy :

D'or, à une bande de sable, chargée de trois besans d'or, et accostée de deux croix pattées de gueules.

254. — RAYMOND, Anne, veuve de Jean-Baptiste MONNIOT, advocat au Parlement de Dijon :

D'azur, à un chevron d'or, accompagné en chef de deux estoiles de même, et en pointe d'un moineau aussy d'or, sur une motte d'argent.

255. — LE BLANC, Antoine, advocat et antique maire de la ville de Beaune :

De sable, à une fasce d'argent, et une rencontre de cerf d'or, brochant sur le tout.

256. — DE BRETAGNE, Margueritte, femme de Pierre BAILLET, président à mortier vétéran au Parlement de Dijon :

D'azur, à une fasce d'or, accompagnée en chef de trois grillets de même, et en pointe d'un croissant d'argent.

257. — DE PRAS-BALAYSSEAUX, Joseph-Gaspard, lieutenant de Roy de la ville et château d'Auxonne :

De gueules, à une bande d'argent, accompagnée de deux cors de chasse de même.

258. — GARNIER, Antoine, scindic de la ville de Beaune :

D'azur, à trois lis d'argent sur une même tige.

259. — GAUTHERET, Catherine, veuve de Hugues LEBERT, bourgeois :

D'or, à trois roses de gueules, deux en chef et une en pointe.

260. — DE LA FOREST, Henry, escuyer, conseiller du Roy au présidial de Dijon :

D'or, à un chesne arraché de sinople.

261. — DE LA FOREST, Claude-Silvestre, veuve de Mathieu DE BADIER, escuyer, conseiller du Roy, lieutenant général au bailliage de Dijon :

D'azur, à un chevron d'or, accompagné de trois estoiles de même, deux en chef et une en pointe.

262. — BELIN, Charles, conseiller du Roy au bailliage et chancellerie de Beaune :

D'azur, à un bélier passant d'argent, surmonté d'un croissant accosté de deux estoiles de même.

263, 264. — DE SAINT-BELIN, Gabriel, de Mâlain, comte de Bielle, et Madelaine D'OURCHE, son épouse :

D'azur, à trois testes de béliers d'argent, accornées d'or ; écartelé d'azur, à un sauvage d'or, tenant sa massue haute d'une main, et de l'autre son bouclier de même, party d'argent, à un lyon de gueules ; accolé d'argent, à un lyon de sable, couronné, lampassé et armé de gueules.

GÉNÉRALITÉ DE BOURGOGNE

265. — Filsjean, Jean-Christophe, chanoine de Saint-Estienne de Dijon :

D'azur, à un chevron d'or, accompagné de trois estoiles de même, deux en chef et une en pointe, et un chef d'or, chargé de trois croix pattées de gueules.

266. — Raymond, Charles, escuyer, chanoine de Saint-Estienne de Dijon :

De gueules, à trois roses d'argent, deux en chef et une en pointe.

267. — Buatier de Réal, Alphonsine :

D'or, à un sanglier de sable, coeffé d'une levrette de gueules.

268. — Perrault, Isaac, conseiller du Roy, contrôleur des fortifications en Bourgogne et Bresse :

D'azur, à une croix de Lorraine, ou croix à double traverse, d'or, élevée sur trois annelets de même, party d'azur, à trois bandes d'or.

269. — Boudier, Jacques, conseiller du Roy, grenetier au grenier à sel d'Auxonne :

Ecartelé au premier d'azur, à trois trompes de chasse d'or, mal ordonnées, au second de gueules, à trois bandes d'or, au troisième de gueules, à trois annelets d'or, deux et un, et au quatriesme d'azur, à un chevron d'or, accompagné en pointe d'un guy de chesne de même.

270. — Guy, Anne, veuve d'André Boudier, conseiller du Roy, grenetier au grenier à sel d'Auxonne et Chambre de Mirebeau :

De gueules, à trois bandes d'or, coupé, cousu d'azur, à un chevron d'or, accompagné en pointe d'un guy de chesne de même.

271. — Navetier, Claude, conseiller du Roy, grenetier au grenier à sel de Beaune et Chambre de Chagny :

De gueules, à un navire d'argent, flottant sur une mer de même.

272. — Vacher, Jean-Baptiste, chanoine de l'église collégialle de Nostre-Dame de Beaune :

D'azur, à un chevron d'or, accompagné en chef de deux étoiles de même, et en pointe d'une vache passante d'argent.

273. — Delettre, Claude, advocat en la Cour :

D'azur, à un chevron d'or, accompagné en chef de deux étoiles de même, et en pointe d'un croissant d'argent.

274. — Charpy, Louis, contrôleur au grenier à sel de Saint-Jean-de-Laône et bailly de la Perrière :

D'azur, à trois épis de bled d'or, mouvans et soutenus d'un croissant d'argent, et accompagnés en chef de deux étoiles d'or.

275. — Charpy, Claude, maire perpétuel d'Issurtile (*sic*) :

D'azur, à trois épis d'or, mouvans et soutenus d'un croissant d'argent, accompagnés en chef de deux estoiles d'or.

276. — Berbis, Jacques, conseiller au Parlement de Dijon, vétéran :

D'azur, à un chevron d'or, accompagné en pointe d'une brebis d'argent paissante.

277. — Ferry, Jean-Baptiste, écuyer, gouverneur des pages de la Chambre du Roy :

D'azur, à une fasce (*) d'or, accompagnée en chef de deux étoiles d'argent, et en pointe d'un lyon passant de même.

278. — Rousselot, Jacques, advocat au Parlement de Dijon :

D'azur, à un chevron d'or, accompagné en chef de deux estoiles de même, et en pointe d'un croissant d'argent.

279. — De la Glace, Gaspard-François, écuyer, sieur de Chany :

D'or, à trois hures de sangliers arrachées de sable, deux et une.

280. — De la Glace, Marie, veuve de Jacques De la Fage, escuyer, sieur de Clairmont :

D'or, à trois hures de sanglier de sable, deux et une.

281. — De la Fage fille, Marie-Anne :

D'azur, à un lyon d'or, lampassé de gueules.

282. — De la Glace, Anne, fille majeure de deffunt Pierre De la Glace :

D'or, à trois hures de sanglier de sable, deux en chef et une en pointe.

283. — Boilland, Margueritte, veuve de Louis Barollet, sieur de Grandchamp, premier capitaine dans le second bataillon de Poitiers-Etranger :

D'azur, à un chevron d'or, accompagné en chef de deux estoiles de même, et en pointe d'un lac d'argent dans lequel il y a une carpe d'or, surmontée d'une étoile de même.

284. — Berbis, Pierre, écuyer, conseiller au Parlement de Dijon :

D'azur, à un chevron d'or, accompagné en pointe d'une brebis paissante d'argent.

(*) *Fosse* dans l'original.

285. — Le Compasseur, Louis, escuyer :

D'azur, à trois compas ouverts d'or, deux en chef et un en pointe.

286. — Rondot, François :

D'azur, à un chevron d'or, accompagné de trois annelets de même, deux en chef et un en pointe.

287, 288. — De Requeleyne, Claude, escuyer, conseiller du Roy, contrôleur ordinaire des guerres, et Marie-Bertrande Sordoillet, son épouse :

D'azur, à une toison d'or, pendante d'une nuée d'argent, à laquelle elle est attachée, et une pluie d'or tombante aussy de la nuée, et un chef d'argent, chargé de deux estoiles d'azur ; accolé d'argent, semé de flèches sans nombre, les pointes en haut, de sable, empennées de sinople, à un chef d'azur, chargé d'un soleil d'or ; écartelé de gueules, à un arbre arraché d'or, soutenu d'un croissant d'argent.

289. — De Lettre, Louis, advocat au Parlement de Dijon :

D'azur, à un chevron d'or, accompagné en chef de deux estoiles de même, et en pointe d'un croissant d'argent.

290. — De Lettre, Daniel, lieutenant de cavalerie :

De même.

291. — Brunet, N., conseiller du Roy, assesseur de l'hôtel de ville de Beaune :

D'or, à un levrier rampant de gueules, accolé et bouclé d'argent, et une bordure conponnée (*) d'or et de gueules ; écartelé d'argent, à une teste de more de sable, bandée d'argent et liée d'un ruban de gueules.

292. — Midan, Claude, veuve de Jean Maugras, advocat à la Cour :

De gueules, à un croissant d'argent en pointe, surmonté d'un oiseau de même, et un chef cousu d'azur, chargé de deux estoiles d'or.

293. — Gevallois, Jeanne, femme de Jean de Thésut, escuyer, seigneur de Ragy (?) :

D'argent, à un olivier de sinople, fruité d'argent.

294. — De Montessut, Guy-Bernard, comte de Ruilly, Eussy et autres lieux :

D'azur, à un chevron d'or, accompagné de trois estoiles d'argent, deux en chef et une en pointe.

(*) Componée.

295. — Loppin, Gérard, receveur des traittes foraines :
De gueules, à une croix ancrée d'or.

296. — Forneret, Jacques, marchand drapier :
D'azur, à trois bandes d'or.

297. — Forneret, Jean, marchand drapier :
De même.

298. — Gautier, Jean, chanoine de la Sainte-Chapelle du Roy à Dijon :
D'azur, à un cœur d'or, dans lequel est fichée une croix pattée de même, accostée en chef de deux estoiles d'argent, accompagnée en pointe d'un croissant de même.

299. — Nouvelet, Claude, prêtre familier en l'église d'Auxonne et official de Besançon en ladite ville :
D'azur, à un globe d'or croisé de même, et soutenu d'un croissant d'argent, la croix fichée dans le globe et entourée d'une couronne d'épines d'argent, l'écu entouré de cette devise : *Absit mihi gloriary nisi in cruce Domini.*

300. — Tappin, Jeanne, veuve de Benoist Jullien, écuyer, secrétaire en chef des Estats du duché de Bourgogne, demeurant à Chalon-sur-Saône :
D'azur, à un lyon d'or, lampassé et armé de gueules.

301. — Fleutot, Henry, advocat du Roy au bailliage d'Auxonne :
De gueules, à trois cors de chasse d'or, deux en chef et un en pointe.

302. — A expliquer plus amplement.

303. — Guichard, Jean-Baptiste, conseiller du Roy, greffier garde-minutte, expéditionnaire des lettres de la chancellerie près le Parlement de Dijon et procureur en iceluy :
De gueules, à deux clefs passées en sautoir d'argent, et un chef d'or.

304. — Billard, Antoine, conseiller du Roy, greffier garde-minutte, expéditionnaire des lettres de la chancellerie près le Parlement de Dijon et procureur en icelluy :
D'or, à un aigle de sable, et un chef de gueules, chargé de trois estoiles d'or, l'écu avec une bordure d'azur, chargée de huit besans d'argent.

305. — Bougot, Jean-Christophe, conseiller du Roy, greffier et garde-minutte et expéditionnaire des lettres de la chancellerie près le Parlement de Dijon et procureur audit Parlement :
D'azur, à un bouc d'or, passant sur le haut d'une montagne d'argent, accompagnée en chef de deux estoiles d'or.

306. — Robelot, Simon, conseiller du Roy, greffier garde-minutte et expéditionnaire des lettres de la chancellerie près le Parlement de Dijon et procureur en icelluy :

D'azur, à deux palmes d'or, adossées et périés en vol, au milieu desquelles est un bélier passant d'argent, accompagné de trois estoiles d'or, deux en chef et une en pointe.

307. — De Thésut, Nicole, femme de Guillaume Cointot, trésorier de France au bureau des finances de Dijon :

D'or, à une bande de gueules, chargée de trois sautoirs d'or.

308. — Lebœuf, Antoine, lieutenant de l'artillerie de France :

D'azur, à trois testes de bœuf d'or, deux en chef et une en pointe, accompagnées en cœur d'une moucheture d'hermine d'argent.

309. — Guéritet, Claudine, veuve de Jean Millot, chirurgien :

D'azur, à quatre annelets d'argent en fasce, surmontés d'une guérite aussy d'argent.

310. — Clerget, Jean, conseiller du Roy, notaire et assesseur du maire de Dijon :

De sinople, à une fontaine d'argent jaillissante, surmontée en chef d'un soleil d'or.

311. — Berbis, Pierre-Gabriel, seigneur en partie des Mailly :

D'azur, à un chevron d'or, accompagné en pointe d'une brebis paissante d'argent.

312. — Martène, Hugues-François, advocat en Parlement :

D'azur, à une épée posée en pal d'argent, la poignée d'or, accompagnée en chef de deux estoiles d'argent, et en pointe d'un croissant de même.

313. — Petit, Antoine, écuyer :

D'azur, à un lyon d'or.

314. — Montjardet, Philibert, marchand de drap :

D'argent, à une montagne de sable, ardente de gueules.

315. — Bérardier, Philipes, lieutenant particulier au baillage et siége présidial de Beaune :

D'azur, à une épée d'argent en pal, à la poignée d'or, surmontée d'une arbaleste d'or en chef, et une oye d'argent en pointe.

316. — D'Achey, Jean, advocat du Roy au bailliage de Beaune :

D'azur, à deux haches d'armes adossées d'or, emmanchées de même.

317. — Pierre, Christophe, procureur et nottaire royal au bailliage de Saint-Jean-de-Laone :

D'azur, à une grange d'or.

318. — Jannel, Claude, receveur au grenier à sel de Saint-Jean-de-Laone :

D'azur, à un chevron d'or, accompagné de trois genettes d'argent, mouchetées ou tachées de sable, rampantes, deux en chef et une en pointe.

319. — De la Loge, Ursule, veuve de N. Villers-la-Faye, comte du Rousset :

D'or, à une fasce d'azur.

320. — Du Vivier, Nicolas, receveur du grenier à sel de Mirebeau :

D'azur, à un vivier ou estang d'argent, au milieu duquel il y a un roseau de sinople, accompagné de trois morelles nageantes de sable, deux en flanc et une en pointe, et un chef de gueules.

321. — De Montherot, Alphonse, advocat au Parlement de Dijon :

D'azur, à un aigle d'or, et un soleil de même, mouvant de l'angle dextre du chef.

322. — Morlet, Charles, prieur, curé de Fontaine-Françoise :

D'argent, à trois testes de more de sable, bandées d'argent, deux en chef et une en pointe.

323. — De Montet, François, escuyer, seigneur d'Attée :

D'argent, à un chef d'azur, chargé de trois fermeaux d'or.

324. — Lucotte, Jean-Bénigne, advocat :

D'azur, à un soleil d'or.

325. — De Requelaine, Pierre, curé de Bligny-sous-Beaune :

D'azur, semé d'étoiles sans nombre (*), et une bande d'argent, chargée de trois trefles de sable.

326. — De Faure-Ferriées, N., prieur de Saint-Vincent, ordre de Cluny :

D'azur, à deux biches affrontées d'or, rampantes contre un arbre de même, et un chef d'argent, chargé de trois étoiles de gueules.

327, 328. — Languet, Marie, veuve de Pierre de Massol, président à la Chambre des comptes de Dijon :

D'or, à un aigle de sable, coupé de gueules, à un dextrochère armé d'or, tenant un marteau de mesme, et mouvant d'une nuée d'argent ; accolé d'azur, à un triangle renversé d'or, chargé sur chacun de ses angles d'une molette d'or.

329. — De Mucie, François, antien trésorier de France en la généralité de Bourgogne et Bresse :

D'azur, à une croix fleuronnée d'or, au pied fiché dans un cœur de même.

(*) D'or ?

330. — Vaucherot, Jean-Jacques :

D'azur, à une fasce d'or, chargée d'une croix pattée de gueules et accompagnée de trois testes de bœuf d'or, deux en chef et une en pointe.

331. — Poussis, Claude :

D'argent, à une bande ondée d'azur, accompagnée de deux roses de gueules, feuillées et tigées de sinople, une dessus et l'autre dessous.

332. — Charpy, Claude, maire perpétuel de Saint-Jean-de-Laône :

D'azur, à trois épis de bled sur une même tige d'or, mouvante et soutenue d'un croissant d'argent, accompagnée en chef de deux étoiles d'or.

333. — Nicole, Jean-Baptiste, écuyer, maire et bailly de la ville d'Arnay-le-Duc :

D'azur, coupé d'argent, à un phénix, de l'un en l'autre, posé sur son bûcher de gueules, et regardant un soleil d'or, naissant du costé dextre du chef.

334. — Bouchin, Marc, conseiller du Roy, receveur des traites foraines :

D'azur, à un bouc et une levrette affrontés d'argent, le bouc accorné d'or, et la levrette accolée de même, accompagnez d'une étoile d'or en chef, et d'un croissant d'argent en pointe.

335. — Jacquinot, Margueritte, veuve de Philipes de Pellissier, escuyer, seigneur de Flaingnerot :

D'argent, à une grûe passante d'argent, à un chef d'or, chargé de trois mouchetures d'hermines de sable.

336. — Le Compasseur de Tersut, Margueritte, fille majeure :

D'azur, à trois compas ouvers d'or, deux en chef et un en pointe.

337. — Tavault, Etiennette, veuve de Pierre Clémandot, advocat en Parlement :

D'azur, à un lis d'argent, tigé au naturel, surmonté d'une étoile d'or, et soutenu d'un croissant de même.

338. — Lopin, Philipe, bourgeois de la ville de Seurre :

D'azur, à une croix ancrée d'or.

339. — Gontier, Claude, épouse de N. Perreney, président en la Chambre des comptes de Bourgogne et Bresse :

D'azur, à une bande d'or, chargée de deux hures de sangliers arrachées et affrontées de sable, les deffenses d'argent.

340. — BRONDEAU, Marie-Madelaine, veuve de Jacques SÉGUENOT, substitut de M. le procureur général au Parlement de Dijon :

D'argent, à trois tau ou croix de saint Antoine de sable, deux en chef et une en pointe.

341. — VAUDROY, Bernard, advocat :

D'azur, à un chevron d'or, cotoyé en chef de deux palmes de même, et accompagné en pointe d'une foy d'argent, surmontée d'un cœur d'or, enflammé de gueules.

342, 343. — DE BARILLON, Judith, veuve de César DE CHATELUX, comte de Chatelux, premier chanoine héréditaire de l'église cathédrale d'Auxerre :

D'azur, à une bande d'or, accompagnée de sept billettes de même, quatre en chef et trois en pointe ; accolé d'azur, à un chevron d'or, accompagné en chef de deux coquilles, et en pointe d'une rose de même.

344. — DE LA RAMISSE, François, advocat en Parlement :

D'azur, à un pigeon ramier d'argent, portant en son bec un rameau d'olivier de sinople.

345. — PARIGOT, Pierre, advocat au Parlement de Dijon :

D'or, à une tige d'olivier de sinople, fruité de quatre olives, deux de chaque côté d'argent.

346, 347. — TAPIN, Madelaine, veuve de Joseph BERTHIER, conseiller au Parlement de Dijon :

D'azur, semé de besans d'or, et un bœuf s'élançant de gueules, chargé de trois estoiles d'or ; accolé d'azur, à un chevron d'or, accompagné en chef de deux estoiles de même, et en pointe d'un pin aussy d'or.

348. — LORANCHET, Blaise, escuyer, receveur général des finances de Bourgogne :

D'azur, à une fasce d'or, accompagnée en chef de trois molettes d'argent, et en pointe d'un chat courant aussy d'argent, armé de gueules.

349. — GOMBAULT, Jean, conseiller du Roy, contrôleur au grenier à sel de Beaune et Chambre de Chagny :

D'or, à trois treffles de sable, deux en chef et un en pointe.

350, 351. — AUDOULX, Pierre, advocat en la Cour, directeur général des domaines du Roy en Bourgogne et Bresse, et Françoise LE TELLIER, son épouse :

D'argent, à un sautoir d'azur ; accolé d'azur, à trois lézards d'argent, posés en pal, deux et un, et un chef cousu de gueules, chargé de trois estoilles d'or.

352. — Parise, Blaise, advocat au Parlement de Dijon :

D'argent, à trois corbeaux de sable, les testes penchées, tenans sous leurs griffes trois sauterelles de sinople, lesquelles ils semblent vouloir manger.

353, 354. — Choiseul, François-Eléonor, chevalier, seigneur comte d'Eyguilly, et Eléonor de Thibaut de Jussey, son épouse :

D'azur, à une croix d'or, cantonnée de dix-huit billettes de même, cinq de chaque canton du chef, posées en sautoir, et quatre à chaque canton de la pointe ; accolé de gueules, à trois tours crénelées d'or, massonnées de sable et posées deux et une.

355. — Broüost, Jeanne, veuve de François de Thibault de Jussey, escuyer, gentilhomme de la grande vennerie du Roy, seigneur de Louvoy :

De gueules, à trois tours crénelées d'or, massonnées de sable et posées deux et une.

356. — De Thibault de Jussey, Claude, écuyer, seigneur de Louvoy, grand-prévost général de Bourgogne et de Bresse :

De gueules, à trois tours crénelées d'or et massonnées de sable, et posées deux en chef et une en pointe.

357. — Girardot, Antoine, capitaine de bourgeoisie à Dijon :

D'azur, à une main posée en bande d'or, sortant d'une nuée d'argent, mouvante de l'angle sénestre de la pointe de l'écu, et monstrant avec le doit un soleil d'or naissant de l'angle dextre du chef.

358. — De Barrault, Gabriel, veuve de Noël de Saulx, marquis de Tavannes :

D'argent, à une croix de sable, chargée de cinq coquilles d'or.

359. — Lambert, Henriette, veuve de Jean Chesne, advocat à la Cour :

D'argent, à un chesne de sinople, accosté de deux estoiles de gueules.

360. — Le Belin, Bénigne, veuve d'Antoine Guiard, conseiller secrétaire du Roy, maison, couronne de France en la grande chancellerie :

D'azur, à une croix d'or, bordée de pointes d'étoiles, alaisée à trois des extrémités de trois étoiles, deux en fasce et une en pointe.

361. — Joly, Jacques, sieur de Triey, advocat en Parlement :

De gueules, à deux croissans adossés d'argent, accompagnés de trois étoiles d'or, deux en chef et une en pointe.

362. — Pellissier, Louis, escuyer, seigneur de Ternaut :

D'azur, à une aigrette d'or et un chef cousu d'argent, chargé de trois mouchetures d'hermines de sable.

363. — GARNIER, Jean, conseiller du Roy, substitud de M. le procureur général du Parlement de Dijon :

D'azur, à un chevron d'or, accompagné en chef d'un croissant d'argent, accosté de deux étoiles d'or, et en pointe d'une quintefeuille de même.

364. — CHESNE, Jacques, bourgeois à Saint-Jean-de-Laône :

D'argent, à un chesne de sinople, englanté d'or, accompagné de trois étoiles de gueules, rangées en chef.

365. — LÉAULTÉ, Bernard, advocat au Parlement de Dijon :

D'azur, à une foy d'or, soutenant un cœur enflammé de gueules, et accompagnée en pointe d'un croissant d'argent.

366. — DE GUAYNAUT, Antoine, escuyer :

D'azur, à trois coquilles d'or, deux en chef et une en pointe.

367. — NAVETIER, Philibert, advocat à la Cour :

D'azur, à un navire d'or, voguant sur des ondes d'argent.

368. — VAUSSIN, Emée, veuve de Jacques-Benjamin GROZELIER, lieutenant civil au bailliage de Beaune :

D'argent, à un grozelier de sinople, fruité de gueules, à un chef cousu d'or.

369. — LAGLANTIER, François, ancien lieutenant criminel au bailliage de Beaune :

D'or, à un aigle éployé de sable, accouplé en chef d'un croissant de gueules entre deux étoiles de même.

370. — BOURÉE, Pierre, advocat à la Cour, greffier en chef des eaües et forests de Dijon :

D'azur, à une fasce d'or, accompagnée en chef de deux testes de bélier d'argent, et en pointe d'un grelot d'argent.

371. — THIBAULT, François, advocat à la Cour :

D'or, à un épervier essorant, la teste contournée de sable.

372. — VORUELLE, Louis-Antoine, conseiller du Roy, directeur et trésorier de la monnoye à Dijon :

D'azur, à une bande d'argent, chargée de trois molettes de sable et accompagnée de deux *voruelles* d'argent, posées en bande ; écartelé de gueules, à un lyon d'or, et une bande d'azur, brochant sur le tout, chargée de trois roses d'argent.

373. — DESGRANGES, Lazare, grenetier au grenier à sel de Saint-Jean-de-Laône :

De gueules, à une croix d'or.

374. — Montherot, Antoine, advocat à la Cour :
De sinople, à un aigle d'or.

375. — Boisot, Jean, notaire et procureur :
D'azur, à un mont d'or, surmonté d'un chesne d'argent.

376. — Lapie, Antoinette, veuve de N. Joliclerc, vivant, conseiller au grenier à sel de Saint-Jean-de-Laône :
D'azur, à l'impérialle d'argent, et un chef cousu de gueules, chargé d'un soleil d'or.

377. — Petitjean, Marie, veuve de N. de la Pesche, vivant, lieutenant au régiment de Conty :
D'azur, à une épée d'argent, posée en pal.

378, 379. — De Sercey, Jacques, écuyer, seigneur de Mercey (*), et Louise de Pouilly, son épouse :
D'argent, à une croix de gueules, chargée de cinq roses d'argent et d'un petit écusson aussi d'argent, chargée de trois fasces ondées d'azur; accolé d'argent, à un lyon d'azur, lampassé et armé de gueules.

380. — Molée, Michelle, veuve de Jean Douhin, commis au greffe du Parlement de Dijon :
D'azur, à une teste de cheval coupée, animée d'argent, et un chef cousu de gueules, chargé de trois étoiles d'or.

381. — Ricard, Jean, médecin du Roy :
De gueules, à une fasce d'argent, accompagnée en chef d'un soleil d'or, dans des nuages d'argent.

382. — Ramaille, Jean, advocat à la Cour :
D'argent, à deux rameaux d'olivier de sinople, surmontés d'un aigle de sable.

383. — Prienstet, Louis, conseiller du Roy, maître particulier des eaux et forêts du bailliage de Dijon :
D'azur, à un lyon d'or, couronné de même, lampassé et armé de gueules.

384. — Martin, André, docteur en théologie, prêtre, curé de Saint-Jean-de-Laône :
D'azur, à un croissant d'argent, à un chef d'or, chargé de deux sautoirs de gueules; écartelé d'azur, à un chevron d'or, accompagné de trois glands de même, deux en chef et un en pointe.

385. — Chapeau, Robert, chanoine du chapitre de Saint-Denis de Nuis :
D'azur, à une foy d'argent, surmontée d'un chapeau d'or, ayant un cordon d'azur.

(*) Mercuy, d'après le texte.

386. — HOUARD, François, greffier vérifficateur des rolles et huissier au bailliage d'Arnay-le-Duc :

D'azur, à une pique et un mousquet passez en sautoir d'or.

387. — DE VOYE, Estienne, conseiller du Roy, lieutenant particulier au bailliage et siége présidial de Dijon :

D'azur, à un chevron d'or, accompagné de trois merlettes de sable, deux en chef et une en pointe.

388. — BERTHIER, Estienne, chanoine de l'église collégiale de Saint-Denis de Nuys en Bourgogne :

D'azur, à un aigle d'or, bequé et membré de gueules, chargé sur l'estomac d'un écusson aussy d'azur, surchargé de trois perdrix d'or.

389. — D'ANCHEMANT, Claude, escuyer, seigneur de Chamblant :

D'azur, à un chevron d'or, accompagné de trois anilles d'argent, deux en chef et un en pointe.

390. — GARNIER, Jean, bailly de Noyers :

De sinople, à deux lances d'argent, passées en sautoir.

391. — GARNIER, Antoine, advocat à la Cour :

De sinople, à deux lances passées en sautoir.

392. — GIRARDEAU, Jeanne, veuve de Jean JACQUES, aussy conseiller du Roy, maître ordinaire en la Chambre des comptes de Bourgogne et Bresse.

D'azur, à une fasce d'or, accompagnée de trois estoiles d'argent, deux en chef et une en pointe.

393. — BELIN, François, prêtre de l'église de Saint-Pierre de Beaune :

D'azur, à deux boucs rampans, affrontés d'or, à un croissant d'argent en pointe.

394. — DU MARCHÉ, Philipe, escuyer, sieur des Noues :

Party d'or et d'azur, à un soleil brochant sur le tout, de l'un en l'autre.

395. — DE JARRY DE LA JARRYE, Henry-Joseph, écuyer, seigneur de Cessey :

D'azur, à trois glands d'or, deux en chef et un en pointe, et en cœur un écusson, coupé d'azur et de gueules par une fasce d'argent, l'azur chargé de trois étoiles d'or, et le gueules chargé d'une teste de levrier d'argent; accolé de sable.

396. — JOLY, Jacques, advocat au Parlement de Dijon :

D'azur, à trois lis d'argent, sur une même tige.

GÉNÉRALITÉ DE BOURGOGNE

397. — Rousseau, Claude, antique chanoine de Notre-Dame de Beaune :

De gueules, à un tronc d'arbre écotté d'or, posé en bande.

398. — Junon, Humberte, veuve de Lévy-Pierre de Mallot, seigneur du Bousquet, lieutenant du Roy des ville et château d'Auxonne, maître d'hostel ordinaire de Sa Majesté :

D'or, à un sauvage de sable, la main droite appuyée sur une massue d'argent, party de gueules, à quatre otelles d'argent, posées en sautoir.

399. — Languet, Claude, religieux, prêtre de l'ordre de Saint-Jean de Jérusalem, commandeur de Gellaucourt (*) en Lorraine :

De gueules, à un triangle renversé d'or, chargé de trois molettes de sable, posées une sur chaque angle, et un chef de la religion de l'ordre de Saint-Jean de Jérusalem, qui est de gueules, à une croix d'argent.

400. — Glotton, Marie, veuve de Jean-Baptiste Lantin, conseiller au Parlement de Dijon :

D'azur, à un serpent d'argent et un chef d'or.

SUITE DE DIJON

SUIVANT L'ORDRE DU REGISTRE 3ᵉ.

1, 2, 3. — A expliquer plus amplement.

4. — Perrot, Jacques, procureur du Roy au grenier à sel de Seurre :

D'azur, à deux roses d'argent en pointe, deux estoiles d'or en chef, et un croissant de même en abisme.

5. — Denisot, Michel, notaire et procureur à Beaune :

D'azur, à un sautoir d'or, accompagné de trois étoiles de même, deux en flanc et une en pointe.

6. — Chesne, Jean-Bernard, advocat :

D'argent, à un chesne arraché de sinople, englanté d'or, accosté en pointe de deux estoiles de gueules.

(*) Gélaucourt (Meurthe, arrondissement de Toul).

7. — Jacquinot, Jeanne, veuve de Pierre Martenot, correcteur en la Chambre des comptes de Dijon :

De gueules, à trois étoiles d'or, rangées en chef, et en pointe une main fusée d'un nuage d'argent.

8. — Rey, Louise, veuve de Théodecte de Monginot, escuyer :

De gueules, à un cœur d'argent, d'où sort une croix d'or.

9. — Charpy, Louis, conseiller et procureur du Roy de la ville d'Issurtille (*) :

D'azur, à trois épis de bled d'or sur une tige, accompagnée en chef de deux colombes d'argent, et en pointe d'une étoile d'or.

10. — Millet, François, escuyer :

De gueules, à cinq lozanges d'or en croix.

11. — De Marbois, Claude-Joseph, conseiller du Roy, substitut de M. le procureur général au siége de la monnoye des ressorts du Parlement et Chambre des comptes de Dijon :

D'azur, à une fasce échiquetée de deux traits d'or et de gueules, accompagnées de trois étoiles d'or, deux en chef et une en pointe.

12. — Beleurget, Jean, chanoine de Notre-Dame de Beaune :

D'argent, à un arbre de sinople, surmonté d'un oiseau de sable, accosté de deux estoilles d'azur.

13. — Lobot, Françoise, veuve de Louis Maumenet, enquesteur à Beaune :

D'azur, à un soleil d'or, posé en cœur d'or, cantonné de quatre estoiles de même, et accompagné en pointe d'une rose aussy d'or, tigée sur une terrasse de sinople.

14. — Boillaud, François, docteur en médecine :

D'azur, à un chevron d'or, accompagné de trois étoiles de même, deux en chef et une en pointe, et un poisson d'argent dans une rivière de même, aussy en pointe.

15. — Quillardet, Pierre, docteur en médecine :

D'argent, à trois treffles de sable, deux en chef et un en pointe.

16. — Marc, Jean, avocat à la Cour, capitaine de bourgeoisie de la paroisse de Saint-Pierre :

D'azur, à un lyon d'or aislé, tenant un livre ouvert de même, apelé le *lyon de saint Marc* ou armes de Venise.

(*) Is-sur-Tille.

17. — COINTOT, Benoist :

D'azur, à un aigle éployé d'or, et un soleil de même, posé au côté dextre du chef.

18. — NOIROT, Marie, veuve de Jean-Baptiste BOISOT, conseiller du Roy, grenetier au grenier à sel de Seurre :

De gueules, à trois pals d'or, et un chef cousu d'azur, chargé de trois besans d'argent, deux et un.

19. — MALETESTE, Jean, docteur de Sorbonne, curé archiprêtre d'Arnay-le-Duc. — A expliquer plus amplement.

20. — DESBOIS DE MERCTY, Margueritte, dame de Saint-Usages :

D'argent, à un chevron de gueules, accompagné en chef de deux étoiles d'azur, et en pointe d'un cœur de même.

21. — ESTIENNE, Hubert, nottaire royal et procureur à Beaune :

D'azur, à trois couronnes de palmes d'or et entrelassées, et un croissant d'argent en pointe.

22. — ESTIENNE, Hubert, advocat à la Cour :

De même.

23. — ROUSSEAU, Huberte, veuve de M. Louis BERBIS, advocat à la Cour, antique maire :

D'azur, à un chevron d'or, accompagné en pointe d'une brebis paissante d'argent.

24. — LENET, Pierre, chanoine de la Sainte-Chapelle du Roy à Dijon :

D'azur, à une bande ondée d'argent, accompagnée de trois quintefeuilles d'or, deux en chef et une en pointe.

25. — TRIBOLLET, Claude, juge, prévost de Nuis :

D'argent, à trois treffles de sable, deux en chef et une en pointe.

26. — MORILLOT, Philipes, avocat au Parlement :

D'argent, à une teste de more de sable, bandée d'argent.

27. — CHISSERET, Claude, avocat en la Cour :

D'azur, à trois testes de femme de carnation, couronnées d'or.

28. — DURAND, Vincent, expert, arpenteur juré du Roy :

D'azur, à deux épées passées en sautoir, les pointes en bas d'argent, les poignées et les gardes d'or, et une colonne, avec sa base et son chapiteau, posée en pal d'argent, brochant sur le tout.

Arrêt d'enregistrement du 31 janvier 1698.

Signé : SENDRAS.

SUIVANT L'ORDRE DU REGISTRE 2º.

1, 2. — DE LA TOISON, Claude, conseiller au Parlement de Dijon, et Marie DE HÉSNIN, sa femme :

De gueules, à une bande d'or, chargée d'une quintefeuille d'azur ; accolé de gueules, à une bande d'or.

3. — DE SALINS, Jean-Baptiste, conseiller du Roy et médecin royal des galères de France, vétéran :

D'azur, à une tour d'or.

4. — DE LA MARE, Jean-Baptiste, escuyer, lieutenant général et criminel de Beaune :

De gueules, à un chevron d'or, accompagné de trois coquilles d'argent, deux en chef et une en pointe.

5. — BURTEUR, Jacqueline, femme de Nicolas COMEAU, escuyer :

D'azur, à un chevron d'or, accompagné de trois flèches de même, deux en chef et une en pointe.

6, 7. — GUYOT DESARENNES, Jean-Louis, conseiller du Roy, maire perpétuel de la ville de Tornus (*), et Denise PACARD, sa femme :

De sinople, à un lion rampant d'or, appuyé de sa main ou patte gauche sur un tambour, sur son cul d'argent, le lion percé d'outre en outre d'une lance en barre d'or, au bout de laquelle il y a un étendart attaché de même ; acolé d'azur, à un chevron d'or, accompagné de trois coquilles d'argent, deux en chef et une en pointe.

8. — JACOB, Margueritte, fille :

D'azur, à une fasce d'or, accompagnée de trois estoiles de même, deux en chef et une en pointe.

9. — DE GÉVAUDAN, N., colonel de dragons, brigadier des armées du Roy :

D'azur, à une gerbe d'or.

10. — DAVID, Anne, fille :

D'azur, à une fasce d'or, accompagnée de trois cors de chasse de même, liés de gueules et posés, deux en chef et un en pointe.

(*) Tournus.

11. — Quillardet, Pierre, conseiller du Roy, trésorier, receveur et payeur des gages de Messieurs les officiers du Parlement de Bourgogne :

D'azur, à trois treffles d'or, deux en chef et un en pointe.

12. — Flutelot, André, ancien conseiller au Parlement de Dijon :

D'argent, à trois treffles de sinople, deux et un, et un chef de gueules, chargé d'un soleil d'or.

13. — Guyard, Hubert, conseiller au Parlement de Dijon :

D'azur, à une croix dentelée d'or, sur une terrasse de sinople, et alaisée des autres extremitez, au bout de chacune desquelles il y a une estoile d'or.

14. — Espiard, Marie, femme d'Hector-Bernard Pouffier, conseiller au Parlement de Dijon :

D'azur, à trois épis d'or, deux en chef et l'autre en pointe.

15. — Jehannin, Renée-Ursule, veuve d'Antoine Arviset, escuyer, seigneur de Montconnier :

D'azur, à trois bandes d'or, et un chef de mesme, chargé de deux estoiles de gueules.

16. — Jeannel, Jacques, lieutenant civil au bailliage de Saint-Jean-de-Laône :

D'azur, à un chevron d'or, accompagné de trois genettes rampantes d'argent, mouchetées de sable, deux en chef et une en pointe.

17. — Cochard, Marie, femme d'Antoine de Mucie, conseiller du Roy, maître ordinaire en sa Chambre des comptes de Bourgogne et Bresse :

D'azur, à deux espées passées en sautoir, les pointes en hault d'argent, la garde et la poignée d'or, accompagnées en chef d'une estoile d'or, et en pointe d'un coq (*) en pointe.

18. — Chevignard, Théodore, conseiller du Roy, receveur au grenier à sel de Beaulne et Chambre de Chagny :

D'or, à un raisin de sinople, feuillé de même, et un chef d'azur, chargé d'un soleil d'or.

19. — Desbarres, Jacques, escuyer :

D'azur, à une fasce d'or, chargée d'une estoile de gueules, accompagnée de trois croissans d'argent, deux en chef et un en pointe.

(*) De même.

20. — Coquet, Claude, maire de Pontaillier :

D'argent, à deux croissans, l'un tourné et l'autre contourné, et entrelassés de gueules, et un chef d'azur, chargé de trois estoiles d'or.

21, 22. — Fevret, Catherine-Françoise, veuve de Pierre Legoux-Morin, conseiller au Parlement de Dijon :

De gueules, à une croix cannelée d'or, cantonnée de quatre fers de lance d'argent, les pointes en hault; écartelé d'argent, à trois meures de pourpre, la tige de sinople, et posées deux et une; acolé d'azur, à trois bandes d'or; écartelé d'argent, à une hure de sanglier arrachée de sable, allumée et deffendue d'argent, et lampassée d'une flamme de gueules.

23. — De Thézut, Claude, veuve de Jean-François de la Motte, conseiller du Roy au Parlement de Bourgogne :

D'or, à une bande de gueules, chargée de trois sautoirs d'or.

24. — Droas, Eugène, veuve de N. Blanot, conseiller aux requestes du Palais à Dijon :

D'azur, à un chevron d'or, accompagné de trois fers de piques d'argent, deux en chef et un en pointe, et un chef d'or, chargé de trois molettes de gueules.

25. — Demorey, Claude, conseiller général des finances au taillon ès provinces de Bourgogne et Bresse :

D'azur (*), à une teste de more de sable, bandée d'argent.

26. — De Bretagne, Anne, femme d'Aymé Gontier, conseiller au Parlement de Dijon, vétéran :

D'azur, à une fasce ondée d'or, accompagnée en chef de trois grillots de même, et en pointe d'un croissant d'argent.

27. — Maire, Magdelaine, veuve de Jean-Christophe Bernard, maistre des comptes, seigneur de Chintré :

D'azur, à un lion d'or, adestré à la pointe d'une estoile de même.

28. — Maire, Marie, veuve de Pierre Tapin, seigneur de Périgny, conseiller au Parlement de Dijon, commissaire aux requestes du Palais :

De même que ci-dessus.

29. — Boison, Louise-Charlotte, veuve de Pierre Maire, seigneur de Blancey, maître des comptes à Dijon :

D'or, à trois raisins de sable, deux en chef et un en pointe.

(*) D'or.

30. — De Morey, Charles, controlleur des fortifications de Bourgogne et Bresse :

D'or, à une teste de more de sable, bandée d'argent. accompagnée de trois estoiles d'azur, deux en chef et une en pointe.

31. — Bouchard, Pierrette, veuve de Pierre de Bretagne, receveur général des finances de Bourgogne et Bresse :

D'azur, à un croissant d'argent, surmonté d'une estoile de même.

32. — Bouchard, Catherine, fille :

De même que cy-dessus.

33. — Petit, Paul, marchand, bourgeois :

D'azur, à un chevron d'or, surmonté d'un poulet de même, et accompagné en chef de deux estoiles aussy d'or, et en pointe d'un croissant d'argent.

34. — Cazenée, Claude, bourgeois :

D'azur, à trois estoiles posées en bande d'or, et un chef d'argent.

35, 36. — Nicolardot, Cristine, veuve de Charles-Bénigne Valot, correcteur en la Chambre des comptes à Dijon :

De gueules. à deux palmes passées en sautoir par le bas, et ouvertes par le hault. d'or, un rocher aussy d'or en chef. et en pointe un croissant d'argent ; acolé d'or, à un chevron de gueules, accompagné en chef de deux trefiles de sable, et en pointe d'un coq de même, et un chef de gueules, chargé d'un lion couché d'or. regardant un soleil de même , naissant de l'angle dextre.

37. — Joly, Judith, veuve de Claude Pouffer, maître des comptes à Dijon :

D'azur, à un lis d'argent, et un chef d'or chargé d'une croix pattée de sable ; écartelé d'azur, à un léopard d'or, lampassé et armé de gueules.

38. — De la Toison, Magdelaine, femme de François-Bernard Jacob, second président à mortier au Parlement de Dijon :

De gueules. à une bande d'or, chargée d'une quintefeuille d'azur.

39. — Richard, Marie-Théodorine, veuve de Nicolas Richard, maître des comptes à Dijon :

D'azur, à un chef d'or, chargé de trois tourteaux de gueules.

40. — Filsjean, N., veuve de Claude Grillot, maître des comptes à Dijon :

D'azur, à un chevron d'or. accompagné de trois estoiles de même, deux en chef et une en pointe. et un chef d'or. chargé de trois croisettes de gueules.

41. — SAYNE, Marie, veuve de Girard RICHARD, élu du Roy des Etats de Bourgogne :

D'azur, à une bande d'argent, chargée de trois sansues de gueules.

42. — CHEVILLART (*), Regnaut, conseiller du Roy et son grenetier au grenier à sel de Beaune et Chambre de Chagny :

D'or, à un raisin de sinople, feuillé de même, et un chef d'azur, chargé d'un soleil d'or.

43. — GAUVAIN, Jacques, maître des comptes à Dijon :

De gueules, à un paon rouant au naturel.

44. — PETIT fils, Henry, escuyer :

De gueules, à une gerbe d'or, surmontée de trois estoiles d'argent, rangées en chef.

45. — GLAUD, N., veuve de N. BOUILLET, maître des comptes à Dijon :

D'azur, à un chevron d'or, accompagné en chef de deux estoiles de même, et en pointe d'un croissant d'argent.

46, 47. — LESCOT, Andrée, veuve d'Hilaire-Bernard DE MOUY, conseiller du Roy, trésorier de France à Dijon :

D'azur, à un chevron d'or, accompagné de trois trefiles d'argent, deux en chef et un en pointe; acolé d'azur, à une montagne d'argent, et un chef d'or, chargé de trois roses de gueules.

48. — MORIZOT, Marie, femme de Gabriel GUILLAUME, escuyer, advocat à la Cour :

D'argent, à trois meures de pourpre, deux en chef et une en pointe, et une quintefeuille posée en cœur de gueules.

49. — FLORIS DE FLEURY, Claude-Bénigne, conseiller au Parlement de Bourgogne :

De sinople, à un chevron d'argent, accompagné en pointe d'un lis de jardin sortant d'une rivière de même.

50, 51. — DE FULIGNY-DAMAS, Jean-Nicolas, escuyer, et Christine-Charlotte DE POT DE ROCHECHOUARD, sa femme :

D'or, à une croix ancrée de sable, chargée de cinq écussons d'argent, bordés de gueules; acolé d'or, à une fasce d'azur.

52, 53. — CHARTRAIRE, Guy, conseiller au Parlement de Dijon, commissaire aux requestes du Palais, et Claude-Gabrielle DORIANT, sa femme :

De gueules, à une tour d'or; accolé d'argent, à un sautoir de gueules.

(*) La table de d'Hozier indique *Chevignard* à cet endroit. (Note de l'éd.)

54. — CHARTRAIRE, Marie, veuve de Jacques-Hiérosme DAVID, conseiller du Roy, lieutenant particulier au bailliage de Semur-en-Auxois :

De gueules, à une tour d'or.

55. — MORLET, Marguerite, veuve de Claude JEANNON, conseiller du Roy, substitut de M. le procureur général au Parlement de Dijon :

De gueules, à trois quintefeuilles d'argent, deux et une.

56. — LOPPIN, Louis, receveur des consignations de Beaune, seigneur de Masse :

D'azur, à une croix ancrée d'or.

57. — SIMON, Didier, bourgeois :

D'azur, à une montagne de six coupeaux d'or.

58. — DE SERREY, Jean, escuyer, conseiller secrétaire du Roy, maison, couronne de France en la chancellerie près le Parlement de Bourgogne :

D'argent, à une bande ondée de gueules, chargée de trois serres d'or, et accompagnée de deux testes de loup de sable, une en chef et l'autre en pointe.

59. — BICHOT-MOREL, Pierre, conseiller du Roy, receveur général de ses domaines et bois en Bourgogne et Bresse :

D'argent, à deux espées recourbées ou sabres passés en sautoir, les pointes en hault de gueules, accompagnées de trois testes de more de sable bandées, accolées et perlées d'argent, posées de profil une en chef et deux aux flancs.

60. — DE DAMAS, Marie-Anne, de Marcilly, abesse de Saint-Julien-de-Rougemont de Dijon :

D'or, à une croix ancrée de gueules.

61. — PIGET, Claude-Antoinette, veuve de Guy DAVID, trésorier de France à Dijon :

D'azur, à trois harpes d'or, cordées de même et posées deux et une.

62. — DE SAYNE, François-Bernard, comte de Thil, chevalier d'honneur au Parlement de Bourgogne :

D'azur, à une bande d'argent, chargée de trois sansues de gueules.

63. — LAMBERT, Jacqueline, veuve de Jean ROBERT, conseiller du Roy, auditeur en la Chambre des comptes de Bourgogne et Bresse :

D'azur, à un chevron d'or, accompagné en chef de deux étoiles de même, et en pointe d'un croissant d'argent.

64, 65. — Petit, Marie-Prudence, veuve de Pierre-Jean de la Motte, chevalier, seigneur de Dizant, Campel et autres lieux :

D'or, à trois ciprès de sinople, rangés sur trois mottes de sable ; acolé d'azur, à un lion d'or, lampassé et armé de gueules.

66. — Guye, Antoine, seigneur de Voenes (?), conseiller au Parlement de Dijon, et plus antien commissaire aux requestes du Palais :

D'or, à une fasce d'azur, chargée d'une estoile d'or, accompagnée de trois quintefeuilles de gueules, deux en chef et une en pointe.

67. — A expliquer plus amplement.

68. — De Fussey, Claude-Joseph, seigneur de Chissey et Serrigny :

D'argent, à une fasce de gueules, accompagnée de six molettes, trois en chef et trois en pointe, celles-cy posées deux et une.

69. — De Merty, Honnoré, advocat à la Cour, conseiller du Roy et son assesseur en l'hostel de ville de Dijon :

D'azur, à deux chevrons d'or, posés dans un même rang, le jambage sénestre de l'un passant sur le jambage dextre de l'autre ; écartelé d'or, à un aigle, le vol abaissé de sable, becqué et allumé d'or.

70. — Martène, Marie-Anne, veuve d'Estienne Changenet, substitut de M. le procureur général en la Chambre des comptes de Dijon :

D'azur, à une espée posée en pal, la pointe en haut d'argent, la garde et la poignée d'or, accompagnée en chef de deux estoiles aussy d'or, et en pointe d'un croissant d'argent.

71. — Bernardon, Marie, femme de Nicolas Perrenay, conseiller au Parlement de Dijon :

D'azur, à un sautoir d'or, accompagné en chef d'un croissant de même et de trois estoiles aussy d'or, deux aux flancs et une en pointe.

72. — Jolly, Jean, escuyer, seigneur de Cutigny et de Vernoy :

D'azur, à un lis tigé au naturel d'argent, et un chef d'or, chargé d'une croix pattée de sable ; écartelé d'azur, à un léopard d'or, lampassé et armé de gueules.

73. — Tapin, Philiberte, veuve de Claude Burgat, maître des comptes à Dijon :

D'azur, à un château d'argent, et un chef d'or, chargé de deux branches de laurier de sinople, posées en couronne.

74. — Malpoix, Catherine, fille :

D'azur, à un chevron d'or, accompagné en chef de deux estoiles d'argent, et en pointe d'une tige de pois de même.

GÉNÉRALITÉ DE BOURGOGNE

75. — Le Belin, Margueritte, fille :

De sinople, à trois béliers d'argent, deux saillants et affrontés en chef, et un passant en pointe.

76. — Cœurderoy, Jean, conseiller du Roy, commissaire aux saisies réelles du Parlement de Dijon :

D'azur, à une fasce ondée d'argent, accompagnée de trois grillots de même, deux en chef et un en pointe.

77. — Bretagne, Jacques, chevalier d'honneur à la Chambre des comptes de Dijon :

D'azur, à une fasce ondée d'or, accompagnée en chef de trois grillots de même, et en pointe d'un croissant d'argent.

78. — Carrelet, Jean-Anne, chanoine de la Sainte-Chapelle du Roy à Dijon :

D'azur, à un lion d'or, et un chef d'argent, chargé de trois lozanges de gueules.

79. — Moreau, Estienne, conseiller du Roy, antien advocat général en la Chambre des comptes de Bourgogne et Bresse :

D'argent, à trois testes de mores de sable, tortillées d'or.

80. — De la Mare, Anne, veuve de Claude de Souvert, président à mortier au Parlement de Dijon :

De gueules, à un chevron d'or, accompagné de trois coquilles d'argent, deux en chef et une en pointe.

81. — Thomas, Estienne, escuyer, seigneur d'Island :

D'azur, à une fasce d'or, chargée d'une estoile de gueules, et accompagnée en chef de deux quintefeuilles d'or, et en pointe d'un croissant de même.

82. — Petit, Denise, veuve de Jacques Feuret, conseiller au Parlement de Dijon :

D'azur, à un lion d'or.

83. — Sayne, Estienne, prieur de Combertant :

D'azur, à une bande d'argent, chargée de trois sansues de gueules.

84. — Girault, Jean-Baptiste, escuyer :

D'azur, à une fasce d'argent, surmontée de quatre croissans de même, rangés en chef et accompagnés en pointe d'un bouc rampant aussy d'argent, et une bordure engrêlée de même.

85. — De Gand, Margueritte, fille, dame de Fontaine près Dijon :

De sable, à un chef d'argent, chargé de trois merlettes de sable.

86. — Bourrée, Antoinette, veuve de Jacobe Detouches, escuyer :

D'azur, à deux lions affrontés d'or, rampans contre un pin de même.

87. — Jeannon, Jean, escuyer, receveur des États au bailliage de Dijon :

De gueules, à trois quintefeuilles d'argent, deux en chef et une en pointe.

88. — Bouseau, Gabriel, escuyer :

De sable, à une bande d'argent, chargée de trois coquilles de gueules.

89. — De Varignoles, Philibert-Hermand, gentilhomme servant chez le Roy :

D'azur, à un croissant d'argent en chef, accosté de deux estoiles d'or, et en pointe un lion passant de même, lampassé et armé de gueules.

90. — De Cirey, Bénigne, escuyer, seigneur de Magny :

D'azur, à deux levriers rampans, affrontés d'argent, ayant chacun son collier de gueules, cloué et bouclé d'or.

91. — Pelletier, Bénigne, veuve de N. Vallot, escuyer, correcteur en la Chambre des comptes de Dijon :

De gueules, à deux palmes passées en sautoir d'or, un rocher aussy d'or en chef, et un croissant d'argent en pointe.

92. — Malteste, François, substitut de M. le procureur général au Parlement de Dijon :

D'argent, à une teste de more de sable, bandée d'argent.

93. — Vautier, Antoine, conseiller du Roy, secrétaire au Parlement :

D'azur, à deux estoiles d'or en chef, et une croisette de même en pointe.

94. — De Thésut, Jean, escuyer, seigneur de Ragy :

D'or, à une bande de gueules, chargée de trois sautoirs d'or.

95. — Gevallois, Margueritte, veuve de Philippe Berbis, escuyer, seigneur de Villy :

D'argent, à un olivier de sinople, fruité d'argent.

96, 97. — De Saulx, Margueritte, veuve de Louis-Eustache de Marion, major général des gendarmes :

D'or, à un chesne arraché de sinople; écartelé d'azur, à un croissant d'argent, surmonté d'une estoile de même; accolé d'azur, à un lion d'or, couronné de même, lampassé et armé de gueules.

GÉNÉRALITÉ DE BOURGOGNE

98. — DE ROQUELEYNE, Marie, veuve de N. MILLOTET, escuyer :

D'azur, à un sautoir d'or, accompagné en chef d'une croisette d'argent.

99. — CANABELLON, Philiberte, veuve de Bénigne MOREAU, trésorier de France à Dijon :

D'azur, à un chevron d'or, accompagné en chef de deux meures au naturel, et en pointe d'un lion d'or.

100. — DE FRASANS, Philiberte, veuve de Pierre FOURNIER, conseiller au Parlement de Dijon :

D'azur, à une tour d'or.

101, 102. — MAILLARD, Claude-Bernard, escuyer, seigneur de Rozière, Attricourt, Aistre, Le Puy et Marsilly, et Anne-Reyneduc DU MALLOT DU BOUSQUET, sa femme :

D'azur, à une fasce d'or, chargée d'une molette de sable, les pointes ensanglantées de gueules, accompagnée en chef de deux espées passées en sautoir, les pointes en bas d'argent, les gardes et poignées d'or, et en pointe une lance d'or mise en bande, à laquelle est attaché un estendart d'argent ; parti d'azur, à un chevron d'or, chargé sur la pointe d'un tourteau de sable, surchargé d'une croix d'or, accompagnée en chef de deux quintefeuilles et en pointe d'une estoille aussy d'or ; acolé d'or, à un sauvage de sable, tenant une massue de sable qu'il appuye contre terre ; parti de gueules, à quatre amandes d'argent posées en sautoir.

103. — SEGUENOT, Jean, premier advocat général en la Chambre des comptes de Dijon :

D'argent, à trois taux ou croix de saint Antoine de sable, deux en chef et une en pointe.

104. — TABOURET, Claudine, veuve de Bénigne ARCELOT, secrétaire du Roy en la chancellerie du Parlement de Dijon :

D'azur, à un aigle d'or, sur une motte d'argent, et un chef cousu de gueules, chargé de trois estoiles d'argent.

105. — CHOTARD, Marie, veuve de Claude MORELET, conseiller du Roy, auditeur en sa Chambre des comptes de Dijon :

D'or, à une bande de gueules, accompagnée de deux meures de pourpre, une en chef et une en pointe.

106. — CIREY, Jean-Baptiste, escuyer, seigneur de Gerlans :

D'azur, à deux levriers affrontés d'argent, chacun avec son collier de gueules, cloué et bouclé d'or.

107. — MOL, Claude, contrôleur au grenier à sel d'Auxonne :

D'azur, à un chevron d'or, accompagné de trois roses de même, deux en chef et une en pointe.

108. — Mol, Oudette, veuve de Pierre Mol, secrétaire en la Chambre des comptes de Dijon :

De même.

109. — Terrion, Claude, veuve de N. Rigoley, conseiller au Parlement de Dijon :

D'azur, à un chevron d'or, accompagné en pointe d'une branche de rozier, fleurie de trois rozes d'argent, et un chef de même, chargé d'un lion tenant de deux pattes un sautoir de gueules, acosté de deux estoiles de même.

110. — Guelans, Claire, veuve de N. Soyrot, escuyer :

D'argent, à une bande d'azur, chargée de trois épis de bled d'or, posez en bande.

111. — Morelet, Catherine, veuve de Jacques Gaudelet, conseiller du Roy, correcteur en la Chambre des comptes de Dijon :

D'or, à une bande de gueules, accompagnée de deux mûres de pourpre.

112. — Durand, François, de Fontenay, escuyer, lieutenant pour le Roy au gouvernement du chasteau de Dijon et commandant en ladite place :

D'or, à une fasce de gueules, chargée de trois testes de lion arrachées d'or, à une bordure dentelée de gueules.

113. — Guillaume, Claude, femme de Bertrand de la Michaudière, conseiller au Parlement de Dijon :

De gueules, à deux palmes passées en sautoir par le bas et ouvertes par le hault d'argent, enfermant une croix d'or.

114. — Boileau, Jean-Baptiste, conseiller du Roy, rapporteur référendaire à la chancellerie establie près le Parlement de Dijon :

D'azur, à un chevron d'or, accompagné de trois estoiles de même, deux en chef et une en pointe, celle-cy surmontée d'un poisson aussy d'or.

115. — Haguenier, Jacques, conseiller du Roy, capitaine référendaire à la chancellerie establie près le Parlement de Dijon :

D'azur, à un chevron d'or, accompagné en chef de deux bezans de même, et en pointe d'un loup passant d'argent, et un chef cousu de gueules, chargé de trois estoiles d'argent.

116. — Daubenton, Marie-Charlotte, femme de Nicolas-Lazare Morizot, conseiller au Parlement de Dijon, commissaire aux requestes du Palais :

D'azur, à trois peignes de cheval d'or, deux en chef et un en pointe.

GÉNÉRALITÉ DE BOURGOGNE

117. — Gontier, Marie, femme d'Antoine Morizot, conseiller au Parlement de Dijon, commissaire aux requestes du Palais :

De gueules, à une fasce d'or, chargée de deux hures de sanglier arrachées et affrontées de sable, les deffences d'argent.

118. — Grossolier, Louis, conseiller du Roy au bureau des finances de Dijon :

D'azur, à un chevron d'or, chargé d'un croissant de gueules, accompagné de trois groseilliers d'or, fruitez de gueules, deux en chef et un en pointe.

119. — Chevignard, Claudine, veuve de N. Grosellier, advocat à la Cour :

De même.

120. — Condau, Marie, veuve de Louis Chevignard :

D'or, à un raisin de sinople, feuillé de même, et un chef d'azur, chargé d'un soleil d'or.

121. — Bérardier, Denis, chanoine de la collégiale de Nostre-Dame de Beaune :

D'argent, à un bande de gueules, chargée d'un croissant d'argent, et accompagnée de deux estoiles de sable.

122. — Coquet, Guillemette, femme de Pierre Bourée, cy-devant conseiller au Parlement de Dijon :

D'azur, à deux croissans tournez et adossez d'argent, accompagnés de trois estoiles d'or, deux en chef et une en pointe.

123. — Bouchin, Pierre, docteur en médecine :

D'azur, à un bouc et une levrette affrontés d'argent, le bouc acorné d'or, et la levrette acollée de même, accompagnés en chef d'une estoile d'or, et en pointe d'un croissant d'argent.

124. — Richard, Estienne, escuyer, seigneur de Betigny, chanoine official de l'église collégialle de Nostre-Dame de Beaune :

D'azur, à un chef d'or, chargé de trois tourteaux de gueules.

125. — Parrigot, N., conseiller, médecin du Roy, demeurant à Beaune :

D'azur, à une cosse de pois de sinople, fleurie de gueules, accompagnée en chef de deux estoiles d'argent.

126. — Pelletier, Claude, escuyer, conseiller du Roy au siége de la Table de Marbre et traittes foraines à Dijon :

D'argent, à quatre mouchetures d'hermines de sable, accompagnées en cœur d'une rose de gueules.

127. — Maistrise, Edme, notaire et procureur à Beaune :

D'azur, à deux lions affrontés d'or, soustenant un cœur de mesme, enflammé de gueules.

128, 129. — De Clugny, Antoine, seigneur de Coulombié, et Charlotte-Marie d'Edouard, sa femme :

D'azur, à deux clefs d'or, posées en pal, les anneaux entrelassés ; acolé d'or, à quatre jumelles d'azur, acompagnées de deux léopards de gueules, l'un en chef et l'autre en fasce.

130. — Simon, Oudette, veuve de N. Rigolet, advocat à la Cour :

D'azur, à une montagne de six coupeaux d'or, accompagnée de deux étoiles de mesme.

131. — De la Ramisse, Jean, substitut de M. le procureur général à la Chambre des comptes de Dijon :

De gueules, à un ramier d'argent, tenant en son bec un rameau d'olivier de sinople.

132. — Bichot, Bénigne, conseiller du Roy, substitud de M. le procureur général au Parlement de Dijon :

D'azur, à trois chesnes d'argent, rangés en fasce, englantés d'or, et une biche de même, passante devant les arbres.

133. — Mol, Bénigne, substitud de M. le procureur général au Parlement de Dijon :

D'azur, à un chevron d'or, accompagné de trois roses de même, deux en chef et une en pointe.

134. — Gillet, Charles, conseiller du Roy, substitud de M. le procureur général en la Chambre des comptes de Bourgogne et Bresse :

D'argent, à une croix à double traversée et trefflée de sable, soustenue d'un cœur de même, et un chef de gueules, chargé de trois quintefeuilles d'or.

135. — De Péreault de la Serrée, Margueritte, femme de Gaspar Quarré, advocat général au Parlement de Dijon :

De gueules, à un chevron d'or, accompagné en chef de deux molettes d'argent, et en pointe d'un gland de même.

136. — Quarré fille, Marie :

Échiqueté d'argent et d'azur, à un chef d'or, chargé d'un lion passant de sable.

137. — Miches, Jean, conseiller du Roy et son procureur aux eaües et forests et traittes foraines de France au siége général de la Table de Marbre du Palais à Dijon :

D'argent, à trois fasces d'argent, chargées chacune de trois tourteaux de gueules.

138. — PARESSOT, Anne-Ursulle, veuve de N. PAPILLON, référendaire en la chancellerie près le Parlement de Dijon :

De gueules, à un papillon d'argent en cœur.

139. — CLOPIN, Cristine, femme de Julien LUCOT, escuyer, conseiller du Roy, maistre ordinaire en sa Chambre des comptes à Dijon :

D'or, à un pin de sinople sur une terrasse de même et fruitté d'or, et un chef d'azur, chargé de trois estoiles d'or.

140. — DE LYON, Louis, escuyer :

D'or, à un lion naissant de gueules, coupé de sable, à un arbre d'or.

141. — GOUJON, Jeanne, veuve de Jacques CARRELET, conseiller du Roy, correcteur à la Chambre des comptes de Dijon :

D'argent, à un lion de sable, armé et lampassé de gueules, et un chef d'azur, chargé de trois lozanges d'or.

142. — CANQUOIN, Jeanne, veuve de François CHEVROT, conseiller du Roy, payeur des gages de MM. les officiers du Parlement de Dijon :

D'azur, à un chevron d'or.

143. — BURGAT, Guillaume, conseiller du Roy au Parlement de Dijon :

D'azur, à un chasteau d'argent, et un chef d'or, chargé de deux branches de laurier arondies en couronne de sinople.

144. — BRUNET, Antoine, chanoine honoraire de l'église collégialle de Nostre-Dame de Beaune :

D'or, à un levrier de gueules, et une bordure engrêlée de sable; écartelé d'argent, à une teste de more de sable, bandée d'argent, nouée d'un ruban de gueules.

145. — BRUNET, Jacques, conseiller du Roy, président aux traittes foraines :

De même.

146. — VIOLET, Claude, escuyer, conseiller du Roy, gouverneur de la chancellerie du duché de Bourgogne, président du présidial de Dijon :

D'azur, à une croix dentelée d'or, cantonnée de quatre quintefeuilles de même.

147. — LARCHER, Henry, lieutenant de la chancellerie de Dijon :

D'azur, à trois fasces ondées d'argent, surmontées d'un arc-en-ciel au naturel.

148. — LEBLANC, Claude, advocat à la Cour :

De gueules, à un cigne d'argent, becqué et membré de sable.

149. — RAVINET, Gaspard, greffier au grenier à sel de Beaune et Chambre de Chagny :

D'azur, à un navire d'or, équipé d'argent.

150. — DE GANAY, Jacques, chevalier d'honneur en la Chambre des comptes de Dijon, seigneur des Champs :

D'or, à un aigle de sable.

151. — DE BLIGNY, Jacques-Richard, escuyer, seigneur de Bligny :

D'azur, à un chef d'or, chargé de trois tourteaux de gueules.

152. — DESLANDES, François, conseiller du Roy et assesseur à Beaune :

D'azur, à un croissant d'or, accompagné en chef de deux estoiles, et en pointe d'une coquille de même.

153. — BOUSSARD, Nicolas, advocat en Parlement :

D'azur, à une fasce d'or, chargée d'une rose de gueules, et accompagnée en chef de deux testes de cerf affrontées d'or, et en pointe d'une teste de bouc de même.

154. — SOUSSELIER, Vivant, trésorier des mortes-payes de Bourgogne et Bresse :

D'argent, à un cœur de gueules, chargé de trois estoiles d'argent, deux et une.

155. — BUISSON, Philibert, conseiller du Roy, secrétaire au Parlement de Dijon :

D'azur, à un chevron d'or, accompagné de trois treffles d'argent, deux en chef et un en pointe, et un chef aussy d'argent, chargé de trois croisettes de gueules.

156. — DE CHAMAROUX, Denis, escuyer, seigneur du Roure :

D'azur, à trois chevrons d'or, accompagnés de trois étoiles de même, deux en chef et une en pointe.

157. — SYROT, Jean, conseiller du Roy, auditeur en la Chambre des comptes, vétéran :

De gueules, à deux chevrons d'or, remplis d'azur.

158. — ESTIENNE, Pierre, bénéficier de l'église collégialle de Nostre-Dame de Beaune :

D'azur, à un croissant d'argent en pointe, d'où s'élève une palme de sinople en pal, jusques à un ciel en chef, chargé d'une couronne aussy de sinople, la palme acostée de deux estoiles d'argent, l'une à dextre et l'autre à sénestre.

GÉNÉRALITÉ DE BOURGOGNE

159. — MEILLOTET, Pierre, escuyer, chanoine de la Sainte-Chapelle du Roy à Dijon :
D'azur, à un sautoir d'or, surmonté d'une croisette d'argent.

160. — BOUSSEMY, Anne, veuve de Joseph MINARD, conseiller du Roy, référendaire en la chancellerie du Parlement de Dijon :
D'hermines, à un chevron d'or.

161. — LE FÈVRE, Charlotte, veuve d'Antoine VALLOT, advocat en la Cour :
D'azur, à deux palmes passées en sautoir d'or, enfermant une montagne ou rocher de même, posé vers le chef.

162. — DE CARTIGNY, Jeanne-Magdelaine, veuve de Lazare MILLOT, conseiller du Roy et son advocat au bailliage et chancellerie d'Avallon :
D'azur, à un sautoir dentelé d'or, accompagné de quatre clefs d'argent, et un chef cousu de gueules, chargé de deux palmes passées en sautoir d'argent, surmontées d'un croissant d'or.

163. — DEGESTES, Jean-Daniel, directeur général des petits sceaux de la généralité de Bourgogne et Bresse :
D'azur, à deux lions affrontés d'argent, surmontés d'un soleil d'or.

164. — MERCIER, Jacques, bourgeois de Beaune, propriétaire du fief de *Vobis* :
D'azur, à un pigeon d'argent, acosté de deux espis de bled d'or, passés en sautoir.

165. — CHAUVELOT, Jean, conseiller du Roy au bailliage et chancellerie de Beaune :
D'azur, à un sauvage d'or, tenant en sa main dextre une massue de même en pal.

166. — CŒURDEROY, Jean, conseiller du Roy, président antien aux requestes du Palais du Parlement de Dijon, vétéran :
D'azur, à un cœur d'or, couronné de même et accosté de deux palmes aussy d'or, passées en sautoir.

167. — FLUTELOT DE LARSON, Lazare-Bénigne, escuyer, seigneur de Torrey :
D'argent, à trois treffles de sinople, deux en chef et une en pointe.

168. — MIDAN, Anttoine, conseiller du Roy, lieutenant général criminel au bailliage et siége présidial de Beaune :
D'azur, à un chevron d'or, accompagné en pointe d'un croissant de même, et un chef d'argent, chargé de deux roses de gueules.

169. — Regnier, François, escuyer, seigneur de Bussière, Chassey et Mouilleron :

D'azur, à trois palmes d'or, deux en chef et une en pointe.

170. — Pelletier, Jean, seigneur de Cléry, maire d'Auxonne :

De gueules, à une fasce d'hermines.

171. — Pely, Hiérosme, procureur du Roy au grenier à sel d'Auxonne :

D'azur, à un pélican avec un de ses petits d'or, sur une roue d'argent, trois ostoiles d'or, rangées en chef, et un rayon de même, mouvant de l'angle dextre du chef.

172. — Petit, Pierre, escuyer, seigneur de Bressey :

D'azur, à un lion d'or, lampassé et armé de gueules.

173. — Bérardier, Charles, prestre, curé de Beaune :

D'argent, à une bande de gueules, chargée d'un croissant d'argent, accostée (*) de deux estoiles de sable.

174. — Brunet, Françoise, veuve de Philbert de la Marle, conseiller du Roy, chastelain de Pomard et de Volnay :

De gueules, à un chevron d'or, accompagné de trois coquilles de même, deux en chef et une en pointe.

175. — Delamare, Jean-Baptiste, escuyer, lieutenant de Messieurs les mareschaux de France :

De gueules, à un chevron d'or, accompagné de trois estoiles d'argent, deux en chef et une en pointe.

176. — De la Ramisse, Pierre, conseiller du Roy, lieutenant civil au bailliage d'Auxonne :

D'azur, à un ramier d'argent, portant en son bec un rameau d'olivier de sinôple.

177. — De la Ramisse, Claude, conseiller du Roy, lieutenant criminel au bailliage d'Auxonne :

De même.

178. — Surmain, Jean-Baptiste, conseiller du Roy, receveur des impositions du bailliage d'Auxonne :

D'azur, à un chevron d'or, accompagné en pointe d'une main d'argent.

179. — Surmain, François, advocat à la Cour :

De même.

(*) *Accompagnée* est le mot nécessaire.

180. — Guilliers, Claude, veuve de Philipe Pontoux, procureur du Roy au grenier à sel de Seurre :

D'azur, à un chevron d'or, accompagné de trois estoiles de même, deux en chef et une en pointe, le chevron chargé sur la pointe d'un écusson de gueules, surchargé d'une croix ancrée d'or.

181, 182. — De Choiseul, Françoise, veuve de Marie-Beaune-Bernard de Montessus, seigneur de Belvesvre :

D'azur, à un chevron d'or, accompagné de trois estoiles de même, deux en chef et une en pointe ; acolé d'azur, à une croix d'or, cantonnée de dix-huit billettes de même, dix en chef, cinq à chaque canton, posées en croix, et quatre à chacun des cantons de la pointe.

183. — Bouhier de Lantenay, Anne, chanoine de l'église collégiale de Saint-Estienne de Dijon :

D'azur, à un taureau passant d'or.

184, 185. — De Saint-Belin, Claude, veuve de Charles de Champagne, seigneur de Lours :

D'azur, à une bande d'argent, cottoyée de deux cottices pottencées et contrepottencées d'or, de treize pièces ; acolé d'azur, à trois testes de bélier d'or, deux en chef et une en pointe.

186. — Perrier, François, conseiller du Roy, substitud de M. le procureur général au Parlement de Dijon :

De gueules, à une montagne d'argent, et un chef d'or, chargé d'une croix pattée d'azur.

187. — Magnien, Pierre, chanoine de l'église collégiale de Saint-Estienne de Dijon :

D'azur, à trois palmes d'or en pal, deux en chef et une en pointe, et en chef une croix pattée et alaisée aussy d'or.

188. — A expliquer plus amplement.

189. — Vaillant, Bénigne, veuve de Louis Nicolas, advocat du Roy au bureau des finances de Dijon :

D'azur, à un cocq à un pied levé d'or, tenant en son bec un las d'amour de même.

190. — De Fleury, Marie-Anne, femme de Charles d'Arlay, conseiller au Parlement de Dijon :

De sinople, à un chevron d'argent, accompagné en pointe d'un lis d'argent, mouvant d'une rivière de même.

191. — Micaut, Antoine, prestre de l'Oratoire et chanoine à Beaune :

D'azur, à un chevron d'or, chargé sur la pointe d'une croix de gueules, et accompagné de trois chats acroupis d'argent, deux en chef et un en pointe.

192. — Tapin, Jeanne, veuve de Benoist Julien, escuyer, secrétaire des Estats de Bourgogne :

D'azur, à un chevron d'or, accompagné en chef de deux estoiles d'argent, et en pointe d'un pin d'or.

193. — De Siry, Denis, conseiller du Roy au bailliage, chancelerie et siége présidial de Dijon :

D'azur, à trois estoiles d'or, deux et une, et un chef de même.

194. — Soyrot, Joseph-Bernard, controlleur général des finances de Bourgogne et Bresse :

D'azur, à un soleil rayonnant en chef d'or.

195. — Saget, Michel, veuve de Jacques Jeannon :

D'azur, à une fleur appelée Jeannette d'argent, tigée et feuillée de même.

196. — Brunet, Jean, conseiller du Roy, président au grenier à sel de Beaune :

D'or, à un lévrier de gueules, et une bordure engrelée de sable; écartelé d'argent, à une teste de more de sable, bandée d'argent, nouée d'un ruban de gueules.

197. — Grozelier, Michel, conseiller du Roy et son procureur au bailliage de Beaune :

D'azur, à un chevron d'or, accompagné de trois petits groseliers d'argent, fruités d'or, deux en chef et un en pointe, et surmonté d'un croissant aussy d'argent.

198. — Grozelier, Pierre, chanoine en l'église collégialle de Nostre-Dame de Beaune :

De même.

199. — Tisserand, Jean-Hiérosme, conseiller du Roy au bailliage et présidial de Dijon :

D'azur, à un chevron d'or, accompagné en pointe d'une coquille d'argent.

200. — Bourguignon, Catherine, veuve de Bernard Carrelet, correcteur en la Chambre des comptes à Dijon :

D'or, à un lion de sable, armé et lampassé de gueules, et un chef d'azur, chargé de trois lozanges d'or.

201. — Rajaud, Huguette-Marie, veuve d'Estienne Joly, conseiller du Roy, trésorier des finances en la généralité de Bourgogne et Bresse :

D'azur, à un cocq d'or, le pied droit levé, et un chef de gueules, chargé de trois estoiles d'or.

202. — A expliquer plus amplement.

GÉNÉRALITÉ DE BOURGOGNE

203. — Prévost, Edme, advocat à la Cour :

D'azur, à un cor de chasse d'argent, accompagné de trois molettes de même, deux en chef et une en pointe.

204. — Vacher, Joseph, advocat à la Cour :

D'azur, à une vache d'or, et un chef cousu de gueules, chargé de trois estoiles aussy d'or.

205. — Boillot, Hubert-Joseph, conseiller du Roy, substitut de M. le procureur général au Parlement de Dijon :

D'azur, à un chicot ou bâton écoté, alaizé, posé en fasce d'or, accompagné en chef d'une fleur de lis de jardin, sans tige, accostée de deux estoiles, et en pointe d'un aigle, le tout d'or.

206. — Gillet, Bénigne, veuve de Jean Le Compasseur, seigneur de la Motte, gendarme du Roy :

D'argent, à une croix à double traverse, treflée de sable, soustenue d'un cœur de même, et un chef de gueules, chargé de trois quintefeuilles d'or.

207. — Vittier, Jeanne, veuve de Lazare de la Croix, substitut de M. le procureur général au Parlement de Dijon :

D'azur, à un chevron d'or, accompagné de trois pommes de pin de même, deux en chef et une en pointe, et un chef d'or, chargé de deux croix alaizées de gueules.

208. — De Saint-Martin, Catherine, d'Agencourt :

De gueules, à un sautoir d'or.

209. — Loppin, Louis, conseiller au bailliage et chancellerie de Beaune :

D'azur, à une croix ancrée d'or.

210. — David-Debeaufort, Lazare, receveur au bailliage de Beaune :

D'azur, à une harpe d'or; écartelé d'argent, à un lion de gueules.

211. — Lorenchet, Jean, doyen de l'église Nostre-Dame de Beaune :

D'azur, à une fasce d'or, accompagnée en chef de trois molettes d'argent, et en pointe d'un chat passant, aussy d'argent, monstrant les deux yeux.

212, 213. — De Comeau, Pierre, chevalier, seigneur de Créancé, lieutenant de Roy en Bourgogne, gouverneur en la ville de Nuis, et Marie-Aubert de la Ferrière, sa femme :

D'azur, à une fasce d'or, accompagnée de trois comètes de même, deux en chef et une en pointe; acolé d'or, à trois testes de limiers arrachées de sable, deux et une.

214. — Michel, Richard, conseiller au bailliage et siége présidial de Dijon :

D'azur, à un chevron d'argent, chargé de neuf tourteaux aussy d'azur, accompagnés de trois roses d'or, deux en chef et une en pointe.

215. — Petit, Anne, veuve de Jacques Lucotte, lieutenant au bailliage de Dijon :

D'azur, à un lion d'or.

216. — Le Roux, Jean, commissaire aux saisies réelles du bailliage de Beauue :

D'azur, à un chevron d'or, accompagné de trois roues de même, deux en chef et une en pointe.

217. — Richaud, Philibert, escuyer, seigneur de Grandmont :

D'azur, à un chef d'or, chargé de trois tourteaux de gueules.

218. — De Pize, Bénigne, official métropolitain de l'archevêché de Bezançon :

D'argent, à un chevron de gueules, accompagné de trois roses de même, deux en chef et une en pointe.

219. — Gevalois, Marguerite, veuve de Philipes Berbis, escuyer, seigneur de Villy :

D'azur, à un chevron d'or, accompagné en pointe d'une brebis paissante d'argent.

220. — Arnoulph, Jean-Hiérosme, escuyer, conseiller du Roy, controlleur ordinaire des guerres :

D'argent, à un chevron d'azur, chargé de cinq estoiles d'or.

221. — De Chastenay, Nicolas, escuyer, seigneur en partie d'Eschalot, baillage de Chastillon :

De sinople, à un cocq d'or, couronné de même.

222. — Chanteret, Charlotte, veuve de Philbert Perreau, conseiller du Roy, secrétaire au Parlement de Dijon :

D'or, à deux chesnes de sinople et un cerf de gueules, passant et brochant ces deux arbres.

223. — Bizouard, Lazare, fourier en la grande fauconnerie :

D'azur, à un chevron d'or, accompagné en chef de deux estoiles de même, et en pointe d'un lion passant aussy d'or, lampassé et armé de gueules.

GÉNÉRALITÉ DE BOURGOGNE 77

224. — Calon, Bernard, advocat au Parlement de Dijon :

D'azur, à un lion rampant d'or. lampassé et armé de gueules, apuyé sur un demy-chevron d'argent.

Arrêt d'enregistrement du 14 mars 1698.

Signé : SENDRAS.

SUIVANT L'ORDRE DU REGISTRE 1ᵉʳ DES CORPS, COMMUNAUTEZ ET DOMAINES.

1. — A expliquer plus amplement.

2. — L'abaye de la Bussière, ordre de Cîteaux :

Bandé d'or et d'azur, à six pièces, et une bordure de gueules.

3. — A expliquer plus amplement.

4. — Le couvent des religieuses de la Visitation Sainte-Marie de Dijon :

D'or, à un cœur de gueules, percé de deux flèches d'or, empennées d'argent, passées en sautoir au travers du cœur, avec une croix de sable, fichée dans l'oreille du cœur, le tout entouré d'une couronne d'épines de sinople, les épines ensanglantées de gueules.

5. — La ville de Nuits :

D'azur, à trois bandes d'or, et un chef de gueules soutenu d'argent et chargé de trois bezans d'or.

6. — A expliquer plus amplement.

7. — La ville de Beaune en Bourgogne (*) :

D'azur, à une Vierge tenant le saint enfant Jésus sur le bras gauche, le tout d'argent, dont les bords de la draperie sont d'or, la mère et le fils diadémés d'or, la Vierge tenant de la main droite un rameau de vigne de sinople, auquel est attaché un raisin de sable, et l'enfant Jésus tenant dans sa main un monde d'or, sommé d'une croix de même.

8. — L'abaye de Notre-Dame de Tard, de l'ordre de Cîteaux :

D'azur, à une Notre-Dame et quatre anges qui la soutiennent avec un croissant et une forme de nuée sous ses pieds, le tout d'or, représentant une Assomption, la Vierge ayant les mains jointes et étant environnée de deux rayons en forme de nuée.

9. — Le couvent des Bénédictins de Saint-Bénigne à Dijon :

D'azur, à un saint Bénigne revestu d'habits sacerdotaux pour célébrer la sainte messe, d'or et d'argent, avec le visage, les mains et les pieds de carnation, ayant les pieds dans une pierre qui a servy à son martire, dans ses dix doigts des deux mains,

---

(*) La rédaction de ces explications d'armoiries est d'une ambiguïté déplorable.

dix allaines, les manches paroissant au bout des doigts, et percé depuis les flanc, jusqu'à l'épaule de deux lances en sautoir, aussy d'or, et une barre aussy d'or, traversant le crâne.

10, 11. — A expliquer plus amplement.

12. — Le chapitre et chanoines de l'église collégialle de Beaune :

D'azur, à un fauteuil en forme de trosne d'or, dans lequel est assise une Notre-Dame de carnation, vêtue d'azur et de gueules, portant sur le bras gauche l'enfant Jésus de carnation.

13. — Le couvent des religieuses de la Visitation Sainte-Marie de Beaune :

D'or, à un cœur de gueules, percé de deux flèches d'or, empennées d'argent, passées en sautoir au travers du cœur, qui est chargé d'un nom de JESUS d'or, à une croix de sable, fichée dans la bouche du cœur, le tout enfermé dans une couronne d'épines de sinople, les épines ensanglantées de gueules.

14. — Le couvent des religieuses Ursulines de Beaune :

D'azur, à une sainte Ursulle étendant avec ses deux bras son grand manteau d'or, sous lequel l'on voit plusieurs personnes à genoux.

15. — A expliquer plus amplement.

16. — Le chapitre de l'église de Saint-Denis de la ville de Nuits :

D'azur, à trois quintefeuilles d'or, deux et une.

17. — Le couvent des religieuses Ursulines de la ville de Seurre :

D'azur, à un JESUS MARIA d'or, environné d'une couronne d'épines de même.

18. — Le chapitre de l'église collégiale de la Chapelle aux Riches, vulgairement apelée la Chapelotte :

D'azur, à une Notre-Dame d'or, couronnée de même, tenant sur son bras droit le saint enfant Jésus. couronné aussy d'or.

19. — Le couvent des religieuses Ursulines de Dijon :

D'azur, à un JESUS MARIA d'or, L. et l'M. entrelassés dan L. et l'H., surmonté d'une croix d'or, et accompagné en pointe de trois clouds de la Passion, appointés de même, le tout environné d'une couronne ou cercle rayonné d'or.

20. — A expliquer plus amplement.

21. — Le couvent des Carmélites de Beaune :

De sable, chapé d'argent, la pointe de sable terminée en une croix de même, accompagnée de trois étoiles, deux de sable, sur l'argent, et une d'argent, sur le sable.

GÉNÉRALITÉ DE BOURGOGNE

22. — Le couvent des religieuses Carmélites de la ville de Dijon :

De sable, chapé, arrondy d'argent, la pointe de sable terminée en une croix patée de même, accompagnée de trois molettes de huit pointes chacune, posées deux en chef de sable, sur l'argent, et une en pointe d'argent, sur le sable.

23. — A expliquer plus amplement.

24. — Le couvent des religieuses de Notre-Dame-du-Refuge de Dijon :

D'azur, à un nom de JESUS d'or, surmonté d'une croix trefflée de même, et soutenu d'un cœur aussy d'or, percé de deux flèches de sable, passées en sautoir à travers du cœur.

25. — Le couvent des religieuses Ursulines de Viteaus (*) :

D'azur, à un JESUS MARIA d'or.

26. — Le couvent des religieuses Ursulines d'Auxonne :

D'azur, à un JESUS MARIA d'or.

27, 28. — A expliquer plus amplement.

29. — La communauté des prestres familiers de l'église et paroisse d'Auxonne :

D'azur, à une Notre-Dame d'argent.

30. — Le couvent des religieux de la Chartreuse de Beaune :

Bandé d'or et d'azur de six pièces, et une bordure de gueules.

31. — Le chapitre de l'église collégiale Saint-Jean-Baptiste de Dijon :

D'azur, à un saint Jean-Baptiste d'or, tenant un agneau d'argent en ses mains.

32. — Le couvent des religieuses de l'ordre de Saint-Dominique, dites *Jacobines*, à Dijon :

D'azur, à une sainte Catherine de Sienne d'argent.

33. — La communauté des dames de Sainte-Marthe à Dijon :

De gueules, à une sainte Marthe d'argent.

34. — L'abaye royalle de Praslon :

D'azur, à trois fasces d'or.

(*) Vitteaux.

Arrêt d'enregistrement du 14 mars 1698.

Signé : SENDRAS.

ÉTAT DES ARMOIRIES

DES PERSONNES ET COMMUNAUTEZ DÉNOMMÉES CI-APRÈS ENVOIÉES AUX BUREAUX ÉTABLIS PAR M° ADRIEN VANIER, CHARGÉ DE L'EXÉCUTION DE L'ÉDIT DU MOIS DE NOVEMBRE 1696, POUR ESTRE PRÉSENTÉES A NOSSEIGNEURS LES COMMISSAIRES GÉNÉRAUX DU CONSEIL, DÉPUTEZ PAR SA MAJESTÉ, PAR ARRESTS DES QUATRE DÉCEMBRE AUDIT AN ET VINGT-TROIS JANVIER 1697.

DIJON

SUIVANT L'ORDRE DU REGISTRE 3e.

29. — MINARD, Simon, ancien prieur, curé de Fontaine-Françoise :

D'argent, à trois testes de mores de sable, bandées d'argent, deux et une.

30. — DE SAINT-MARTIN, Charles, escuyer :

De gueules, à un sautoir d'or.

31. — TRIBOLET, Bénigne, veuve de Nicolas PERRIER, secrétaire du Roy au Parlement de Metz :

D'azur, à un chevron d'or, accompagné en chef de deux roses d'argent, et en pointe d'un rocher de mesme.

32. — MICHEL, Jean, conseiller du Roy, maire perpétuel de Fontaine-Françoise :

D'azur, à une fasce componée d'or et de gueules, accompagnée en chef de trois étoiles rangées d'or, et en pointe de trois croissants de mesme, posés deux et un.

33. — PAPILLON, Guyette, veuve de Théodecte TABOUROT, escuyer, a présenté l'armoirie :

D'azur, à un chevron d'or, accompagné de trois tambours de mesme, deux en chef et un en pointe, et un chef aussy d'or, chargé d'un lyon passant de sable, armé et lampassé de gueules.

34. — LE BLANC, Philibert, advocat à la Cour, antique maire de la ville de Beaune :

De sable, à une fasce d'argent, et une rencontre de cerf d'or, brochant sur le tout.

35. — BORTHON, Himberte, veuve de Claude DE LABARRE, escuyer, major du chasteau d'Auxonne, a présenté l'armoirie :

D'azur, à une bande d'or.

GÉNÉRALITÉ DE BOURGOGNE

36. — RAVINET, Pierre, lieutenant civil au bailliage de Beaune :
D'azur, à un navire d'or, équipé d'argent.

37. — LE ROUX, Madelaine, veuve de Claude LORANCHET, conseiller du Roy au bailliage de Beaune :
D'azur, à un chat arresté d'argent, surmonté en chef d'un soleil d'or à dextre, et d'une branche d'olivier de mesme à senestre.

38. — DE RIOLET, Silvestre, escuyer, seigneur de Morteuil :
De gueules, à un chevron d'or, accompagné de trois étoiles de mesme, deux en chef et une en pointe.

39. — SAGET, Pierre, conseiller du Roy, raporteur refférendaire à la chancellerie près le Parlement de Dijon :
De gueules, à cinq flèches en poignées d'or, ferrées et empennées d'argent.

40. — ROUTY, François, notaire royal à Beaune et procureur au bailliage :
D'azur, à un chevron d'or, accompagné en chef de deux étoiles de mesme, et en pointe d'un croissant d'argent.

41. — BERBIS, Jean, expert juré du Roy :
D'azur, à un chevron d'or, accompagné en pointe d'une brebis paissante d'argent.

42. — LOBOT, Jean, chanoine de Notre-Dame de Beaune :
D'azur, à deux boucs rampans et affrontés d'or, et une étoile d'argent en chef, surmontée de dix rayons de soleil d'or, mouvans du chef.

43. — BELIN, Jean, chanoine de Nostre-Dame de Beaune :
D'azur, à un bélier passant d'or, surmonté d'un croissant d'argent, acosté de deux étoiles de mesme.

44. — Feu RICHARD, Jacques, advocat à Beaune, suivant la déclaration de Claudine BELIN, sa femme :
D'azur, à un chef d'or, chargé de trois tourteaux de gueules.

45. — LA CURNE, Jean-Baptiste, chanoine de Nostre-Dame de Beaune :
D'azur, à un JESUS MARIA d'or, dans un cercle rayonnant de mesme.

46. — CHAUVELOT, Louis, chanoine de Nostre-Dame de Beaune :
D'azur, à un sauvage d'or, tenant de sa main dextre une massue élevée en pal de mesme.

47. — Le Roux, Estienne, chanoine de Nostre-Dame de Beaune :

D'azur, à un chevron d'or, accompagné de trois roües de mesme, deux en chef et une en pointe.

48. — Lombard, Jean, secrétaire de la justice, police de la communauté d'Issurtille :

D'azur, à une barre ou bâton d'argent.

49. — De Rouvray, Antoine-Hugues, seigneur de Rouvray, Villars et Chaudenay-sur-Dhune :

De gueules, à sept billettes d'argent, trois en chef, deux en fasce et deux en pointe. et un croissant d'argent en abisme.

50. — Soirot, Charles :

De sable, à un chevron d'or, accompagné de trois rochers d'argent, deux en chef et un en pointe.

51. — Morelet, Florent, receveur des traittes foraines au bureau d'Issurtille :

D'argent, à trois testes de more de sable, bandées d'argent, deux en chef et une en pointe. et un las d'amour d'azur, posé en abisme.

52. — Gaudelet, Thibault, avocat à la Cour :

D'azur, à un chevron d'or, surmonté d'une croix pattée et alaisée de même.

53. — Segault, Emiliand, avocat à la Cour :

De sable. à une fasce d'argent, accompagnée en chef d'un soleil d'or, accosté de deux étoiles de mesme, et en pointe d'un tournesol aussy d'or.

54. — Maleteste, N., chanoine de Nostre-Dame de Beaune :

D'argent, à une teste de more de sable, bandée d'argent.

55. — Lobot, Etienne, bourgeois :

D'or, à un aigle de sable.

56. — Guénard, Nicolas, grenetier au grenier à sel de Saulx-le-Duc et Issurtille :

D'argent, à une guenon de sable, assise sur une boule de gueules, tenant en sa main une pomme de sinople.

57. — Simon, Louis, contrôleur au grenier à sel de Saulx-le-Duc et Issurtille :

D'azur, à un chevron d'or, accompagné en pointe d'une montagne de six coupeaux, suportée de deux lyons rampans affrontez, le tout d'or.

58. — Berbis-Desmailly, Jean-Baptiste, escuyer, seigneur de la Serve :

Comme cy-devant article 41.

59. — Feu Loranchet, Claude, bourgeois, suivant la déclaration de Jeanne Payen, sa veuve :

D'azur, à une bource d'argent en chef ouverte, renversée, de laquelle tombent plusieurs pièces d'or sur deux mains de carnation ouvertes.

60. — Poyen, Denis, prévost, chastelain royal d'Argilly, notaire royal à Nuis :

D'azur, à un cigne d'argent, tenant en son bec un lys aussy d'argent.

61. — Belin, Nicolas, prestre, plus ancien mépartiste du Mépart de Nuis (*) :

De gueules, à un agneau pascal d'or, passant sur une motte de sinople, surmontée d'une étoile aussy d'or.

62. — Petit, Jeanne, veuve de Claude Vittier, secrétaire du Roy :

D'azur, à un lyon d'or.

63. — Lardillon, Claude, nottaire royal et procureur :

De gueules, à un lyon d'or, et un chef chargé de deux étoiles de gueules.

64. — Boucheron, Guillaume, expert juré, nottaire et procureur :

D'azur, à un bouc rampant d'or, accompagné en chef de deux étoiles d'argent.

65. — Marie, François, nottaire et procureur :

D'azur, à une Nostre-Dame d'or, accompagnée de trois étoiles d'argent, deux en chef et une en pointe.

66. — Carrillon, Nicolas, marchand, bourgeois :

D'azur, à neuf petites cloches d'argent, accolées et posées en piramide, soutenue par deux lyons affrontez d'or, et surmontées en chef d'une couronne de laurier de mesme.

67. — Moron, Antoine, marchand :

D'argent, à une plante de mouron, tigée, feuillée de sinople, accompagnée en chef de deux étoiles d'azur.

68. — Dazeine, Nicolas, officier réformé dans les gardes du corps de Sa Majesté :

D'azur, à un dextrochère d'or, tenant une épée d'argent.

(*) Voir la note de la page 116.

69. — MICAULT, Jacques, procureur du Roy au bailliage de Nuis :

D'or, à un cocq passant d'argent, sur une terrasse de sinople, surmonté d'une rose aussy d'argent, acostée de deux étoiles d'or.

70. — DE LA MARRE, Philibert, chanoine en l'église collégialle de Nostre-Dame de Beaune :

De gueules, à un chevron d'or, accompagné de trois coquilles de mesme, deux en chef et une en pointe.

71. — DE CARBONNES, Pierre, escuyer, seigneur de la Motte-de-Monpatez :

De gueules, à trois panaches d'or, deux en chef et un en pointe.

72. — DE VIENNE, Charles, chevalier, comte de Caumarin :

De gueules, à un aigle d'or.

73. — LAURENS, Nicolas, conseiller du Roy, grenetier au grenier à sel de Sauleduc (*) et Issurtille :

D'azur, à un lyon d'argent, accompagné de trois étoiles d'or, rangées en chef, d'un croissant d'argent en pointe.

74. — PARIZOT, Pierre, docteur en médecine :

D'azur, à un rozier d'argent, chargé de trois roses de mesme, naissant d'un croissant aussy d'argent, et accompagné de trois étoiles d'or, rangées en chef.

75. — PARIGOT, Gabriel, prestre de Saint-Pierre de Beaune :

De gueules, à un chevron d'or, accompagné en chef de deux roses, et en pointe d'un croissant, duquel sort une tige de pois écossés de même.

76. — MALPOY, André, trésorier de France au bureau des finances de Dijon :

D'azur, à un chevron d'or, accompagné en chef de deux étoiles d'argent, et en pointe d'une branche de pois d'or.

77. — LEMOYNE, Anne, veuve de François VALBY, advocat à la Cour, a présenté l'armoirie :

D'azur, à une biche passante d'or.

78. — FERRY, Jeanne, veuve de Louis VIÉNOT, advocat à la Cour, a présenté l'armoirie :

De gueules, à un lyon d'or, et un chef d'argent, chargé d'un soleil de gueules, accosté de deux raisins de sable.

(*) Saulx-le-Duc.

GÉNÉRALITÉ DE BOURGOGNE

79. — Domino, Bernard, bourgeois de Beaune :

D'azur, à une ancre d'or.

80. — A expliquer plus amplement.

81. — De Monginot, Paul :

De gueules, à un chevron d'or, accompagné en chef de deux cailloux d'argent, et en pointe d'un lyon d'or, et un chef cousu d'azur, chargé d'une cloche d'or, acosté de deux trefles d'argent.

82. — Bachez, Claude, docteur en médecine.

D'argent, à trois fasces ondées d'azur, accompagnées de trois croissants de mesme, rangés en chef, et d'une molette de sable en pointe.

83. — De Thiard, Marguerite, abbesse de Molaize, ordre de Cisteaux :

D'or, à trois écrevisses de gueules, posées en pals, deux en chef et une en pointe.

84. — Clémencet, Jean, advocat à la Cour :

D'azur, à un aigle d'or, et un chef d'argent, chargé d'un croissant de gueules, acosté de deux mouchetures d'hermines.

85. — Monnet, Blaize, conseiller du Roy, lieutenant civil, commissaire examinateur et enquesteur héréditaire au bailliage et chancellerie de Nuis :

D'azur, à une bande d'or.

86. — Guy de Lesval, Jean, escuyer, sieur de Saint-Martin :

D'azur, à trois ponts d'argent l'un sur l'autre, chacun de trois arches, et une tour de mesme, massonnée de sable, bâtie sur le plus haut pont ajourné de gueules, et acosté d'un lyon d'or, appuyant sa patte dextre contre la tour.

87. — Parisot, Jacques, marchand à Beaune :

D'azur, à une rose d'argent, posée en cœur, accompagnée en chef de deux étoiles d'or, et en pointe d'un croissant d'argent.

88. — Feu Brunet, Jean, receveur au grenier à sel de Nuis, suivant la déclaration d'Anne Rousseau, sa veuve :

Écartelé au premier et quatrième d'or, à une levrette rampante de gueules, et une bordure componée d'or et de gueules; au deuxième et troisième d'argent, à une teste de more de sable, bandée d'argent, liée d'un ruban de gueules, et accompagnée de trois étoiles de mesme, deux en chef et une en pointe.

89. — Morizot, Claude, nottaire royal et procureur au bailliage de Beaune :

D'argent, à une teste de more de sable, bandée d'argent, acostée de deux meures de pourpre et accompagnée en chef de deux étoiles d'azur, et en pointe d'un croissant de mesme.

90. — JOLY, Philipe, conseiller du Roy et son advocat au bailliage et siége présidial de Dijon :

De sinople, à un chevron d'or, accompagné en pointe d'un lys d'argent, tigé et feuillé de mesme. et un chef cousu de gueules, chargé de trois étoiles d'or.

91. — ROBELOT, François, premier huissier au Parlement de Dijon :

D'azur, à un bélier passant d'argent.

92. — DE CATTIN, Jules-César, escuyer, seigneur de Villotte :

D'azur, à un casque d'argent, et un chef de mesme, chargé de trois merlettes de sable.

93. — Feu DE CLUME, Jean, conseiller au grenier à sel de Saint-Jean-de-Laône, suivant la déclaration d'Anthoinette PETIT-JEAN, sa veuve :

D'azur, à une gerbe d'or, et un chef cousu de gueules, chargé de trois coquilles d'argent.

94. — DE LA PESCHE, Charlotte, veuve de Pierre DE MARTENNE, advocat en la Cour, a présenté l'armoirie :

Party au premier d'azur, à un dextrochère d'or, mouvant de la partition, tenant une épée d'argent, accompagnée en chef de deux étoiles d'or, et en pointe d'un croissant d'argent; au second de gueules, à un chevron d'or, accompagné de trois soucis de mesme, tigez et feuillez aussy d'or, deux en chef et un en pointe.

95. — LANGUET, Charles, religieux de l'ordre de Saint-Jean de Hiérusalem, commandeur de la Madelaine de Dijon :

D'azur, à un triangle vuidé et renversé d'or, chargé sur les angles de trois molettes de sable, et une croix alaisée d'or en chef.

96. — Feu GARNIER, Joseph, bailly de Noyers, suivant la déclaration de Marie NORMAND, sa veuve :

De sinople, à deux lunes d'argent, passées en sautoir.

97. — Feu NICAIZE, Simon, procureur général en la Chambre des comptes de Dijon, suivant la déclaration de Marie REYMOND, sa veuve :

D'azur, à un chevron d'or, accompagné de trois étoiles de mesme, deux en chef et une en pointe.

98. — NICAIZE, Claude :

De mesme.

GÉNÉRALITÉ DE BOURGOGNE

99. — Massenot, Jean-Baptiste, receveur au grenier à sel de Sauleduc :

D'azur, à deux masses d'armes d'or, passées en sautoir, accompagnées en chef d'un soleil de mesme, et en pointe d'un croissant d'argent.

100. — Terrion, Pierre, avocat en la Cour :

D'argent, à un chevron de gueules, accompagné en pointe de trois roses de mesme, tigées et feuillées de sinople, et un chef d'azur, chargé d'un lyon passant, tenant un sautoir d'or, et acosté de deux étoiles de mesme.

101. — Blondeau, Pierre, escuyer, seigneur de Bussy :

D'or, à un chevron d'azur, accompagné de trois œillets de gueules, tigés et feuillés de sinople, deux en chef et un en pointe, celuy de la pointe soutenu d'un croissant d'azur.

102. — Brocard, Etienne, procureur et nottaire à Beaune :

D'azur, à un brocard passant d'argent.

SUIVANT L'ORDRE DU REGISTRE 1ᵉʳ DES CORPS, COMMUNAUTÉS ET DOMAINES.

35. — Le couvent des Jacobines de Beaune :

D'azur, à une sainte Catherine de Sienne d'argent.

36. — La communauté des prestres de l'Oratoire de Beaune :

D'azur, à deux mots JESUS MARIA en lettres d'or, l'un sur l'autre, entourés d'une couronne d'épines de mesme.

36. — La communauté des peintres de la ville de Dijon :

D'azur, à une fleur de lys d'or, accompagnée de trois écussons d'argent, deux en chef et un en pointe.

38. — La communauté des sculpteurs de la ville de Dijon :

D'azur, à une fleur de lys d'or, accompagnée de trois écussons d'argent, deux en chef et un en pointe.

39. — Les prestres du Séminaire d'Authun :

D'azur, à un MARIA d'or, composé d'un M. et d'un A. entrelassés.

40. — L'abaye de Molaize, de l'ordre de Cisteaux :

D'azur, semé de fleurs de lys d'or, et un écusson bordé de gueules, et bandé d'or et d'azur, de six pièces.

Arrêt d'enregistrement du 17 juillet 1699.

Signé : SENDRAS.

SUPPLÉMENTS

ÉTAT D'AUCUNES ARMOIRIES

DONT LA RÉCEPTION A ESTÉ SURCISE PAR LES ÉTATS AU BAS DESQUELS SONT LES ORDONNANCES DE NOSSEIGNEURS LES COMMISSAIRES GÉNÉRAUX DU CONSEIL CY-APRÈS DATTÉES.

DIJON

SUIVANT L'ORDRE DU REGISTRE 2e.

De l'état du 14 mars 1698.

67. — BERNARDON, Claude, femme de Jean BOUHIER, conseiller vétéran au Parlement de Dijon :

D'azur, à un sautoir d'or, accompagné d'un croissant de même en chef, et de trois étoiles aussy d'or, deux aux flancs et une en pointe.

De l'état du 31 janvier 1698.

302. — COMEAU, Jean-Claude, écuyer, seigneur de Pont-de-Vaux :

D'azur, à une fasce d'or, accompagnée de trois comettes d'argent, deux en chef et une en pointe.

SUIVANT L'ORDRE DU REGISTRE 1er DES COMMUNAUTEZ ET DOMAINES.

De l'état du 14 mars 1698.

1. — Les chanoines de l'église de la Sainte-Chapelle du Roy à Dijon :

D'azur, semé de fleurs de lis d'or, et une palme de même, posée en pal, brochant sur le tout.

3. — L'abbaye de CISTEAUX, chef de l'ordre de Cisteaux :

D'azur, semé de fleurs de lis d'or, et sur le tout un écusson bandé d'or et d'azur de six pièces, et bordé de gueules.

GÉNÉRALITÉ DE BOURGOGNE

6. — L'abbaye de Saint-Julien-de-Rougemont, établie à Dijon :

D'azur, semé de fleurs de lis d'or, et la sainte Vierge tenant son enfant Jésus sur son bras gauche d'argent, posé sur un mont de gueules, sur lequel est brochante une crosse d'argent, périe en bande.

10. — La ville de Dijon, capitale du duché de Bourgogne :

De gueules, à un chef mi-party au premier d'azur, semé de fleurs de lis d'or, à une bordure componnée d'argent et de gueules, et au deuxième bandé d'or et d'azur de six pièces, et une bordure de gueules.

11. — L'abbaye de Notre-Dame du Lieudieu, dans la ville de Beaune :

D'azur, semé de fleurs de lis d'or, à un écusson de Bourgogne antien, qui est bandé d'or et d'azur de six pièces, avec une bordure de gueules.

15. — La ville d'Auxonne en Bourgogne :

Party au premier d'azur, semé de fleurs de lis d'or, et une bordure componnée d'argent et de gueules, coupé de bande d'or et d'azur de six pièces, et une bordure de gueules, et au deuxième d'azur, à une croix ancrée d'argent.

20. — Le couvent des Chartreux de Dijon :

D'azur, semé de fleurs de lis d'or, à une bordure componée d'argent et de gueules, écartelé de bande et d'azur de six pièces, et une bordure de gueules.

23. — L'abbaye et chapitre de l'église de Saint-Estienne de Dijon :

De gueules, à une palme d'or, posée en pal, accompagnée de trois cailloux d'argent, deux en chef et un en pointe.

27. — Les prestres de l'Oratoire de Dijon :

D'azur, aux deux mots JESUS MARIA escrits un sur l'autre, en caractères d'or, entourés d'une couronne d'épines de même.

28. — L'abbaye de Maizière de l'ordre de Saint-Bernard :

D'azur, semé de fleurs de lis d'or, à un écusson bandé d'or et d'azur de six pièces, bordé de gueules.

Arrêt du 24 juillet 1699.

Signé : SENDRAS.

ETAT D'AUCUNES ARMOIRIES

DONT LA RECEPTION A ESTÉ SURCISE PAR LES ÉTATS AU BAS DESQUELLES SONT LES ORDONNANCES DE NOSSEIGNEURS LES COMMISSAIRES GÉNÉRAUX DU CONSEIL CI-APRÈS DATTÉES.

DIJON

SUIVANT L'ORDRE DU REGISTRE 2e.

De l'état du 14 mars 1698.

202. — DE MAZEL, Claude, femme de Louis DE LA TOUR DU PIN, marquis de la Charce, dame de Fontaine-Françoise :

D'or, à un aigle à deux testes de sable; écartelé d'azur, à trois étoiles d'or, deux et une, et sur le tout d'azur, à une fleur de lis d'or.

SUIVANT L'ORDRE DU REGISTRE 3e.

1, 2, 3. — DE RICARD, Jean-Baptiste-Jules, conseiller au Parlement de Dijon :

DE RICARD, Jean-Ferdinand, chevalier de Malte :

DE RICARD, Jean-Estienne, aussy chevalier de Malte et page du grand maistre :

D'or, à un griffon de gueules et un chef d'azur, chargé d'une fleur de lis d'or.

Arrêt du 12 mars 1700.

ÉTAT DES NOMS ET QUALITEZ

DES PERSONNES ET COMMUNAUTEZ DÉNOMMÉES CY-APRÈS QUI ONT PAYÉ LES DROITS D'ENREGISTREMENT DES ARMOIRIES EZ BUREAUX ESTABLIS PAR Me ADRIEN VANIER, CHARGÉ DE L'EXÉCUTION DE L'ÉDIT DU MOIS DE NOVEMBRE 1696, ET DESQUELLES ARMOIRIES LA RÉCEPTION A ÉTÉ SURCISE PAR LES ÉTATS AUSSY CY-APRÈS DATTEZ, PARCE QU'ILS ONT NÉGLIGÉ DE FOURNIR LA FIGURE OU L'EXPLICATION DESDITTES ARMOIRIES.

DIJON

SUIVANT L'ORDRE DU REGISTRE 3e.

De l'état du 10 juillet 1699.

Veu par nous, Charles d'Hozier, conseiller du Roy, généalogiste de sa maison, garde de l'armorial général de France et chevalier de la Religion et des ordres militaires de Saint-Maurice et de Saint-Lazare de Savoie, l'état présent de supplément d'armoiries et l'ordonnance donnée en conséquence le 26ᵉ de juin de l'année courante 1699, par Messieurs les commissaires généraux du Conseil à ce deputez, par laquelle il nous est enjoint de donner notre avis sur les armoiries qui peuvent être accordées ou supplées à chacune des personnes et autres dénomées dans ledit état et dans les conclusions de M. le procureur général de ladite commission au nombre de cinq, nous estimons que l'on peut leur régler et disposer en cette sorte lesdites armoiries ainsi qu'il ensuit, sçavoir :

80. — PITTOIS, Margueritte, veuve d'Antoine DOMINO, bourgeois :

De sinople, à deux moutons d'argent, posez en bande l'un sur l'autre.

Arrêt du 19 février 1700.

ÉTAT DES NOMS ET QUALITEZ

DES PERSONNES ET COMMUNAUTEZ DONT LES ARMOIRIES ONT ÉTÉ PORTÉES ES BUREAUX ÉTABLIS PAR Mᵉ ADRIEN VANIER, CHARGÉ DE L'EXÉCUTION DE L'ÉDIT DU MOIS DE NOVEMBRE 1696, LA RÉCEPTION DESQUELLES ARMOIRIES A ÉTÉ SURCISE PAR LES ÉTATS CY-APRÈS DATTEZ, PARCE QUE LE BLAZON EN EST SI MAL FIGURÉ OU EXPLIQUÉ QU'IL EST IMPOSSIBLE, DANS L'ÉTAT OU ELLES SONT, DE LES CONNOISTRE SUFFISAMENT POUR LES RECEVOIR ET ENREGISTRER A L'ARMORIAL GÉNÉRAL.

DIJON

SUIVANT L'ORDRE DU REGISTRE 1ᵉʳ.

De l'état du 3 janvier 1698.

Veu par nous, Charles d'Hozier, etc.

50. — DURAND, Joseph, avocat général au Parlement de Dijon :

D'or, à un aigle à deux testes, le vol abaissé, de sable, couronné de même ; écartelé de party d'azur et de gueules, et une fasce en devise d'or, brochant sur le party.

86. — PETIT, Pierre, conseiller du Roy, antien substitut de M. le procureur général du Parlement de Dijon :

D'azur, à une fasce en devise, haussée d'or, chargée de trois étoiles de gueules et accompagnée en chef de deux croissants d'argent, et en pointe d'un cerf couché d'or.

196. — Monin, Jean, conseiller du Roy, correcteur en sa Chambre des comptes de Bourgogne et Bresse :

D'argent, à un singe de sinople, assis sur une terrasse de sable et tenant une pomme de gueules.

312. — De Cléron-Saffre, Antoine-François, chevalier, seigneur de Meullié :

De gueules, à une croix d'argent, chargée de cinq allérions d'azur et cantonnée de quatre croisettes recroisettées d'argent.

SUIVANT L'ORDRE DU REGISTRE 2ᵉ.

De l'état du 14 mars 1698.

188. — Bichot, Anne, veuve de François de Baquare, écuyer :

D'argent, à trois molettes d'azur, posées deux et une, et un chef d'azur, chargé de trois fers à cheval d'argent.

Arrêt du 19 février 1700.

Signé : SENDRAS.

ÉTAT DES ARMOIRIES

DES PERSONNES ET COMMUNEAUTEZ CY-APRÈS DÉNOMMEZ ENVOYÉES AUX BUREAUX ESTABLIS PAR Mᵉ ADRIEN VANIER, CHARGÉ DE L'EXÉCUTION DE L'ÉDIT DU MOIS DE NOVEMBRE 1696, POUR ESTRE PRÉSENTÉES A NOSSEIGNEURS LES COMMISSAIRES GÉNÉRAUX DU CONSEIL, DÉPUTEZ PAR SA MAJESTÉ, PAR ARRESTS DES 4 DÉCEMBRE AUDIT AN ET 23 JANVIER 1697.

DIJON

SUIVANT L'ORDRE DU REGISTRE 3ᵉ.

103. — Sigault, Estienne, conseiller du Roy, contrôleur général des restes en la Chambre des comptes et finances de Bourgogne et Bresse :

D'azur, à une cigogne d'argent, surmontée en chef de deux étoiles d'or.

104. — Naraud, Paul, docteur en médecine à Dijon :

D'azur, à deux javelots d'or, passez en sautoir, les pointes en haut.

105, 106. — A expliquer plus amplement.

107. — Feu Jaquotot, Denis, avocat en Parlement, suivant la déclaration d'Andriette Guibaudet, sa veuve :

D'azur, à un chevron accompagné de trois étoilles de même, posées deux en chef et une en pointe.

108. — Cominet, Jean-Baptiste, avocat à la Cour :

D'azur, à un chat passant d'or, surmonté d'un cocq d'argent.

109. — Goujet du Val l'aisné, Pierre, avocat en Parlement :

De gueules, à un chevron d'argent, accompagné en chef de deux étoilles d'or, et en pointe d'une rose de même.

110. — La Fosse, Claude, notaire royal à Seurre :

D'azur, à deux faux d'argent, emmanchées d'or et passées en sautoir.

111. — De Fontrière, Claude-Marie, escuyer, seigneur de Fautrière :

D'argent, à un chevron d'azur, chargé de cinq coquilles d'or.

112. — De Faure, Catherine, femme de N..., comte d'Estraca :

D'argent, à un baston royal d'azur, posé en bande et enfillé dans trois couronnes d'or, accompagné en chef d'une étoille d'azur, et en pointe d'un aigle contourné de sable.

113. — Durand, Pierre, greffier des roolles des tailles à Issurtille :

D'azur, à un quatre de chiffre d'or, accompagné en chef d'un oyseau d'argent, acosté de deux étoilles d'or, et en pointe de la lettre capitale P. enfermée dans la lettre capitalle D. de mesme, acostée de deux quintefeuilles d'argent.

114. — Petit, Jean, maître apoticaire et officier de la bourgeoisie de Dijon :

D'azur, à un chevron d'or, accompagné de trois poullets de même, deux en chef et un en pointe.

115. — A expliquer plus amplement.

116. — Pigalleau, Antoine, maître bourgeois de la ville de Dijon :

D'azur, à une fasce d'or, chargée de trois noix de galle de gueules, et acompagnée en chef d'une pie d'argent, et en pointe d'une mer de même.

117. — Henriot, Jacques, lieutenant de bourgeois de la paroisse Saint-Jean de Dijon :

D'azur, à un chevron d'or, accompagné en chef de deux étoilles de même, et en pointe d'un soleil aussi d'or.

118. — A expliquer plus amplement.

119. — Trullard, Antoine, avocat à la Cour :
D'argent, à un chevron d'azur, accompagné de trois trèfles de sable, posez deux en chef et un en pointe.

120. — Jaquemin, Michel, procureur en la Chambre des comptes de Dijon :
D'azur, à un chevron d'or, accompagné en chef de deux roses d'argent, et en pointe d'un croissant de même.

121. — Cotherel, Claude-Baptiste, assesseur de la mairie d'Auxonne :
D'azur, à un chevron d'or, accompagné de trois *larnières* d'argent, deux en chef et une en pointe.

122. — Harbet, Denis, assesseur en la mairie de la ville d'Auxonne :
De sable, à un cerf passant d'argent.

123. — Dugué, Jean, chantre et chanoine de la Sainte-Chapelle du Roy à Dijon :
D'azur, à un cocq d'or, ayant le bec ouvert.

124. — Dugay, François, chanoine de la Sainte-Chapelle du Roy à Dijon :
D'azur, à un cocq d'or, ayant le bec ouvert.

125. — De la Douze, Jacques, bourgeois de la ville de Lion :
D'azur, à un lion d'or et un chef d'argent, chargé d'une croix pattée de sable.

126. — Trémolet, Jean-Baptiste, receveur au grenier à sel d'Auxonne :
D'azur, à une bande crénelée de sable, acostée de deux palmes adossées de sinople, posées aussy en bande.

127. — De Clinchamp, Pierre, capitaine au régiment de Navarre étant en garnison pour la garde de l'arsenal à Auxonne :
Ecartelé au premier et quatrième de gueules, au deuxième et troisième, échiqueté d'argent et d'azur, à une bordure d'argent, et une bande d'or brochante sur le tout.

128. — A expliquer plus amplement.

129. — Maillard, Pierre, controlleur de la Marine, résident à Auxonne :
D'or, à un écusson de gueules, chargé de quatre maillets d'or, posés deux et deux, et une bordure d'azur.

130. — Bretagne, François, bailly de Paigny :

D'azur, à une fasce ondée d'or, accompagnée en chef de trois grillets de même, et en pointe de trois croissans d'argent.

131. — De Requeleyne, Bénigne, bourgeois de la ville de Dijon :

D'azur, à une toison d'or, suspendue à une nuée d'argent.

132. — Pantoise, Bénigne, conseiller et notaire du Roy à Dijon :

D'azur, à un pont d'or massonné de sable, et une oye d'argent, posée en pointe.

133. — Feu Beaubois, Charles, avocat en la Cour, suivant la déclaration de Jeanne Buatier, sa veuve :

D'or, à un arbre de sinople, posé sur une terrasse de sable.

134. — Viennot, Jeanne, veuve de Benoist Noirot, bailly de Seurre, a présenté l'armoirie :

D'azur, à un chevron d'or, accompagné en chef de deux raisins de pourpre, et en pointe de trois estoilles d'or, posées en fasce, celle du millieu soutenue d'un croissant d'argent.

135. — Pernot, Jean-Baptiste, doyen de Saint-Jean de Dijon :

D'argent, à trois bandes de sable et un chef d'azur, chargé d'un aigle d'or, le vol étendu.

136. — Guéland, Jacques, avocat en la Cour :

D'azur, à un chevron d'or, accompagné en chef de deux étoilles de même, et en pointe d'un croissant d'argent.

137. — Bertheley, Claude, maître bourgeois de la ville de Seurre :

D'argent, à une colombe d'azur, tenant en son bec un rameau d'olivier de sinople, coupé d'azur, à un serpent d'or.

138. — Trulard, Claude, maître bourgeois de la ville de Seurre :

D'azur, à un chevron d'or, accompagné de trois trèfles de même, posés deux en chef et un en pointe.

139. — Noirot, Louis, procureur et greffier à Seurre :

D'argent, à un nom de JÉSUS d'or, et accompagné en chef de deux lettres capitalles L. et N. de mesme, et en pointe de deux étoiles aussy d'or.

140. — Maréchal, Jean-Baptiste, bourgeois de la ville de Seurre :

D'azur, à un chariot d'or, accompagné en chef de deux étoiles de même, et en pointe d'un croissant d'argent.

141. — TRULLARD, Jean, notaire et procureur à Seurre :

D'azur, à un chevron d'or, accompagné de trois trèfles de même, deux en chef et un en pointe.

142. — RICHARD, Jean, chanoine de Nostre-Dame de Beaune :

D'azur, à un chef d'or, chargé de trois tourteaux de gueules.

143. — GRUYER, Claude, bourgeois de la ville de Seurre :

D'azur, à une grue d'argent, le pied droit levé et tenant sa vigilance de gueules.

144. — GRUYER, François, notaire royal à Seurre :

De même.

145. — MALECHAT, Anatoile, notaire royal à Seurre :

D'azur, à un chat effrayé d'or.

146. — GOUJET, Guillaume, maître apoticaire à Seurre :

De gueules, à une colombe s'essorant d'argent et tenant en son bec un rameau d'olivier d'or.

147. — GOUJET, Pierre, maître apoticaire à Seurre :

De même.

148. — BERTHELAY, Jean, bourgeois de la ville de Seurre :

D'argent, à une colombe d'azur, tenant dans son bec un rameau d'olivier de sinople, coupé d'azur, à un serpent d'or.

149. — BERTHELAY, Bainjamin, avocat en la Cour :

D'azur, à une fasce d'or, accompagnée en chef d'un oiseau d'argent, et en pointe d'un serpent de même. partie de gueules, et trois croissans d'argent, posés deux et un.

150. — BERTHELAY, Pierre-Jacques, avocat en la Cour :

De même.

151. — PERRAUT, Louis, conseiller et procureur du Roy de la ville de Seurre :

D'azur, à une croix patriarchalle, le pied fiché dans trois anneaux d'or, parti de bandé d'or et d'azur.

152. — DE VICHI, Gilbert, comte de Chanron, et Madame DAMANZÉ, sa femme :

De vair, acolé de gueules, à trois coquilles d'or, posées deux et une.

154. — Feu CATHERINE, Jean-Baptiste, écuyer, suivant la déclaration de feu Bernarde MOUGIN, sa veuve :

D'azur, à trois roues de sainte Catherine d'or, posées deux et une.

GÉNÉRALITÉ DE BOURGOGNE

155. — Sonois, Félix, conseiller du Roy et maire perpétuel de la ville de Nuits :

De gueules, a une rivière d'argent dans laquelle nage une oye de même.

156. — Fourneret, Catherine, femme de Jean Baillot, conseiller du Roy, premier président en la Chambre des comptes de Dijon :

D'azur, à trois grapes de raisins d'or, deux en chef et une en pointe, et une croisette d'argent en cœur.

157. — Rousselot, Claude, conseiller du Roy, controlleur au grenier à sel de Seurre :

D'azur, à un chevron d'or, accompagné en chef de deux poissons d'argent nommez *rousses*, et en pointe d'un autre poisson de même nommé *lotte*.

158. — De Thiard, N., escuier, seigneur de Bragny :

D'or, à trois écrevisses de gueules, posées deux et une.

159. — Feu de Prat, N., écuier, seigneur de Bessey, suivant la déclaration de Philiberte de Dortan, sa veuve :

De gueules, à une fasce d'argent, accompagnée de trois annelets de même, deux en chef et un en pointe.

160, 161. — Falavier, Joseph, procureur au Parlement de Dijon, et Pierrette de Caron, sa femme :

D'argent, à un chevron de gueules, accompagné de trois roses de même, posées deux en chef et une en pointe ; accolé d'azur, à un chevron d'argent, accompagné de trois lozanges de même, posées deux en chef et un en pointe.

162. — Torion, Reyne, veuve d'Alexandre de la Loge, conseiller secrétaire du Roy :

D'azur, à un lion passant d'or, tenant un sautoir de même, coupé d'azur, à un chevron d'or, et trois treffles d'argent, posez en pointe, un et deux.

163. — Folie, Jacques, avocat en la Cour :

D'azur, à un chevron d'or, accompagné de trois étoiles d'argent, deux en chef et une en pointe.

164. — Feu Trulard, Antoine, bourgeois de la ville de Seurre, suivant la déclaration de Marie Perrot, sa veuve :

D'argent, à un chevron d'azur, accompagné de trois treffles de sable, posés deux en chef et un en pointe.

165. — Fromageot, François, marchand, bourgeois de la ville de Beaune :

D'azur, à un chevron d'or, adextré de trois fromages d'argent, posez un et deux, et senestré de deux barils de même, posez l'un sur l'autre.

166. — Milley, Philbert, bourgeois de la ville de Beaune :

D'azur, à deux épées émoussées d'argent, passées en sautoir, et une tige de millet d'or, posée en pointe, surmontée d'un croissant d'argent.

167. — De Jaucourt, Joachin, escuier, seigneur de Saint-Andeux :

De sable, à deux lions léopardez passans d'or.

168. — Feu Bernier, Pierre, avocat au Parlement, suivant la déclaration de Marie Héliot, sa veuve :

D'azur, à une bande d'or, chargée de trois croix pattées de gueules, et accompagnée en chef d'un pigeon d'argent, entouré de trois étoiles de même, et en pointe d'un lis d'argent, tigé et feuillé de sinople.

169. — Prévost de la Croix, Claude, écuier, receveur général du taillon en Bourgogne :

D'argent, à trois hures de sanglier de sable, éclairées et deffendues d'argent, et posées deux et une.

170. — Laurent, Jean, juge et garde de la monnoye à Dijon :

D'argent, à deux roses de gueulles, posées en chef, et un croissant de même en pointe, et un chef d'azur, chargé d'un soleil d'or.

171. — Normant, Jean, avocat en Parlement :

D'azur, à un chevron d'or, accompagné de trois molettes de même, deux en chef et une en pointe.

172. — Feu Cochet, Charles, escuyer, suivant la déclaration de Bernard Bourrée, sa veuve :

D'argent, à un coq d'azur, le pied droit levé.

173. — Bricard, Lazare, notaire et procureur au baillage de Saint-Jean-de-Laône :

D'azur, à un chevron d'or, et une tête de more d'argent, bandée de sable, posée en pointe.

174. — Jacquemin, Bénigne, procureur en la Chambre des comptes de Dijon :

D'azur, à un chevron d'or, accompagné en chef de deux roses d'argent, et en pointe d'un croissant de même.

175. — Poullet, Jean-Baptiste, avocat en la Cour :

D'azur, à une fasce dentelée d'or, accompagnée en chef de trois lozanges de même, et en pointe d'un coq aussy d'or, soutenu d'un croissant de même.

176. — De Vienne, Louis, chevalier, seigneur de Caumarin, chevalier d'honneur au Parlement de Bourgogne :

De gueulles, à un aigle d'or, le vol étendu.

177. — Cortelet, Claude-Thérèse, veuve de Claude Malpoix, conseiller du Roy, trésorier de France à Dijon :

D'argent, à un chevron de gueules, accompagné en chef de deux cœurs d'azur, et en pointe d'un croissant de même, surmonté d'un cœur de gueules.

178. — De Comeau, Bénigne, prieur de Saint-Jacques d'Arnay-le-Duc et de Saint-Sauveur :

D'azur, à une fasce d'or, accompagnée de trois comettes de même, posées deux en chef et une en pointe.

179. — Brunet, Catherine, veuve de N. Brunet, conseiller du Roy, lieutenant général en la chancelerie de Beaune :

Écartelé au premier et quatrième d'argent, à une teste de more de sable, tortillée d'argent ; au deuxième et troisième de sinople, à quatre cors de chasse d'or, enguichez et virollez d'argent, posez un, deux et un, et une tête de more de sable, tortillée d'argent, posée en abîme.

180. — D'Autecloche, François, conseiller du Roy, controlleur au grenier à sel d'Auxonne et Chambre de Mirebeau :

D'argent, à une cloche de sable.

181. — Héliot, Pierre-Daniel, seigneur en partie de Salive :

D'azur, à trois lis d'argent au naturel, posez deux et un.

182. — Gallois, Olimpe-Joseph, veuve de N. Bretagne, conseiller du Roy, trésorier de France à Dijon, a présenté l'armoirie :

D'or, à un aigle de sable, le vol étendu, et un chef d'azur, chargé de deux étoiles d'or.

183, 184. — De Choiseuil, François, seigneur de Chevigny, élu de la noblesse de Bourgogne, et Paule de la Rivière, sa femme :

D'azur, à une croix d'or, cantonnée de dix-huit billettes de même, posées deux et une à chaque canton du chef, et deux et deux à chaque canton de la pointe ; acollé de sable, à une bande d'argent.

185. — Guyton, Philbert, commis au greffe du Parlement de Besançon :

D'azur, à un chevron d'or, accompagné de trois casques d'argent, posez deux en chef et un en pointe.

186. — Canablin, Barthélemy, prestre à Dijon :

D'azur, à un chef d'argent, chargé de trois merlettes de sable.

187. — Drouot, Nicolas, écuyer :

D'argent, à une bande bastillée de sable, accompagnée de deux lions de gueules, posez un en chef et un en pointe.

188. — Roche, Michel, conseiller du Roy, trésorier, receveur général des gages des officiers du Parlement de Bourgogne :

D'azur, à un rocher d'argent, et trois étoiles d'or, posées en chef.

189. — Nicolas, Jean, avocat à la Cour :

D'argent, à un œillet de gueules, enfermé dans un triangle vuidé de sable, et accompagné de trois étoiles d'azur, posées deux en chef et une en pointe.

190. — Pellet, François, inspecteur pour le Roy des manufactures des provinces de Bourgogne et Bresse :

D'or, à une colombe d'azur, tenant dans son bec un rameau d'olivier de sinople, et un chef de sable, chargé de deux estoilles d'or.

191. — Jachia, Bernard, chanoine de la Sainte-Chapelle du Roy à Dijon :

D'azur, à une colombe d'argent, tenant en son bec un rameau d'olivier de sinople.

192. — Compoint, Nicolas, avocat en Parlement, secrétaire de l'intendance de Bourgogne :

D'argent, à un aigle de sable posé en chef, et un lion de gueules posé en pointe.

193. — A expliquer plus amplement.

194, 195. — De Saint-Belin, Joseph-François, seigneur de Fontaine, et Renée de Colombet-Gissey, sa femme :

D'azur, à trois têtes de mouton d'argent, acornées d'or, posées deux et une ; accolé de gueules, à un sautoir d'or, accompagné de quatre coquilles de même.

196, 197. — Feu de Temare, Charles, écuyer, suivant la déclaration d'Hélène de Villers-la-Faye, sa veuve :

Chevronné d'or et d'azur ; accolé de gueules, à une fasce d'or.

198. — De Champeaux, Jean, écuyer, seigneur de Vandexme :

D'argent, à une bande de sable, chargée de trois besans d'argent, et accompagnée de deux croix pattées de gueules, posées une en chef et une en pointe.

199. — Villemot, Benoist, ancien notaire royal à Seurre :

De gueules, à une ville d'argent, posée sur une terrasse de sinople ; party d'azur, à un chevron d'or, accompagné en chef de deux étoiles d'argent, et en pointe d'un croissant de même, coupé d'argent, à un tronc d'arbre de gueules.

200. — Chazot, Jean, notaire royal à Saulx-le-Duc :

D'azur, à un chat d'argent, rongeant un os de même.

201. — Legrand, Jean, prieur d'Espoisses et de Trichateau :

Vairé d'or et de gueules.

GÉNÉRALITÉ DE BOURGOGNE

202. — Bizouard fille, Claude-Marie :

D'azur, à deux chevrons d'or, posés en chef, et un lion de même en pointe.

203. — Bizouard, Pierre, écuier :

De même.

204. — De Mongeot, Jean-Joseph, écuyer, seigneur et prieur de Frouchaut :

D'azur, à trois glands d'or, posés deux et un, et une coquille d'argent, posée en chef.

205. — Le Blin, François, capitaine au régiment d'Anjou :

De sinople, à deux béliers d'argent, posez deux en chef rampans, et un en pointe paissant.

206. — Cochon, Nicolas, avocat en Parlement, ancien juge de Nollay, baillage de Beaune :

De sinople, à trois porcs-épics d'or, posez deux et un.

207. — De Roger, Edme-Bernard, de Saint-Micaud, escuyer, seigneur de Luzigny :

D'azur, à un lion d'or.

208. — Chevallier, Michel-Bataille, seigneur de Mondelot :

D'argent, à trois flammes de gueules, mouvantes en pal de la pointe de l'écu.

209. — Michon, Claude, avocat en Parlement :

D'azur, à un chevron d'argent, accompagné en chef de deux étoiles de même, et en pointe d'un monde aussy d'argent.

210. — Guillardet, Jean, enseigne du Jeu de l'Arquebuse de Dijon :

D'argent, à trois treffles de sable, posez deux et un.

211. — Marc, Nicolas, prestre à Dijon :

D'azur, à un lion en pointe, couché d'argent, tenant sous sa patte dextre un marc d'or, et regardant un soleil de même, mouvant de l'angle dextre du chef.

212. — Bedey, Pierre, avocat à la Cour :

D'azur, à une rencontre de bœuf d'or, couronné de fleurs au naturel, les cornes passées dans la couronne.

213. — Deslandes, Barbe, fille majeure :

D'azur, à un chevron d'or, accompagné en chef de deux estoilles d'argent, et en pointe d'une coquille de même.

214. — Manier, Huguette, veuve de Jean Bernard, maître bourgeois de la ville de Dijon, a présenté l'armoirie :

D'azur, à un chiffre d'or, composé des lettres M. et B., et un chef de gueules, chargé de trois étoiles d'argent.

215. — De Cronambourg, Elisabeth, femme d'Estienne Le Blin, ancien conseiller du Roy, maître ordinaire en la Chambre des comptes de Dijon :

D'argent, à deux fasces bretessées de sable.

216. — De Vandenesse, Gaspard, maître apoticaire à Dijon :

D'or, à quatre pals de gueules, et un chevron d'argent, brochant sur le tout, et un chef d'or, chargé d'un aigle de sable, le vol estendu.

217. — Baudot, Estiennette, femme de François Baudot, conseiller du Roy, ancien maître des comptes et vicomte majeur de la ville de Dijon :

D'azur, à une étoille d'or en chef, et trois poissons d'argent, posés en fasce l'un sur l'autre, celuy du milieu contourné.

218. — Vallot, Anne-Marie, femme de Pierre Joly, conseiller secrétaire du Roy, vétéran en la Chambre des comptes de Dijon :

D'azur, à un rocher d'or, soutenu de deux palmes de même, passées en sautoir.

219. — A expliquer plus amplement.

220. — Clamenel, Jean, conseiller, médecin du Roy à Dijon :

D'azur, à un demi-vol d'or.

221. — Clerguet, Bénigne, femme de Pierre-Antoine Cottin, escuyer, conseiller secrétaire du Roy, audiencier en la chancellerie près le Parlement de Dijon :

D'argent, à trois fusées de sable en fasce, posées en pal.

222. — Puylata, Catherine, femme de Pierre Cottin, escuyer, conseiller secrétaire du Roy, controlleur en la chancellerie près le Parlement de Dijon :

D'azur, à un phénix d'or, posé sur un bûcher d'argent, ardent de gueulles, et un chef d'argent, chargé de deux têtes de more de sable, posées de profil.

223. — Boillot, Jacques, ancien conseiller du Roy, receveur des consignations au baillage de Beaune :

De gueules, à un massacre de cerf d'or, parti d'azur, à un sabre d'argent, la poignée d'or, posée en pal.

GÉNÉRALITÉ DE BOURGOGNE

224. — DE DORTAN, François-Guillaume, escuyer :

De gueulles, à une fasce d'argent, accompagnée de trois annelets de même, posez deux en chef et un en pointe.

225. — A expliquer plus amplement.

226. — DU REY, Pierre, notaire royal à Nollay :

D'azur, à une maison d'or, mouvante du flanc dextre de l'écu, et un *duc* de mesme contourné, posé sur une branche d'argent et regardant une estoille de mesme, posée à l'angle dextre du chef.

227. — GEVREAU, Pierre, notaire royal à Nollay :

D'azur, à trois estoilles d'argent, posées deux en chef et une en pointe.

228. — BLANCHETON, Pierre, écuyer, chanoine de l'église collégialle de Nostre-Dame de Beaune :

D'azur, à un lion d'or, rampant sur un épy de bled d'argent.

229. — GAUTEROT, Catherine, femme de Philbert LAURENCHET, écuyer, conseiller secrétaire du Roy en la chancellerye près le Parlement de Dijon, lieutenant en la chancellerie du baillage de Beaune :

D'argent, à une croix potensée de gueulles, accompagnée de quatre croisettes potencées de même.

230. — A expliquer plus amplement.

231. — VIENNOT, Louis, avocat à la Cour :

De gueulles, à un lion d'or, et un chef d'argent, chargé d'un soleil de gueulles, acosté de deux grapes de raisin de sable.

232. — A expliquer plus amplement.

233. — DE BELLEVONNE, Suzanne, femme d'Isaïe GRAVIER, écuier, seigneur de Saint-Vincent, trésorier de France à Dijon :

De gueulles, à une gerbe d'avoine d'or.

234, 235, 236. — A expliquer plus amplement.

237. — BOUVARD, Margueritte, femme de Jean-Baptiste NICOLLE, écuier, conseiller du Roy, notaire perpétuel d'Arnay-le-Duc :

D'azur, à un arc bandé et garni de sa flèche, le tout d'or.

238. — Feu POUFFIER, Claude, conseiller du Roy, maître en la Chambre des comptes de Dijon, suivant la déclaration de Judic JOLY, sa femme :

De gueules, à un pot à deux anses d'or, remply de fleurs d'argent.

239. — D'Espingle, Guillaume, escuier, seigneur de Varange :
D'argent, à une bande d'azur, chargée de trois coquilles d'or.

240. — Du Bois, Térèse, femme d'Isaac Turel, écuyer, conseiller du Roy, trésorier général de France de Bourgogne et Bresse :
D'or, à une fasce de gueules, accompagnée en chef de trois arbres de sinople, et en pointe d'une coquille de sable.

241. — A expliquer plus amplement.

242. — Bureteur, Anne, femme de Joseph-François de Roqueleyne, trésorier de France en Bourgogne et Bresse :
D'azur, à un chevron d'or, accompagné de trois flèches de même, posées deux en chef et une en pointe.

243. — A expliquer plus amplement.

244. — Gauvin, Anne, femme de Jean-Baptiste de Lamare, escuier, conseiller du Roy, lieutenant général criminel au baillage de Beaune :
D'azur, à une tige de pois d'argent, fruittée de trois cosses de même et mouvante d'un croissant en pointe, et deux estoilles de même posées en chef.

245, 246. — A expliquer plus amplement.

247. — Legoux, Anne-Colombe, femme de Michel Bataille, escuyer, seigneur de Naudelot :
D'argent, à une tête de maure de sable, tortillée d'argent et accompagnée de trois étoilles à six rais d'azur, posées deux en chef et une en pointe.

248, 249, 250. — A expliquer plus amplement.

251. — De Frassan, Michel, femme de Simon Gayet, conseiller vétéran au Parlement de Dijon :
D'argent, à un cerf passant de gueules.

252. — Vaillant, Bénigne, veuve de Louis Nicolas, conseiller du Roy et son avocat au Parlement de Dijon :
D'azur, à un chevron d'or, accompagné de trois tourterelles de même, deux en chef et une en pointe.

253, 254. — Lantin, Jacques, escuyer, cy-devant capitaine de dragons, et Guillemette Denapt, sa femme :
D'azur, à un serpent d'argent, tortillé en pal, issant de gueules, et un chef d'or; accolé de gueules, à un chevron d'or, accompagné en chef de deux étoilles de même, et en pointe d'une canette d'argent.

255. — A expliquer plus amplement.

256. — SAGET, Jeanne, femme de Jean-Bernard TURREL, ancien conseiller du Roy, correcteur en la Chambre des comptes de Bourgogne :

De gueulles, à un faiceau de flèches d'argent.

257. — PONSART, Philiberte, femme de Jean QUARRÉ, ancien conseiller du Roy, maistre des comptes à Dijon :

D'azur, à un cerf au naturel, passant sur un pont de trois arches d'argent.

258. — FILLOTTE, Jacques, écuier :

D'azur, à une licorne passante d'argent, la queue passée entre les jambes et retroussée sur le dos, accompagnée de trois grillets d'or, posez deux en chef et un en pointe.

259. — A expliquer plus amplement.

260. — DE COMBUERT, Jean, avocat en Parlement :

D'argent, à une fasce de sable, accompagnée de trois treffles de sinople, posés deux en chef et un en pointe.

261. — GUELOT, Philippe, procureur au Parlement de Bourgogne :

D'azur, à trois croissans d'argent, ardens de gueules, et posez deux et un.

262. — BLANCHETON, Françoise, femme de N. DE ROQUELOYNE, conseiller au Parlement de Bourgogne, commissaire aux requestes du Palais :

D'azur, à un lion d'or, rampant sur un épy de bled d'argent.

263. — CANABELIN, Philiberte, veuve de N. MOREAU, conseiller du Roy, trésorier de France en Bourgogne :

D'azur, à un chef d'argent, chargé de trois merlettes de sable.

264. — A expliquer plus amplement.

265. — SÉGOILLET, Jean, procureur fiscal de la baronnie de Conches :

D'azur, à une fasce ondée d'argent, et accompagnée de trois grelots d'or, posez deux en chef et un en pointe, celuy-cy soutenu d'un croissant d'argent.

266. — SIREDY, Anne, femme d'André FLUTELOT, conseiller au Parlement de Dijon :

D'azur, à une licorne rampante d'argent, et surmontée d'un croissant de même.

267. — Rajot, Claire, femme de Jacques Barbier, écuyer, seigneur d'Entre-Deux-Monts, Conqueur et Bourbonne :

D'azur, à un cocq d'or, le pied droit levé, et un chef de gueules, chargé de trois étoilles d'or.

268. — Dagonneau de Sachau, Catherine, femme de Jean-Baptiste Burteur, conseiller au Parlement de Dijon :

D'azur, à un chevron brisé d'or, accompagné de trois roses de même, posées deux en chef et une en pointe.

269. — Rielle, Honorée-Marie, femme d'Etienne Pérard, conseiller au Parlement et commissaire aux requêtes du Palais à Dijon :

D'azur, à un lion d'or, surmonté d'un soleil de même.

270, 271. — A expliquer plus amplement.

272. — Guillaume, Bénigne, femme de N. Doprel, escuier, avocat au Parlement de Dijon :

De gueules, à une croix haussée d'argent, acostée de deux palmes de même.

273. — De la Ramisse, Caterine, femme de César Jurain, conseiller du Roy, audiencier en sa Chambre des comptes de Bourgogne et Bresse :

D'azur, à un pigeon vollant d'argent, bequé et onglé de gueulles, tenant en son bec un rameau d'ollivier simple (de sinople ?).

274. — A expliquer plus amplement.

275. — Rey, Pierre-Estienne, procureur au Parlement de Dijon :

D'argent, à un chesne de sinople, parti d'or, à un aigle de sable, le vol étendu.

276. — A expliquer plus amplement.

277. — Domino, Rose, femme de Jean-Baptiste Delamare, écuier, lieutenant de Messieurs les maréchaux de France au baillage de Beaune :

D'argent, à une tête de more de sable, tortillée d'or et nouée d'un ruban de gueules.

278, 279. — A expliquer plus amplement.

280. — Barolles, Louis, procureur au baillage de Beaune :

D'argent, à trois barils d'azur, deux en chef et un en pointe.

281. — Fourneret, Nicolle, femme d'Anselme Desbarres, écuyer :

D'azur, à une croix d'argent, bordée de sable, accompagnée de trois grappes de raisin d'or, posées deux en chef et une en pointe mise au canton dextre.

282. — Desbarres, Françoise, femme de Claude Le Belin, conseiller du Roy, maitre ordinaire en la Chambre des comptes à Dijon :

D'azur, à une fasce d'or, chargée d'une étoille de gueulles et accompagnée de trois croissants d'argent, deux en chef et un en pointe.

283. — A expliquer plus amplement.

284. — Nyaud, Jacques, procureur au Parlement de Bourgogne :

D'argent, à un chesne de sinople, posé sur une terrasse de même, acosté de deux lis au naturel et surmonté d'un oiseau aussi au naturel, faisant son nid sur le sommier de cet arbre.

285. — Mouchevair, Claude, bourgeois de la ville de Dijon :

D'azur, à trois mouches d'or, posées deux et une, et un chef de gueulles, chargé de deux étoilles d'argent.

286. — Mielle, Claude, procureur au Parlement de Dijon :

D'argent, semé d'abeilles de sable, et une ruche de même.

287, 288, 289, 290. — A expliquer plus amplement.

291. — Colin, Jean, procureur au Parlement de Dijon :

D'azur, à un coq d'or, senestré d'un lis d'argent, tigé et feuillé de sinople, et un croissant d'argent, posé à la pointe de l'écu.

292. — Mugnier, Pierre, procureur au Parlement de Dijon :

De sinople, à un cocq d'or, couronné de trois étoiles d'argent et soutenu d'un croissant de même.

293, 294. — A expliquer plus amplement.

295. — Guy de Roqueleyne, Marie, femme de Jean Jamin puisné, conseiller au Parlement de Dijon :

D'azur, semé de gouttes de pluie d'argent, à une toison d'or, suspendue par une chaisne d'argent à une nuée de mesme, et deux étoiles d'or, posées en chef.

296. — A expliquer plus amplement.

297. — Perrin, Nicolas, procureur au Parlement de Dijon :

D'argent, à un chevron d'azur, accompagné de trois œillets de gueules, tigez et feuillez de sinople, posez deux en chef et un en pointe.

298. — Parigot, Pierre, conseiller du Roy et son avocat au baillage et chastellenye de Nuits :

D'azur, à une tige de pois d'argent, mouvante d'un croissant de même, et deux étoiles d'or, posées en chef.

299, 300. — A expliquer plus amplement.

301. — LESCHENAULT, Claude, procureur au Parlement de Dijon :
D'argent, à deux chesnes de sinople, coupé d'azur, à une tour d'argent.

302. — MOREAU, Vivand, procureur au baillage de Beaune :
D'azur, à un chien tigré au naturel, rongeant un os d'or qu'il tient par un bout dans ses deux pattes de devant.

303. — RÉMOND, Anne-Louise, femme de Jean-Baptiste BOUCHIN, conseiller et vétéran au Parlement de Dijon :
De gueules, à trois roses d'argent, posées deux et une ; écartelé d'or, à un aigle de sable, le vol abaissé.

304. — THOREAU, Prosper, procureur au Parlement de Dijon :
De gueules, à un taureau passant d'argent, et un chef d'or, chargé de trois treffles de sable.

305. — BONNIARD, Pierre, procureur au Parlement de Dijon :
D'azur, à un mouton d'argent, paissant sur une terrasse de sinople, et trois étoilles d'argent, posées en chef.

306. — CARRELET, Margueritte, femme de François CŒURDEROY, conseiller du Roy, maître ordinaire en la Chambre des comptes de Dijon :
D'or, à un lion de sable, lampassé et armé de gueules, et un chef d'azur, chargé de trois lozanges d'or.

307. — CUGNOIS, André, procureur au Parlement de Dijon :
D'argent, à trois noix de sinople, posées deux et une.

308. — CHAMBIN, Bernard, procureur au Parlement de Dijon :
D'azur, à un chevron d'argent, accompagné en chef de deux lions affrontez d'or, et en pointe d'un croissant d'argent, surmonté d'une étoille d'or.

309. — LE MULIER, Charles, sieur de Beauvais, conseiller du Roy, président au présidial de Semur-en-Auxois :
D'azur, à un casque d'or, posé de front, soutenu par deux cigognes affrontées de même.

310. — RAPIN, Bernard, médecin de S. A. S. Monsieur le prince :
D'azur, à un sapin d'or, à trois étoiles de même, rangées en chef.

311. — A expliquer plus amplement.

312. — GRIGNET, Jeanne-Pierrette, femme de Melchior COUCHET.

écuyer, conseiller du Roy, trésorier de France au bureau des finances de la généralité de Bourgogne et Bresse :

De gueules, à un léopard d'or, rampant sur une palme de même, posé sur une montagne d'argent.

313. — REGNAULT, Françoise, femme de François DAVID puisné, conseiller du Roy, trésorier de France au bureau des finances de Bourgogne et Bresse :

De gueules, à une bande d'or, accompagnée en chef d'un lion naissant d'argent, couronné et lampassé de gueules, et en pointe de six quintefeuilles d'or, posées trois, deux et une.

314. — GUICHARDET, René, procureur au Parlement de Dijon :

D'azur, à un chevron d'or, sommé d'une plaine (*) de gueules et accompagné de trois pommes de pin de sinople, deux en chef et une en pointe.

315. — GALLOCHE, Guillaume, avocat au Parlement de Dijon :

D'azur, à trois fasces d'or.

316. — A expliquer plus amplement.

317. — JOLY, François, procureur au Parlement de Dijon :

D'azur, à trois lis d'argent, tigés et feuillez de même, les tiges mouvantes d'une *seule* aussy d'argent, et deux étoilles de même, posées en chef.

318. — A expliquer plus amplement.

319. — JOLY, Anne, femme de Julien CLOPIN, écuyer, conseiller du Roy au Parlement de Bourgogne, commissaire aux requestes du Palais :

D'azur, à un léopard d'or, armé de gueules.

320 jusques et compris 326. — A expliquer plus amplement.

327. — LAURIER, N., avocat en Parlement :

D'azur, à un chicot d'or, posé en fasce, surmonté d'un lis d'argent, accosté de deux étoiles de même et soutenu d'un aigle d'or, posé en pointe.

328. — CARNOT, Gaspard, notaire royal à Nollay :

D'azur, à un chevron d'or, accompagné de trois canettes d'argent, posées deux en chef et une en pointe.

329. — BOILLOT, Claude, procureur et notaire au baillage de Beaune :

D'azur, à un chicot d'or, posé en fasce, surmonté d'un lis d'argent en chef, accosté de deux étoilles de même, et un aigle éployé d'or, posé en pointe.

(*) Palme.

330. — A expliquer plus amplement.

331. — Regnault, Charlotte-Catherine, de Saint-Quentin :

De sable, à un lion d'or, lampassé et armé de gueules, et un chef d'azur, chargé de trois demy-vols d'or.

332. — A expliquer plus amplement.

333. — De Lucenay, Louis, procureur au Parlement de Dijon :

D'azur, à un coq d'argent, cretté, bequé, barbé et membré de gueules.

334, 335. — A expliquer plus amplement.

336. — Le Loup, Jean, conseiller et notaire du Roy à Dijon :

D'azur, à un loup passant d'or, surmonté de trois étoilles de même, posées en chevron.

337. — A expliquer plus amplement.

338. — Viennot, Jean, procureur au Parlement de Dijon :

De gueules, à un lion d'or, et un chef d'argent, chargé d'un soleil de gueules, acosté de deux grappes de raisin de sable.

339. — Duset, Michel, prestre, chanoine de la Sainte-Chapelle du Roy à Dijon :

D'or, à un chesne arraché de sinople, party d'azur, à une harpe d'or, cordée de sable.

340. — Canablin, Marie, veuve de Louis Thésut, écuier, seigneur de Verrey, conseiller du Roy, trésorier de France au bureau des finances de Bourgogne :

D'azur, à un chef d'argent, chargé de trois merlettes de sable.

341. — A expliquer plus amplement.

342. — Forey, Dominique, conseiller du Roy, notaire royal à Dijon :

D'azur, à un cœur de flamme d'argent, percé de deux flèches d'or, passées en sautoir, et une foy d'argent, posée en pointe.

343. — A expliquer plus amplement.

344. — Thomas, Nicolas-Pierre, prieur de Combertault :

D'azur, à une fasce d'or, chargée d'une étoile de gueules et accompagnée en chef de deux quintefeuilles d'or, et en pointe d'un croissant d'argent.

345. — A expliquer plus amplement.

346. — Cavilloux, Jean, procureur au Parlement de Dijon :

D'azur, à deux têtes de bouc affrontées d'argent, acornées et barbées d'or, posées en chef, à une rencontre de bœuf d'argent, acorné d'or, posé en pointe.

347. — Du Fresneau, Roger, procureur au Parlement de Dijon :

D'or, à un fresne de sinople, mouvant de la pointe jusqu'au haut de l'écu.

348, 349. — A expliquer plus amplement.

350. — Bourrée, Denis, procureur et notaire à Beaune :

D'azur, à trois fagots d'or, posés en pal, deux en chef et un en pointe, celuy-cy soutenu d'un croissant d'argent.

351, 352, 353. — A expliquer plus amplement.

354. — Toussaint, Bénigne, procureur au Parlement de Dijon :

D'azur, à un olivier d'argent.

355. — Meney, Jean, procureur au Parlement de Dijon :

D'azur, à un chevron d'argent, accompagné en chef de deux étoiles de même, et en pointe d'une colombe aussy d'argent, tenant en son bec un rameau d'olivier d'or.

356. — Colin, Michel, écuyer :

D'azur, à trois colonnes d'or, posées en pal.

357, 358. — A expliquer plus amplement.

359. — Vennisy puisné, Philbert, procureur au Parlement de Dijon :

D'azur, à un colombier d'argent, aporté et ajouré de gueules, et sommé d'un pigeon d'or, acosté de deux oiseaux de même.

360. — Lejeune, Louis, procureur au Parlement de Dijon :

De gueules, à un petit enfant nud et debout d'argent, et un chef d'azur, chargé d'une étoile d'or.

361. — Venisy l'aisné, Jean, procureur au Parlement de Dijon :

D'azur, à un colombier d'argent dont la porte et la fenestre sont ajourez de sable, sur lequel est un pigeon d'or, acosté de deux étoiles de même.

362. — Denapt, Estienne, procureur au Parlement de Dijon :

De gueules, à un chevron d'or, accompagné en chef de deux étoiles de même, et en pointe d'une canette d'argent.

363. — Bataille, Margueritte, femme de Bernard de Royer de Saint-Estienne, écuier, seigneur de Luzigny :

D'argent, à trois flammes de gueules, mouvantes en pal de la pointe de l'écu.

364. — Madame Dubois, femme de Pierre Taissard, conseiller du Roy, trésorier général au bureau des finances de Bourg en Bresse :

D'azur, à un arbre d'or, posé en chef et acosté de deux petits arbres de même, à une coquille aussy d'or, posée en pointe.

365. — Maire, Georges, prestre, chanoine de la Sainte-Chapelle du Roy à Dijon :

D'azur, à un massacre de cerf d'or, soutenu par deux chiens bassets affrontez de même.

366. — Nicaise, Louis, prestre, chanoine de la Sainte-Chapelle du Roy à Dijon :

Ecartelé au premier et quatrième d'azur, à un chevron d'or, accompagné de trois étoiles de même, posées deux en chef et une en pointe ; au deuxième et troisième de gueules, à trois roses d'argent, posées deux et une.

367. — A expliquer plus amplement.

368. — Hemery, Catherine, femme de Bernard Vaudry, seigneur de Bagnust :

D'azur, à un chevron d'or.

369, 370. — A expliquer plus amplement.

371. — David, Margueritte, femme d'Esme Benoist, conseiller du Roy, auditeur en la Chambre des comptes de Dijon :

D'azur, à une harpe d'or.

372. — Lenet, Antoine, conseiller au Parlement de Dijon :

D'azur, à une fasce ondée d'argent, accompagnée de trois quintefeuilles d'or, posées deux en chef et une en pointe.

373. — Guenichol, Nicolas, sindic des Estats de Bourgogne :

D'or, à une croix de sable.

374. — Rollet, Charles, procureur au Parlement de Dijon :

D'azur, à un chevron d'argent, accompagné en chef de deux roses de même, et en pointe d'un cor de chasse aussi d'argent, lié de même.

375. — De Ville, Jean-Bernard, procureur au baillage et siége présidial de Dijon :

D'azur, à un chevron d'or, accompagné en chef de deux treffles de même, et en pointe d'un lion aussy d'or.

376. — A expliquer plus amplement.

377. — Amyot, Claude, procureur au Parlement de Dijon :

D'argent, à une foy au naturel, tenant un cœur de gueules, et un chef d'azur, chargé de trois étoilles d'or.

378. — Pordriset, Bernard, prestre, chanoine de l'église collégiale de Saint-Denis de Nuits :

D'azur, à une croix ancrée d'argent.

379. — La Croix, Estienne, procureur, soliciteur des causes du Roy au Parlement et Chambre des comptes de Dijon :

D'azur, à une croix nillée d'or, le pied fiché dans un cœur de même, soutenu par une foy d'argent.

380. — Rigollet, Bénigne, femme de Jean Quarré, conseiller au Parlement de Dijon :

D'azur, à un chevron d'or, accompagné en chef de deux étoilles de même, et en pointe d'une colombe aussi d'or.

381. — A expliquer plus amplement.

382. — Denizot, Guillaume, procureur au Parlement de Dijon :

D'azur, à un chevron d'or, accompagné en chef de deux quintefeuilles de même, et en pointe d'un croissant d'argent.

383. — Barbotte, Estienne, substitut et adjoint au baillage de Nuits :

D'azur, à un chevron rompu d'or, accompagné en chef de deux étoiles d'argent, et en pointe d'une rose tigée et feuillée de même.

384. — Chanut, Louise, femme de Charles Petitjean, conseiller secrétaire du Roy en la Chambre des comptes de Bourgogne et Bresse :

D'azur, à une bande d'argent, chargée d'un chat de gueules, couronné de même, et d'une étoile de pourpre au haut de la bande, et une étoile d'or, posée à l'angle sénestre du chef de l'écu.

385. — Cassolle, Pierre, procureur au Parlement de Dijon :

D'argent, à un œillet de gueules, tigé et feuillé de sinople, et d'un chef de gueules, chargé de trois croissans d'argent.

386. — Ravely, Claude, avocat au Parlement de Dijon :

D'azur, à trois raves d'or, posées deux et une.

387. — A expliquer plus amplement.

388. — NICAISE, Claude, ancien chanoine de la Sainte-Chapelle du Roy à Dijon :

D'azur, à un chevron d'or, accompagné de trois étoiles de même, posées deux en chef et une en pointe.

389. — A expliquer plus amplement.

390. — TABOUROT fille, Jeanne :

D'azur, à un chevron d'or, accompagné de trois tambours couchés de même, posés deux en chef et un en pointe, et un chef d'or, chargé d'un lion de sable, lampassé et armé de gueules.

391. — A expliquer plus amplement.

392. — THOISON, Guillaume, notaire royal à Dijon :

D'azur, à une toison d'or.

393. — A expliquer plus amplement.

394. — COUCHET, Madeleine, femme de Jean-Claude COMEAUX, escuyer, seigneur de Pondevaux :

D'or, à une croix ancrée de gueules, et un chef d'azur, chargé de trois étoiles d'or.

395. — BARDIN, Jeanne-Reine, femme de Claude THIERRY, conseiller secrétaire du Roy en la Chambre des comptes de Dijon :

D'argent, à un daim au naturel, passant sur une terrasse de sinople, et un chef d'azur, chargé de deux bars adossez d'or.

396. — A expliquer plus amplement.

397. — Feu JOLY, Estienne, conseiller du Roy, trésorier de France de la généralité de Bourgogne au bureau des finances d'icelle, suivant la déclaration de Huguette RAJAULT, sa veuve :

D'azur, à un léopard d'or, lampassé et armé de gueules.

398, 399. — A expliquer plus amplement.

400. — LAMBERT, Jacqueline, veuve de Jean ROBERT, conseiller du Roy, auditeur en la Chambre des comptes de Dijon :

D'azur, à un élan d'argent, et un chef d'or, chargé de deux étoiles.

GÉNÉRALITÉ DE BOURGOGNE

SUIVANT L'ORDRE DU REGISTRE 4°.

1. — TAPIN, Philberte, veuve de Claude BURGAT, conseiller du Roy, maître ordinaire en la Chambre des comptes de Dijon :

D'azur, à un chevron d'or, accompagné en chef de deux étoiles, et en pointe d'un pin, le tout d'or.

2, 3. — MONTEAU, Philippe, conseiller du Roy, lieutenant général en la généralité et siége présidial d'Autun, et Catherine MALPEY, sa femme :

De sinople, à un chef d'or, et un flambeau d'argent, allumé de gueules, brochant en pal sur le tout ; accolé d'azur, à un chevron d'or, accompagné en chef de deux étoiles d'argent, et en pointe d'une tige de pois d'or.

4. — BAZIN, Henry, chanoine de l'églize collégiale de Saint-Estienne de Dijon :

D'argent, à trois pommes de pin de sinople, deux en chef et une en pointe.

5, 6. — A expliquer plus amplement.

7. — BERGEROT, Philippe, prévost et chanoine de Saint-Estienne de Dijon :

D'azur, à une brebis paisante d'argent, et un chef d'or, chargé de trois étoiles de gueules.

8. — DE SAINT-MARS l'aisné, Nicolas, procureur au Parlement de Dijon :

D'azur, à un lion couché et aislé d'or.

9. — DE SAINT-MARS puisné, Antoine, procureur au Parlement de Dijon :

De même.

10. — PROVIN, Estienne, avocat à la Cour :

D'azur, à une fasce ondée d'or, accompagnée en chef de trois glands de même, et en pointe d'un rocher d'argent.

11, 12, 13, 14, 15, 16, 17, 18. — A expliquer plus amplement.

19. — DESLANDE, Jacques, prestre, chanoine en l'église collégialle de Saint-Jean-Baptiste de Dijon :

D'azur, à un chevron d'or, accompagné en chef de deux étoiles d'argent, et en pointe d'une coquille de même.

20. — A expliquer plus amplement.

21. — Canet, Pierrette, femme de Claude Le Belin, écuyer, conseiller secrétaire du Roy, maison, couronne de France, controlleur en la chancelerie près le Parlement de Dijon :

D'azur, à trois cannes d'argent, volantes en bande.

22. — Pinard, Louis, conseiller et notaire du Roy à Dijon :

D'azur, à une pie d'argent, perchée sur un arc bandé d'or.

23, 24. — A expliquer plus amplement.

25. — Frémiet, François, notaire royal à Messigny :

D'argent, à trois fourmis de sable, deux en chef et une en pointe.

26. — De la Barre, Pierrette-Françoise, femme de Blaise Monnet, lieutenant civil au baillage et chancelerie de Nuits :

D'azur, à une bande d'or.

27. — A expliquer plus amplement.

28. — Feu Joly, Pierre, conseiller du Roy, trésorier général de France, président au bureau des finances de la généralité de Bourgogne, suivant la déclaration de Nicolle Le Compasseur, sa veuve :

D'azur, à une tige de trois lis d'argent.

29. — A expliquer plus amplement.

30. — Seurrot, Anne-Claude, femme de Claude Le Baule, conseiller au Parlement, commissaire aux requestes du Palais de Dijon :

D'azur, à un mont d'or, chargé d'un fénix éployé de même, regardant un soleil d'or, posé en chef.

31. — A expliquer plus amplement.

32. — D'Argent, Pierre, procureur au Parlement de Dijon :

D'azur, à un géant contourné, armé de toutes pièces, et tenant de sa main sénestre un dard en bande, le tout d'argent.

33, 34, 35, 36. — A expliquer plus amplement.

37. — Champagne, François, prestre mépartiste (*) de Saint-Pierre de Beaune :

D'azur, à un chevron d'or, accompagné en chef de deux grapes de raisin d'argent, et en pointe d'un épy de bled de même.

(*) Ce mot se retrouve dans les anciens titres de la ville de Montbard pour indiquer un partage de revenus entre ecclésiastiques. (Ste Palaye, *Mépart.*)

38. — A expliquer plus amplement.

39. — Daubenton, Louis, procureur au Parlement de Dijon :
D'azur, à trois peignes d'or, posés deux et un.

40, 41, 42. — A expliquer plus amplement.

43. — Guyot, Pierre, procureur au Parlement de Dijon :
De sinople, à trois roses de guy d'argent, posées deux et une.

44, 45. — A expliquer plus amplement.

46. — Fleutelot, Pierre, écuier :
D'argent, à trois treffles de sinople, posez deux et un, et un chef de gueules, chargé d'un soleil d'or.

47, 48, 49, 50, 51. — A expliquer plus amplement.

52. — Barault, Antoine, notaire royal à Nollay :
D'azur, à un chevron d'or, accompagné en chef de deux étoiles d'argent, et en pointe d'une foy de même.

53, 54. — A expliquer plus amplement.

55. — Le Bret, Louis, notaire et procureur au baillage de Beaune :
D'azur, à une fasce d'or, accompagnée en chef d'une rose de même, accostée de deux étoiles d'argent, et en pointe d'un aigle s'essorant d'or.

56. — Mailly, Louise, femme de Clément Régnier de la Bussière, chevalier d'honneur, vétéran en la Chambre des comptes de Dijon :
D'azur, à trois roses d'argent, deux et une.

57, 58, 59, 60, 61, 62, 63. — A expliquer plus amplement.

64. — Tixerand, Oudin, notaire royal et procureur fiscal à Bligny-sur-Ouche :
De sable, à un chevron accompagné en chef de deux étoiles, et en pointe d'un croissant, le tout d'argent.

65, 66. — A expliquer plus amplement.

67. — Guibaudet, Guillemette, femme de Pierre Gevreau, conseiller du Roy, correcteur en sa Chambre des comptes de Dijon :
D'azur, à un chevron d'or, accompagné de trois étoiles d'argent, deux en chef et une en pointe.

68. — Breton, Jeanne, femme de Vivand Lambert, conseiller secrétaire du Roy au Parlement de Dijon :

D'azur, à une fasce de sinople, suportant en chef un coq de sable, sa patte droitte levée, crêté, bequé et onglé de gueules, et accompagnée en pointe d'un croissant d'azur.

69. — A expliquer plus amplement.

70. — Habigant, Louis, notaire royal à Issurtille :

D'azur, à un chevron d'or, accompagné en chef d'un casque d'argent mis à dextre, et de deux gantelets de même passés en sautoir à sénestre, et en pointe d'un corcelet aussy d'argent.

71. — A expliquer plus amplement.

72. — De Thorel, Elizabeth, femme de Jacques Berbis, ancien conseiller au Parlement de Dijon :

De gueules, à un sautoir d'or.

73, 74. — A expliquer plus amplement.

75. — Rigoloy, Françoise, femme de Jean Bernard, trésorier de France en la généralité de Bourgogne et Bresse :

D'azur, à un chevron accompagné en chef de deux étoiles, et en pointe d'une pie, le tout d'or.

76, 77. — Padoux, François, conseiller du Roy, président en la Chambre des comptes de Dijon, et Bernarde Fisjean, sa femme :

De gueules, à un chevron d'or, accompagné en chef de deux étoiles d'argent, et en pointe d'une roue d'or; accolé d'azur, à un chevron d'or, accompagné de trois étoiles de même, deux en chef et une en pointe, et un chef d'or, chargé de trois croizettes de gueules.

78. — David, Elisabeth, femme de Jean Fisjean de Mimaud, conseiller du Roy, antien doyen et trésorier des chartes de la Chambre des comptes de Dijon :

D'azur, à une fasce d'or, accompagnée de trois cors de chasse d'argent, virolez de sable et enguichez de même, deux en chef et un en pointe.

79. — Mille, Jean, greffier en chef aux requestes du Palais à Dijon :

D'azur, à un bœuf d'or, couronné de même, mis en pointe, et trois épis de bled aussi d'or, rangez en chef.

80, 81. — A expliquer plus amplement.

82. — Trouvé, Prudent, conseiller du Roy, commissaire aux saisies réelles des baillage et chancellerie de Dijon :

D'azur, à un chevron d'or, accompagné de trois trèfles d'argent, deux en chef et un en pointe.

83. — A expliquer plus amplement.

84. — RICHARD, Margueritte, femme de Jean-Bernard BLANOT, écuier, seigneur de Bernay et Champrenault :

D'azur, à trois sautoirs alaisez d'or, posez deux et un, et un en chef de même, chargé de trois tourteaux de gueules.

85. — Madame LEGRAND, femme de Bernard DE MASSET, chevalier, seigneur de Montmoyen, conseiller du Roy en ses conseils, président en la Chambre des comptes de Bourgogne et Bresse :

Vairé d'or et de gueules.

86. — A expliquer plus amplement.

87. — LE COMPASSEUR, Jeanne, femme de Jacques DE CHANRENAULT, conseiller du Roy, trésorier de France en la généralité de Bourgogne et Bresse :

D'azur, à trois compas d'or ouverts en chevron et posez deux et un, parti de coupé au premier d'or, à un crequier de gueules, et au deux d'azur, à trois barres d'or.

88. — A expliquer plus amplement.

89. — BOUDIER, Anne, femme de Louis PIERRE, conseiller secrétaire du Roy, trésorier de France en la généralité de Bourgogne et Bresse :

De gueules, à trois bandes d'or, coupé d'azur, à un chevron d'or, accompagné en pointe d'un guy de chesne renversé de même.

90. — RICHARD, Jeanne, femme de Pierre THOMAS, écuyer, conseiller du Roy, maître ordinaire en sa Chambre des comptes de Bourgogne et Bresse :

D'azur, à un chef de gueules, chargé de trois besans d'or.

91. — VILLOT, Andrée, femme de François HENRION, conseiller du Roy de France en la généralité de Bourgogne et Bresse :

D'azur, à un sautoir d'or, et un chef de même, chargé d'un cœur de gueules.

92. — DE REQUELAINE, Nicolas, femme de Gérard JACHIET, chevalier, conseiller du Roy en ses conseils, président en sa Chambre des comptes de Dijon :

D'azur, à deux béliers affrontés d'argent, sur une terrasse de sinople.

93. — A expliquer plus amplement.

94. — GAUDELET, Catherine, femme de Jean-Bernard FILSJEAN

DE PRESLE, conseiller du Roy, maître ordinaire en la Chambre des comptes de Bourgogne et Bresse :

D'azur, à un chevron d'or, surmonté d'une croix de même.

95, 96. — A expliquer plus amplement.

97. — LAMBERT, Henriette, femme de Pierre JOLY, conseiller secrétaire du Roy en la Chambre des comptes de Dijon :

D'azur, à un élan d'argent, passant sur une terrasse de sinople, et un cerf d'or, chargé de deux étoiles de gueules.

98. — LAURANCHET, Anne, femme de Nicolas MINARD, conseiller du Roy, auditeur en la Chambre des comptes de Dijon :

D'azur, à une fasce d'or, accompagnée en chef de trois molettes de même, en pointe d'un chat passant d'argent.

99. — CHESNE, Catherine, femme de Bernard CARRELET, conseiller du Roy, correcteur en la Chambre des comptes de Dijon :

D'argent, à un chesne de sinople, sur une terrasse de même, acosté de deux étoiles de gueules.

100. — MAGNIEN, Jean-Baptiste, procureur au Parlement de Dijon :

D'argent, à une barre d'azur, chargée de trois étoiles d'argent, et accompagnée de deux croix ancrées de gueules, une en chef et une en pointe.

101, 102, 103, 104. — A expliquer plus amplement.

105. — CHISSERET, Girard, notaire royal et procureur à Nuits :

D'azur, à trois têtes de femme de carnation, couronnées d'or et posées deux et une.

106. — ARCELOT, Antoine, conseiller du Roy, maître ordinaire en sa Chambre des comptes de Dijon :

D'azur, à un aigle s'essorant d'or, sur une terrasse d'argent, et un chef d'or, chargé de trois étoiles de gueules.

107. — LANGUET, Bernard, garde des munitions d'artillerie à Dijon :

De gueules, à un triangle vuidé d'or, chargé de trois molettes, une sur chaque angle.

108, 109. — A expliquer plus amplement.

110. — LENET, Caterine, femme de Jean-Baptiste GAGNE, conseiller, président en la Chambre des comptes de Dijon :

D'azur, à une fasce ondée d'argent, accompagnée de trois quintefeuilles d'or, deux en chef et une en pointe.

111. — De Clermont-Tonnerre, Marie-Madeleine-Pierrette-Françoise-Charlotte, femme de N. Le Compasseur de Courtiveron, conseiller du Roy, président au Parlement de Dijon :

De gueules, à deux clefs d'argent, passées en sautoir.

112. — Pelletier, Bénigne, veuve d'Antoine Vallot, conseiller du Roy, correcteur en la Chambre des comptes de Bourgogne, a présenté l'armoirie :

D'argent, à une rose de gueules, accompagnée de quatre mouchetures d'hermines de sable, cantonnées.

113. — A expliquer plus amplement.

114. — Cagnois, Margueritte, femme de Léonard-Bernard Joly, conseiller du Roy, correcteur en la Chambre des comptes de Bourgogne et Bresse :

D'azur, à une fasce d'or, accompagnée en chef de deux étoiles d'argent, et en pointe d'un croissant de même.

115. — A expliquer plus amplement.

116. — Martène, N., prestre familier en l'église parroissiale de Saint-Jean-de-Laone :

D'azur, à une épée d'argent en pal, la poignée d'or, accompagnée en chef de deux étoiles de même, et en pointe d'un croissant aussy d'or.

117. — Joly, Jean-François :

D'azur, à une tige de trois lis d'argent.

118. — Lantin, Jean-Baptiste, écuier :

D'azur, à un serpent d'argent en pal, et un chef d'or.

119. — Driollay, Anne, veuve de Louis de Pélissier, escuier, seigneur de Ternant, a présenté l'armoirie :

De gueules, à un chevron d'or, accompagné de trois étoiles d'argent, deux en chef et une en pointe.

120. — A expliquer plus amplement.

121. — Goujet, Claude, du Val-Aureat, à Seure :

De gueules, à un chevron d'argent, accompagné en chef de deux étoiles d'or, et en pointe d'une rose de même.

122. — A expliquer plus amplement.

123. — Vally, François-Joseph, avocat à la Cour :

D'azur, à une biche passante d'or.

124. — A expliquer plus amplement.

125. — Bourse, Henry, procureur au baillage et siége présidial de Dijon :

D'azur, à un chevron d'or, accompagné en chef de deux croissans d'argent, et, en pointe d'une bourse ouverte de même.

126. — Gélinotte, Antoine, procureur au baillage et siége présidial de Dijon :

D'azur, à une gelinotte d'or, et un chef de même, chargé de trois étoiles de gueules.

127. — Sigault, Antoine, conseiller du Roy, substitut du procureur général de Sa Majesté en la Chambre des comptes de Dijon :

D'azur, à une cigogne d'argent, posée en pointe, et deux étoiles d'or, posées en chef.

128. — Loison, Françoise, femme d'Estienne Sigault, conseiller du Roy, contrôleur général des restes en la Chambre des comptes et finances de Bourgogne et Bresse :

D'azur.

129. — A expliquer plus amplement.

130. — Former, Edme, procureur au Parlement de Dijon :

De gueules, à trois mains adextrées d'argent, posées deux et une.

131. — A expliquer plus amplement.

132. — Ligier, Antoine, procureur au Parlement de Dijon :

D'argent, à trois chesnes de sinople, posez en pal, deux et un.

133. — A expliquer plus amplement.

134. — Seurreau, Nicolas, femme de François-Benoist Millot, écuyer :

D'azur, à une montagne d'argent en pointe, surmontée d'un fénix éployé d'or, bruslé par un soleil de même, à l'angle droit du chef.

135. — A expliquer plus amplement.

136. — Garnier, Claude, prestre familier de l'église Saint-Jean-de-Laone :

D'azur, à un chevron d'or, surmonté d'un croissant d'argent, accosté de deux étoiles d'or, et une quintefeuille de même en pointe.

137. — A expliquer plus amplement.

138. — Du Vivier, Jacqueline, femme de Jean-Baptiste Mouchevère, conseiller du Roy, trésorier de France au bureau des finances de la généralité de Dijon :

D'azur, à une rivière d'argent, mouvante de la pointe, dans laquelle nagent trois cannes de sable, posées deux et une, celuy (?) surmontée d'une touffe de joncs de sinople, et un chef de gueules.

139. — Gautherot, Charlotte, femme de Pierre-Gaspard Gavinel, conseiller du Roy, lieutenant civil au baillage de Beaune :

D'argent, à une croix potencée de gueules, cantonnée de quatre croisettes aussy potencées de même.

140. — Salonnier du Pairon, Charles, conseiller du Roy, châtelain de la châtelenie royalle de Pontallier :

D'azur, à une salamandre d'or, dans un feu de gueules.

141. — De Sauzay, Anne, femme de Pierre Petit, écuyer, seigneur de Bressey :

D'or, à un chesne de sinople, englanté d'argent, le fust mouvant d'un croissant de gueules.

142. — Chottard, Marie, veuve de Claude Morlet, ancien conseiller du Roy, auditeur en la Chambre des comptes de Dijon :

De sable, à une salamandre d'or, dans un feu de gueules.

143. — A expliquer plus amplement.

144. — Simon, Margueritte, femme de Jean Sirop, conseiller du Roy, auditeur en la Chambre des comptes de Dijon :

D'azur, à une montagne de six monticules d'or, posés un, deux et trois.

145. — Papillon, Anne-Cristine, femme de N. Monin, conseiller du Roy, correcteur vétéran en la Chambre des comptes de Bourgogne :

De gueules, à un papillon miraillé d'argent.

146. — Laurent, Bénigne, conseiller du Roy, son procureur au grenier à sel et greffier de la chancellerie de Dijon :

De gueules, à une tête de carnation couronnée de lauriers de sinople.

147, 148. — A expliquer plus amplement.

149. — Petit, Denise, femme de François Thomas, conseiller du Roy au Parlement de Dijon :

D'azur, à un lion d'or, lampassé et armé de gueules.

150. — Le Belin, Bénigne, veuve d'Antoine Guiard, conseiller secrétaire du Roy, maison, couronne de France et de ses finances :

De sinople, à deux béliers affrontez d'argent en chef, à un autre de même, passant en pointe.

151. — Laguille, Marie, femme de Charles Turel, conseiller du Roy, correcteur en la Chambre des comptes de Dijon :

De gueules, à un lion passant (deux ?) et deux étoiles d'argent en chef.

152. — Nicolas, Anne, femme de Denis Mairetet, conseiller du Roy, secrétaire au Parlement de Bourgogne :

D'argent, à un coq de gueules, tenant en son bec un las d'amour d'azur.

153, 154. — A expliquer plus amplement.

155. — Gevreau, Anice, femme d'Antoine Vauthier, conseiller du Roy, secrétaire au Parlement de Paris :

D'azur, à un lion d'or, surmonté d'un double soucy de même.

156. — Le Compasseur, Bénigne, chanoine de Saint-Etienne de Dijon et prieur, curé de Tard-le-Haut, Echisey et dépendances :

D'azur, à trois compas ouverts d'or, posez [deux et un].

157, 158. — A expliquer plus amplement.

159. — Poressot, Marie-Thérèse, femme d'Abraham Caillet, conseiller du Roy, auditeur en la Chambre des comptes de Dijon :

De gueules, à un chevron d'or, accompagné en chef de deux étoiles de même, et en pointe d'une salamandre dans des flammes, le tout au naturel.

160. — A expliquer plus amplement.

161. — Vallot, Cristine, femme de N. Chapotot, conseiller du Roy, maître ordinaire en la Chambre des comptes de Dijon :

D'azur, à deux flammes d'or, passées en sautoir, surmontées d'un roc d'échiquier de même.

162, 163, 164. — A expliquer plus amplement.

165. — Quillot, Claude, prestre en l'église paroissialle de Saint-Pierre de Dijon :

De sable, à trois quilles d'or, posées en pal, deux et une.

166. — Midan, Ursulle, femme de Philippe Loison, receveur des Etats au baillage de Dijon :

D'azur, à un chevron d'or, accompagné en pointe d'un croissant de même, et un chef d'argent, chargé de deux roses de gueules.

167. — HENRIOT, Claude, femme de Bernard DE LA MONOYE, conseiller du Roy, correcteur en la Chambre des comptes de Dijon :

D'azur, à une sphère d'or.

168. — HEMERY, Marie-Louise, femme de Jean MONCHEVEIRE, conseiller du Roy, son avocat au bureau des finances de la généralité de Dijon :

D'azur, à un griffon d'or, et un chef d'argent, chargé de trois merlettes de sable.

169. — BOUNNARD, Marie-Madeleine, femme de Louis RAVINET, conseiller du Roy, correcteur en sa Chambre des comptes de Dijon :

De gueules, à un lion d'or, à un chef d'azur, chargé de trois pommes de pin d'or.

170. — WILLEMAIN, Bénigne, femme de Nicolas DROUOT, escuier :

D'azur, à une fasce d'argent, crénelée de deux pièces, et deux demies massonnées de sable, et accompagnée de trois merlettes d'or, deux en chef et une en pointe.

171. — LE COQ, Anne, femme de Bénigne DE MACHECOT, conseiller au Parlement de Dijon :

D'azur, à trois cocqs d'or, posés deux et un.

172. — A expliquer plus amplement.

173. — JANON, Humberte, veuve de Lévy-Pierre DE MALOT, seigneur du Bousquet, lieutenant de Roy des ville et château d'Auxonne, maistre d'hostel ordinaire de Sa Majesté :

De gueules, à trois quintefeuilles d'argent, posées deux et une.

174. — DU BOUSQUET, Jeanne, fille majeure :

Écartelé au premier et quatrième d'or, à un sauvage de sable, tenant de sa main dextre une massue de gueules; parti de gueules, à quatre étoiles d'argent confrontées en sautoir; au deuxième et troisième de gueules, à trois quintefeuilles d'argent, posées deux et une.

175, 176. — A expliquer plus amplement.

177. — JOLY, Marie, femme de Bertrand DAVID, conseiller secrétaire du Roy au Parlement de Dijon :

D'azur, à une tige de trois lis d'argent.

178. — MOLIN, Marie, femme de Bernard MORLET, conseiller du Roy, auditeur en sa Chambre des comptes de Dijon :

D'azur, à trois étoiles de sable, posées deux et une, et une coquille d'azur en abime.

179. — A expliquer plus amplement.

180. — Rouget, Jean, procureur au Parlement de Dijon :

D'azur, à un chevron d'or, accompagné en chef de deux étoiles d'argent, et en pointe d'un rouget courbé en dauphin de même.

181. — Lantin, Claude, conseiller au Parlement de Dijon :

D'azur, à un serpent d'argent en pal, et un chef d'or.

182. — A expliquer plus amplement.

183. — Regnaudot, Jacques, procureur au Parlement de Dijon :

D'azur, à une fasce d'or, accompagnée de deux étoiles d'argent en chef, et d'un croissant de même en pointe.

184. — Regnault, Pierre, conseiller du Roy, controlleur des fortifications en Bourgogne et Bresse :

D'azur, à un lion aislé d'or, lampassé et armé de gueules.

185. — Morlet, Jeanne-Marie, femme de Nicolas Joly, conseiller du Roy, correcteur en la Chambre des comptes de Dijon :

D'or, à une bande de gueules, accompagnée de deux meures de sinople, posées une en chef et une en pointe.

186. — A expliquer plus amplement.

187. — Maleschard, Jean-Baptiste, avocat et prévost de l'Abergement-le-Duc :

D'azur, à un chariot d'or, accompagné en chef de deux étoiles de même, et en pointe d'un croissant d'argent.

188. — A expliquer plus amplement.

189. — Cattin, Philiberte, femme de Claude Espiard de la Cour, conseiller au Parlement de Dijon :

D'azur, à un casque d'argent, et un chef de même, chargé de trois merlettes de sable.

190. — Ramaille, Bénigne, prestre familier en l'église paroissialle de Saint-Jean-de-Laone :

D'argent, à un aigle éployé de sable, soutenu de deux branches d'arbre de sinople, passées en sautoir.

191. — Berthelay, Claude, avocat :

D'argent, à une fasce d'or, accompagnée en chef d'une colombe d'argent, et en pointe d'un serpent de même.

192, 193, 194, 195, 196. — A expliquer plus amplement.

197. — Maleschard, Jean-Baptiste, avocat en la Cour et juge prévost de l'Abergement-le-Duc :

Cet article n'est ici employé que pour mémoire, attendu qu'il est employé et expliqué cy-devant article 187 du présent état.

198. — Gavinet, Claude, notaire royal et greffier de la chastelenie royale de Pommard et Volnay :

D'azur, à un chevron d'or, accompagné de trois étoiles de même, deux en chef et une en pointe.

199, 200, 201. — A expliquer plus amplement.

202. — Roger, Jean, procureur au Parlement de Dijon :

De gueules, à un chevron renversé d'or, et un cor de chasse d'argent en pointe, suspendu au chevron par un lien de même.

203. — Petit, Jean, veuve de Claude Vitier, écuier, conseiller secrétaire du Roy, vétéran en la chancelerie près le Parlement de Dijon :

D'azur, à un lion d'or, lampassé et armé de gueules.

204. — A expliquer plus amplement.

205. — De Fiquelmont, Jeanne-Elisabeth, femme d'Antoine-François de Saffre, chevalier, seigneur de Clairon :

D'or, à trois pals de gueules, aiguisez vers la pointe et retraits vers le chef, surmontés d'un loup de sable, passant en chef.

206, 207. — A expliquer plus amplement.

208, 209. — Baudinot du Breuil, Claude-Palamède, conseiller d'honneur au Parlement de Dijon, et Marie Macheco, sa femme :

De gueules, à trois fasces d'or, surmontées de trois croissans d'argent, rangez en chef ; accolé d'azur, à un chevron d'or, accompagné de trois têtes de perdrix arrachées de même, deux en chef et une en pointe.

210. — Revirard, Edme, procureur fiscal du marquisat de Chaussin :

D'azur, à une roue d'or, accompagnée en chef de deux étoiles d'argent, et en pointe d'un croissant aussy d'argent.

211, 212, 213. — A expliquer plus amplement.

214. — Lenet, Jean, chanoine en l'églize collégiale de Saint-Etienne de Dijon :

D'azur, à une fasce ondée d'argent, accompagnée de trois quintefeuilles d'or, deux en chef et une en pointe.

215. — Gruet, Gaspard, docteur en médecine à Seurre :

D'azur, à une grue d'argent, tenant dans sa patte dextre sa vigilance de gueules.

216, 217, 218. — A expliquer plus amplement.

219. — Clerc, Jacques, notaire royal à Saint-Bonnet :

D'azur, à un chevron d'or, accompagné en chef de deux étoiles d'argent, et en pointe d'un croissant de même.

220, 221, 222. — A expliquer plus amplement.

223. — De Requelaine, Jean-Baptiste, prestre, chanoine en l'église de Saint-Jean de Dijon :

D'azur, à deux moutons affrontez d'argent, soutenuz d'un croissant de même, et un chef d'or, chargé de trois étoiles de gueules.

224. — A expliquer plus amplement.

225. — Gurard fils, Charles, escuyer :

D'azur, à une croix dentelée et alaizée d'or, accompagnée de trois étoilles de même, une à chaque flanc et une en pointe.

226. — Taissand, Pierre, prestre, chanoine en l'église collégialle de Saint-Jean de Dijon :

D'azur, à un chevron accompagné en chef de deux étoiles, et en pointe d'une mouche, le tout d'or.

227. — Bonamour, Jean-Baptiste-François, prestre mépartiste de Saint-Philibert de Dijon :

D'azur, à une croix d'argent, les extrémités terminées en cœur de même, en flammes de gueules, le pied fiché dans un cœur d'or, enflammé de gueules, et accompagné de deux autres cœurs d'or enflammés aussy de gueules, posés aux deux cantons du chef.

228, 229, 230. — A expliquer plus amplement.

231. — Feu Gaudelet, Jacques, conseiller du Roy, correcteur en la Chambre des comptes de Dijon, suivant la déclaration de Catherine Morelet, sa veuve :

D'azur, à un chevron d'or, surmonté d'une croisette de même.

232 jusques et compris 238. — A expliquer plus amplement.

239. — Roile, Pierre-Antoine, seigneur de Motassin, avocat en Parlement :

De gueules, à une ancre d'or, et un chef d'azur, chargé d'une étoile d'argent.

240. — Garnier, Jean, chanoine du chapitre de Saulieu :

D'azur, à un lion d'or, lampassé et armé de gueules, et une fasce de mesme, brochante sur le tout.

241, 242. — A expliquer plus amplement.

243. — GAILLARD, Caterine, femme de Jean BERBIS, conseiller du Roy, chevalier d'honneur en sa Chambre des comptes de Bourgogne et Bresse :

D'azur, à deux sabres d'argent, les poignées d'or, passés en sautoir.

244, 245. — A expliquer plus amplement.

246. — ARCELOT, Caterine, femme de Jean CANABLIN, conseiller du Roy, maître ordinaire en sa Chambre des comptes de Dijon :

D'azur, à un aigle s'essorant d'or, sur une terrasse d'argent, et un chef de gueules, chargé de trois étoilles d'argent.

247. — MINARD, Barbe, femme de Pierre SEUGNOT, seigneur de Chambeuf, conseiller du Roy, son avocat général en la Chambre des comptes de Dijon :

D'argent, à un pont de trois arches de gueules, accompagné de six mouchetures d'hermines de sable, trois en chef et trois soubs chaque arche.

248. — Feu FEBVRET, Jaque, conseiller au Parlement de Dijon, suivant la déclaration de Denise PETIT, sa veuve :

Écartelé au premier et quatrième d'azur, à trois bandes d'or ; au deuxième et troisième d'argent, à une hure de sanglier de sable, les deffenses de gueules.

249, 250, 251. — A expliquer plus amplement.

252, 253. — MERLE, Antoine-Bernard, conseiller du Roy, receveur des consignations du Parlement de Dijon, et Philiberte MOLIN, sa veuve :

D'argent, à un chevron de gueules, accompagné de trois merlettes de sable, deux en chef et une en pointe ; accolé d'azur, à trois étoiles d'or, posées deux et une, et une coquille d'argent en cœur.

254, 255. — A expliquer plus amplement.

256. — CORTOT, Anne, femme d'Antoine FINET, conseiller du Roy, auditeur en sa Chambre des comptes de Bourgogne et Bresse :

D'or, à une croix pattée d'azur, le pied fiché dans un cœur de gueules.

257. — CORTET, Bernarde, femme de Léon HEMERY, conseiller du Roy, auditeur en sa Chambre des comptes de Dijon :

D'azur, à un chevron d'or, accompagné en chef de deux étoiles d'argent, et en pointe d'un émerillon d'or.

258. — MINARD, Antoine, chanoine théologal en l'église collégiale de Saint-Lazare d'Avallon :

D'argent, à un pont de trois arches de gueules, massonnées de sable, et accompagné de six mouchetures d'hermines de même, rangées en chef, et trois en pointe, posées une fois (*) chàque arche.

259. — MINARD, Estienne, chanoine de l'église collégiale Notre-Dame d'Avallon :

De même.

260. — DE LA VAIVRE, Françoise-Bernarde, femme de Jaque LANGUET, écuyer, seigneur de Couchey, conseiller du Roy, trésorier de France, vétéran au bureau des finances de la Généralité de Bourgogne :

De gueules, à une bande d'argent, chargée d'un ours passant de sable, et un chef d'or.

261. — A expliquer plus amplement.

262. — MAIRE, Marie, veuve de Pierre TAPIN, seigneur de Périgny, conseiller au Parlement de Dijon, commissaire aux requêtes du Palais, a présenté l'armoirie :

D'azur, à un chevron accompagné en chef de deux étoiles, et en pointe d'un pin, le tout d'or.

263. — DAMPNICOLAS, Pierre, notaire royal à Maxilly :

D'azur, à un D. et un P. entrelassez d'or.

264. — A expliquer plus amplement.

265. — HUMBERT, Odette, femme de Prudent TABOURET, écuyer, seigneur de Véronnes :

D'azur, à deux lions affrontés d'or, n'ayant qu'une tête à eux deux.

266. — A expliquer plus amplement.

267. — LUCOT, Jean, conseiller du Roy, substitut du procureur général de Sa Majesté en la Chambre des comptes de Dijon :

D'azur, à une fasce d'or, soutenant un coq de même, et accompagnée en pointe d'un croissant d'argent.

268, 269. — Feu MARTIN, Antoine, conseiller du Roy, auditeur en la Chambre des comptes de Dijon, suivant la déclaration de Michelle LUCOT, sa veuve :

D'azur, à un chevron d'argent, accompagné de trois alerions d'or, deux en chef et un en pointe, et un chef de même, chargé d'un lion de sable, lampassé et armé de

(*) Sous.

gueules ; accolé d'azur, à une fasce d'or, soutenant un coq de même, et accompagnée en pointe d'un croissant d'argent.

270, 271, 272, 273, 274. — A expliquer plus amplement.

275. — La Botte, Nicolas, avocat à la Cour :

D'azur, à une tourelle d'argent, sommée d'une flamme de gueules, accostée de deux étoiles d'or et soutenue d'un croissant de même.

276. — Durand, Anne, femme de Jean Leauté, écuyer, conseiller secrétaire du Roy, maison et couronne de France, controlleur en la chancellerie de Bourgogne :

D'azur, à un aigle s'essorant d'argent, sur un rocher de même, mouvant de la pointe et regardant un soleil d'or, mouvant de l'angle dextre du chef.

277. — Feu Héliot, Charles, conseiller du Roy, auditeur en la Chambre des comptes de Dijon, suivant la déclaration de Jeanne Chavansol, sa veuve :

De gueules, à un soleil d'or.

278. — A expliquer plus amplement.

279. — Brenot, Michelle, femme de Noël Tardy, greffier en chef au bureau des finances de Bourgogne et Bresse :

D'azur, à un chevron d'or, accompagné en chef de deux besans d'argent, et en pointe d'une quintefeuille de même.

281, 282. — Jornot, Margueritte-Françoise, femme de Julle-César Cottin, écuyer :

D'azur, à un navire équipé d'argent, surmonté en chef à dextre d'un soleil, et à sénestre d'une étoile, le tout d'or.

283. — Sillebon, Elisabeth, femme de Jean Tassinet, conseiller secrétaire du Roy au Parlement de Dijon :

D'azur, à trois roses doubles d'argent, posées deux et une.

284. — A expliquer plus amplement.

285. — Barbuot, N., conseiller du Roy, substitut du procureur général de Sa Majesté au Parlement de Dijon :

De sinople, à trois épis de bled d'or, et une fasce d'azur, brochante sur le tout, chargée d'un poisson d'argent appelé *barbeau*.

286. — De la Loge, Ursulle, veuve de Claude de Villers-La-Faye, chevalier, comte du Rousset, a présenté l'armoirie :

D'azur, à un ours d'or, surmonté de huit pommes de pin de même, rangées en chef.

287. — Perriquet, Claude, contrôleur des taxes des dépens et procureur au baillage de Dijon :

D'argent, à un perroquet de sinople.

288. — A expliquer plus amplement.

289. — Girard, Anne-Sébastienne, femme de Vincent Chifflot, conseiller du Roy, maître ordinaire en sa Chambre des comptes de Dijon :

Gironné d'or et d'azur, à un chef d'azur, chargé d'un lambel de trois pendans d'or.

290, 291, 292, 293. — A expliquer plus amplement.

294. — Lambelin, Georges, notaire royal à Nuits :

D'azur, à un lambel de trois pendans d'or.

295. — Sousselier, Jean, notaire royal et greffier au baillage de Nuits :

D'azur, à trois coquilles d'argent, posées deux et une, et un soucy d'or en cœur.

296, 297, 298. — A expliquer plus amplement.

299. — Maillard, Estienne, marchand au Faibillot :

D'azur, à une croix d'or, le pied fiché dans un cœur d'argent, enflammé de gueules, le tout entouré d'une couronne d'épines d'or et de gueules.

300. — A expliquer plus amplement.

301. — Same, Jeanne, femme d'Edme-Bernard Filsjean, conseiller du Roy, maître ordinaire en sa Chambre des comptes de Dijon, seigneur de Sainte-Colombe :

D'azur, à une bande d'argent, chargée de trois sangsues de gueules.

302. — Michéa, Jeanne, femme de Pierre Gautier, conseiller du Roy, auditeur en sa Chambre des comptes de Dijon :

D'azur, à une tige de trois roses d'argent, mouvante d'un cœur de même, mis en abîme.

303. — Malgras, Suzanne, femme de Philippe de Requeleyne, conseiller du Roy, auditeur en sa Chambre des comptes de Dijon :

D'azur, à une ancre de sable, et deux oiseaux de gueules, volans en chef.

304. — A expliquer plus amplement.

305. — Bichet-Morel, Jean-Baptiste :

D'argent, à deux sabres de gueules, passés en sautoir et accompagnés de trois têtes de maure de sable, tortillées d'argent, posées une en chef et deux en flancs.

306. — Jamin, Renée-Ursulle, veuve d'Antoine Arviset, écuyer :

De gueules, à un chevron d'or, accompagné en chef de deux larmes d'argent, et en pointe d'une étoile de même.

307. — Goujon, Jeanne, veuve de Jaque Carrelet, conseiller du Roy, correcteur en la Chambre des comptes de Dijon, a présenté l'armoirie :

D'azur, à un lion et un chef d'argent, chargé de trois lozanges de gueules.

308, 309, 310. — A expliquer plus amplement.

311. — Duprey, Antoine-Gloton, conseiller du Roy, lieutenant de la maréchaussée générale de Bourgogne :

De sinople, à trois chevrons d'or.

312 jusques et compris 320. — A expliquer plus amplement.

321. — Chapotot, Louise, femme de Guillaume Burgat, conseiller secrétaire du Roy au Parlement de Dijon :

Fascé d'or et de gueules de six pièces, et un chef d'argent, chargé d'un treffle de sinople.

322. — De Frazans, Philiberte, veuve de Pierre Fournier, conseiller au Parlement de Dijon, a présenté l'armoirie :

D'or, à un cerf passant de gueules.

323, 324, 325, 326, 327. — A expliquer plus amplement.

328. — Coquet, Geneviève, veuve de Bénigne-Bernard de Frazans, écuier :

D'argent, à deux grands C. adossés de gueules, et un chef d'azur, chargé de quatre étoiles d'or.

329. — Martène, Jeanne, femme de Pierre de la Verne, écuyer :

D'azur, à une épée haute d'argent, la garde, la poignée et le pommeau d'or, mouvante d'un croissant d'argent en pointe, et accompagnée en chef de deux étoiles d'or.

330, 331, 332. — A expliquer plus amplement.

333. — Richard, Marie-Théodorine, veuve de Nicolas Richard, conseiller du Roy, maître ordinaire en la Chambre des comptes de Dijon :

D'azur, à un chef d'or, chargé de trois tourteaux de gueules.

334, 335, 336. — A expliquer plus amplement.

337. — DE PONTOUX-LOPPIN, Charlotte, femme de Jean-Baptiste SURMAIN, conseiller du Roy, receveur des impositions au baillage d'Auxonne :

De gueules, à une croix ancrée d'or.

338 jusques et compris 344. — A expliquer plus amplement.

345. — DURAND, Pierre, prêtre mépartiste de Notre-Dame de Dijon :

D'azur, à un cœur d'argent, percé de trois coudées d'or et surmonté d'une couronne d'épine de même.

346. — LEGOIX, Bénigne, prestre, chanoine de la Chapelle-aux-Riches et mépartiste à Nostre-Dame de Dijon :

De sinople, à une ruche d'or.

347. — QUILLARDET, Jacque, prestre, chanoine de la Chapelle-aux-Riches et mépartiste à Nostre-Dame de Dijon :

D'azur, à trois treffles d'or, deux et une.

348. — MILLOT, Claude, prêtre mépartiste de Saint-Pierre de Dijon :

D'azur, à un épis de millet d'or, passé en sautoir et acosté à dextre d'un C. et à sénestre d'un M. de même.

349. — A expliquer plus amplement.

350. — BOURRÉE, Jacque, prestre, chanoine de l'église de Notre-Dame de Dijon :

D'azur, à trois gerbes de bled d'or, deux et une.

351. — MAILLARD, Jean, prêtre, chanoine en l'église de Notre-Dame de Dijon :

D'azur, à un chevron d'or, accompagné en chef de deux coquilles d'argent, et en pointe d'un croissant de même.

352. — CHAROLOIS, Philbert, prêtre mépartiste en l'église Notre-Dame de Dijon et directeur des dames Sainte-Marie :

D'azur, à un nom de JÉSUS MARIA d'or.

353. — ROUHIER, François, prestre, chanoine en l'église Notre-Dame de Dijon :

D'azur, à deux roues d'or, rangées en fasce, surmontées d'un monde de même.

354. — De la Rue, François, conseiller du Roy, contrôleur général ancien des fortifications de Bourgogne et Bresse :

D'azur, à un chevron accompagné en chef de deux croix ancrées, et en pointe d'une tête de léopard, le tout d'or.

355. — De la Rue, Claude, prestre mépartiste en l'église Notre-Dame de Dijon :

De même.

356, 357. — A expliquer plus amplement.

358. — Sousselier, Jean, prestre, chapelain de Chambolle :

D'azur, à un bouquet de trois soucis d'or, tigez de sinople et liez d'un ruban d'argent.

359. — A expliquer plus amplement.

360. — Maillard, Jean-Baptiste, prêtre mépartiste en l'église Notre-Dame de Dijon :

D'azur, à une couronne d'épines d'or, autour de laquelle est écrit cette devise en caractères de même : *Domine pars mea*.

361. — Verdelet, Jean-Baptiste, notaire royal et procureur au baillage d'Auxonne :

D'argent, à deux poireaux de sinople, passez en sautoir.

362. — A expliquer plus amplement.

363. — Popelard, Jean-François, prêtre mépartiste en l'église Notre-Dame de Dijon :

D'azur, à une croix haussée et alaisée d'argent, accostée de deux anges de même qui la soutiennent.

364, 365, 366, 367. — A expliquer plus amplement.

368. — Niquet, Hector, avocat en Parlement :

D'azur, à un agneau d'argent, accompagné de cinq abeilles d'or, trois en chef et deux en pointe.

369. — Baudenet, Nicolas, prestre mépartiste en l'église de Saint-Michel de Dijon :

D'azur, à un chevron d'or, accompagné en chef de deux étoiles d'argent, et en pointe d'un croissant de même.

370 jusques et compris 379. — A expliquer plus amplement.

380. — Malfin, Jean-Bénigne, prestre mépartiste en l'églize Saint-Michel de Dijon :

D'azur, à une malle d'or, et un chef de même, chargé d'une croisette d'argent, accosté de deux étoiles d'or.

381. — GAST, Jean, prestre mépartiste en l'église de Saint-Michel de Dijon :

D'azur, à trois bandes de gueules, parti d'azur, à un lion d'or, regardant une étoile d'argent, mouvante de l'angle dextre du chef.

382, 383, 384, 385. — A expliquer plus amplement.

386. — GODARD, Collombe, femme de Jean DE SERREY, écuyer, conseiller secrétaire du Roy, maison, couronne de France en la Généralité de Bourgogne :

D'azur, à une épée d'argent, posée en bande la pointe en bas, accompagnée en chef d'une fleur de lis de même, et en pointe d'un gland d'or, tigé et feuillé de deux pièces de même.

387. — A expliquer plus amplement.

388. — BERNOT, Jean, prestre mépartiste en l'église paroissiale de Saint-Michel de Dijon :

D'azur, à trois roses d'or, posées une et deux, et accompagnées en chef de deux étoiles d'argent, et en pointe d'un croissant de même.

389. — A expliquer plus amplement.

390. — RICHARD, Pierre, écuyer, seigneur de Grandmont :

D'azur, à un chef d'or, chargé de trois tourteaux de gueules.

391. — BOITEUX, Estienne-Claude, conseiller et procureur du Roy au baillage d'Auxonne :

D'azur, à un chevron d'or, accompagné de trois lozanges de même, deux en chef et un en pointe.

392. — MILLETON, Pierre, avocat en Parlement :

D'azur, à un chevron d'or, accompagné en chef de deux pigeons d'argent, et en pointe d'une rose de même.

393. — PITOIS, Catherine, femme de Philippe BÉRARDIER, conseiller du Roy, lieutenant particulier au baillage de Beaune :

D'azur, à trois louis d'or, posés deux et un.

394, 395. — A expliquer plus amplement.

396. — LE CLERC, Marie, femme de Claude-Silvestre DE LA FOREST, conseiller du Roy, maître des eaux et forests de Semur-en-Auxois, a présenté l'armoirie :

D'or, à un chesne arraché de sinople.

397. — Berthon, Françoise, femme de Joseph Durand, conseiller du Roy et son avocat général au Parlement de Dijon :

D'argent, à un arbre de sinople, accosté de deux lions rampans et affrontez de sable, lampassez et armez de gueules.

398, 399, 400. — A expliquer plus amplement.

SUIVANT L'ORDRE DU REGISTRE 5e.

1. — Michel, Claude, docteur en médecine à Pontailler :

D'azur, à une fasce d'or, chargée de trois bandes de gueules, et accompagnée en chef de trois étoiles d'or mal ordonnées, et en pointe de trois croissans d'argent.

2, 3, 4, 5. — A expliquer plus amplement.

6. — Coulombel, Jacques, procureur au baillage et siége présidial de Dijon :

D'azur, à trois colombes d'argent, deux en chef et une en pointe.

7, 8, 9, 10, 11, 12. — A expliquer plus amplement.

13. — De la Marre, Anne, veuve de Claude de Souvert, conseiller du Roy, président à mortier au Parlement de Dijon, a présenté l'armoirie :

D'argent, à un aigle s'essorant de sable, et un chef d'or.

14. — Manin, Zacarie-Michel, docteur de Sorbonne et trésorier de Saint-Estienne de Dijon :

D'azur, à un chevron d'or, accompagné en chef de deux molettes de même, et en pointe d'une quintefeuille d'argent.

15, 16, 17, 18, 19. — A expliquer plus amplement.

20. — Galoche, Philippe, chanoine de la Sainte-Chapelle de Dijon :

D'azur, à trois fasces d'or.

21. — Petit, Pierre, écuyer :

D'azur, à un lion d'or.

22. — A expliquer plus amplement.

23. — Collinet, Jean-Germain, directeur des carosses de Bourgogne :

D'azur, à deux montagnes de sable, jointes par le pied, et surmontées d'un coq de gueules, et un chef d'azur, chargé d'une étoile? d'argent à dextre, et d'un croissant de même à sénestre.

24, 25, 26, 27, 28, 29, 30. — A expliquer plus amplement.

31. — Guiton, Claude, docteur en médecine à Nantes :

D'azur, à deux chevrons d'or, accompagnés de trois casques grillés de travers de même, deux en chef et un en pointe.

32, 33, 34. — A expliquer plus amplement.

35. — Rey, Louise, veuve de Théodore Monginot, écuyer, a présenté l'armoirie :

De gueules, à un chevron d'or, accompagné en chef de deux cailloux d'argent, et en pointe d'un lion d'or, et un chef d'azur, chargé d'une cloche d'or, accosté de deux trèfles d'argent.

36. — A expliquer plus amplement.

37. — Feu Martinot, Pierre, conseiller du Roy, correcteur en la Chambre des comptes de Dijon, suivant la déclaration de Jeanne Jacquinot, sa veuve :

D'azur, à une fasce d'or, accompagnée de trois martinets de même, deux en chef et un en pointe.

38, 39. — A expliquer plus amplement.

40. — Feu Bouillet, Crétien, conseiller du Roy, maître ordinaire en sa Chambre des comptes à Dijon, suivant la déclaration de Guillemette Guelot, sa veuve :

Ecartelé au premier et quatrième d'azur, à un chevron d'or, accompagné de trois besans d'argent, deux en chef et un en pointe, les deux du chef surmontés chacun d'une étoile d'or, et celuy de la pointe d'un croissant d'argent; au deuxième et troisième de gueules, à une fasce d'argent, chargée d'une fleur de lis de sable, et accompagnée de trois têtes de léopards d'or, deux en chef et une en pointe.

41, 42. — A expliquer plus amplement.

43. — Goton, Marie, veuve de Jean-Baptiste Lantin, seigneur de Planche, conseiller au Parlement de Dijon :

De sinople, à trois chevrons d'or.

44, 45. — A expliquer plus amplement.

46. — Darthault, Charles, avocat en Parlement :

D'azur, à une fasce d'or, accompagnée en chef de deux étoiles d'argent, en pointe d'un cœur de même, et de trois quintefeuilles d'or, posées une en chef et deux en pointe.

47. — Papillon, Guiette, veuve de Théodore Tabouret, escuyer :

D'azur, à un chevron d'or, chargé de deux lions affrontez de sable et accompagné en chef de deux hures de sanglier d'or, et en pointe d'un papillon miraillé d'argent.

48. — Vorreville, Charles, notaire royal à Mâlain :
D'azur, à trois œillets au naturel, mouvans d'un pot d'argent.

49, 50. — A expliquer plus amplement.

51. — Brunel, Françoise, veuve de Philbert de la Mare, écuyer, châtelain royal de Pommard et Volnay :
Ecartelé au premier et quatrième d'or, à une levrette de gueules, accolée d'argent, et une bordure crénelée de sable ; au deuxième et troisième d'argent, à une tête de more de sable, tortillée d'argent.

52. — Sirot, Jacques-Bernard, conseiller du Roy, contrôleur des mareschaussées de Bourgogne :
D'azur, à un pélican dans son aire, avec sa piété, et accompagné de trois petits, le tout d'argent.

53, 54. — A expliquer plus amplement.

55. — D'Aubenton, Marie-Charlotte, veuve de Nicolas-Lazarre Morizot, conseiller du Roy au Parlement de Bourgogne, commissaire aux requestes du Palais, a présenté l'armoirie :
D'argent, à trois meures de sable, deux en chef et l'autre en pointe, à une quintefeuille de gueules en cœur.

56, 57, 58. — A expliquer plus amplement.

59. — Henriot, Pétronille, femme d'Estienne Filsjean, écuyer :
D'azur, à un chevron d'or, surmonté d'un soleil de même, et accompagné en pointe d'un lion aussy d'or.

60, 61, 62, 63, 64, 65. — A expliquer plus amplement.

66. — Artault, Jacques, greffier de la justice consulaire de Dijon :
D'azur, à un soleil d'or, posé de flanc dextre, et sénestré d'un croissant de même, le tout accompagné en chef d'un croissant s'essorant d'argent, et en pointe d'un arc encoché de sa flèche de même.

67, 68. — A expliquer plus amplement.

69. — Tainturier, Gabriel, notaire et juge de Thoisy-le-Désert et autres lieux :
D'azur, à un chevron d'or, accompagné en chef de deux étoiles d'argent, et en pointe d'un croissant de même.

70. — De la Ramisse, Simonne, femme de Jean Pelletier, seigneur de Cléry, conseiller et vicomte majeur perpétuel de la ville d'Auxonne :
D'azur, à un ramier d'argent, tenant en son bec une branche d'olivier de sinople.

71. — Piton, Jean, prestre mépartiste en l'église Saint-Michel de Dijon :

D'argent, à une pie de sable, posée sur un tourteau de gueules.

72. — A expliquer plus amplement.

73. — Jaquinet, Margueritte, veuve de Philippe Pélissier, écuyer, seigneur de Flavignot, a présenté l'armoirie :

D'azur, à un chevron d'or, accompagné en chef de deux roses d'argent, et en pointe d'un croissant de même.

74. — Le Frazant, Nicolas, écuyer :

[D'or], à un cerf passant de gueules.

75, 76, 77. — A expliquer plus amplement.

78. — Vallot, Claude, controlleur au grenier à sel d'Auxonne :

D'azur, à une fasce d'argent, surmontée d'une fasce d'or, et un petit vallet de même en chef, accosté d'un C. et d'un V. aussi d'or.

79. — A expliquer plus amplement.

80. — Camuset, Edme-François, procureur au baillage d'Auxonne :

D'azur, à une fasce d'or, accompagnée en chef d'un arbre d'argent, sur lequel est posé un oiseau de même, et accosté de deux croissans aussy d'argent, et en pointe d'un croissant de même.

81. — Pontenel, François, bourgeois de la ville d'Auxonne :

D'azur, à une fasce d'or, chargée de trois trefiles de sable.

82. — A expliquer plus amplement.

83. — De la Croix, Jean-François, conseiller au Parlement de Bourgogne, vétéran :

Ecartelé au premier et quatrième d'azur, et une croix de Malte d'or; au deuxième et troisième d'azur, à un lion d'or, couronné de même, sur le tout de sinople.

84. — Raviot, Bénigne, conseiller secrétaire du Roy en la chancellerie établie près le Parlement de Dijon :

De gueules, à un chien passant d'or, tenant en sa gueule un gros os d'argent.

85, 86, 87. — A expliquer plus amplement.

88. — Bret, Jean-Baptiste, procureur au Parlement de Dijon :

D'azur, à une fasce bastillée et accompagnée en chef de deux étoiles, et en pointe d'un croissant, le tout d'or.

89, 90, 91. — A expliquer plus amplement.

92. — Rousseau, N., conseiller au baillage et chancellerie de Beaune :

De gueules, à un bâton noüeux d'argent, posé en bande.

93. — A expliquer plus amplement.

94. — Julien, Edme, chanoine de l'église cathédralle de Saint-Vincent de Chalon-sur-Saône :

D'azur, à un lion d'or, lampassé et armé de gueules.

95. — Machau, Hugues, conseiller du Roy, commissaire aux reveües d'Issurtille et Gémeau :

D'azur, à un chevron accompagné en chef de trois mouches, et en pointe d'un loup passant, le tout d'or.

96. — Du Bois, Elisabeth, femme de Pierre Gevreau, conseiller du Roy, procureur de Sa Majesté en la Chambre des comptes de Bourgogne :

De sinople, à une fasce d'or, chargée d'un arbre de sinople, et accompagnée en pointe d'une coquille d'argent.

97, 98. — A expliquer plus amplement.

99. — Jam (*), Marie, femme de Claude de Maillard, conseiller au Parlement de Dijon :

D'azur, à un chef d'or, chargé de trois merlettes de sable.

100. — Feu David, Guy, conseiller du Roy, président, trésorier de France général des finances en la généralité de Bourgogne, suivant la déclaration d'Antoinette Piget, sa veuve :

D'azur, à trois harpes d'or, posées deux et une.

101. — Du Rey, Claude, médecin à Nollay :

D'azur, à un oiseau d'or, appelé *duc*, regardant une étoile d'argent en chef, tenant dans ses pattes un rady d'argent, et à dextre une forme de maison d'or.

102. — Goujon, Bernarde, veuve de Nicolas Gevreau, ancien conseiller du Roy, procureur général de la Chambre des comptes de Dijon, a présenté l'armoirie :

D'azur, à un tournesol d'or, tourné vers un soleil de même, mouvant de l'angle dextre du chef.

103. — Vittier, Bernard, écuyer.

De gueules, à un chevron d'or, accompagné de trois pommes de pin de même, deux en chef et une en pointe, et un chef d'azur, chargé de deux croix d'argent.

(*) James.

104. — Vittier fille, Margueritte :
De même.

105. — Durand, Louise, femme de Claude de la Loge, écuyer :
D'azur, à un aigle s'essorant d'argent, posé sur un rocher de même en pointe, et regardant un soleil rayonnant d'or en chef.

106. — Monin, Raimon, écuyer :
D'azur, à un singe d'or acculé, tenant dans sa main une pomme de même.

107. — Berrault, Anne, femme de François de Mucye, conseiller du Roy, trésorier de France, vétéran en la généralité de Dijon :
D'azur, à une croix pattée à double traverse, le pied posé sur trois annelets joints, deux et un, le tout d'or, parti d'azur, à trois bandes d'or.

108. — Forestier, Jeanne, femme de Pierre de la Loge, écuyer :
D'azur, à une licorne effarée d'argent, tenant de ses deux pieds un triangle vuidé d'or, les deux angles posés en barre, et chargé sur chaque angle d'une molette de sable.

109. — Regnier, Françoise, femme de Gabriel Bouscault, écuyer :
D'azur, à un arbre de sinople, sur une terrasse de même, accosté au pied de deux signes (sic) affrontez de sable.

110. — A expliquer plus amplement.

111. — Viard, Estienne, premier huissier au présidial de Dijon et greffier en chef du grenier à sel de Sauleduc et Chambre d'Issurtille :
D'azur, à une fasce d'or, chargée de trois étoiles d'argent.

112. — De Clerambourg, Philippe, écuyer :
D'argent, à deux fasces bretessées de sable.

113. — Raimond, Marie, veuve de Simon Nicaise, conseiller du Roy, procureur en la Chambre des comptes de Dijon :
De gueules, à trois roses d'argent, posées deux et une.

114. — Rémond, Marie, femme d'Etienne Moreau, conseiller du Roy, avocat général en la Chambre des comptes de Dijon :
De gueules, à trois roses d'argent, posées deux et une.

115. — GUELAUD, Claire, femme d'Etienne SOIROT, écuyer :

D'azur, à un chevron d'or, accompagné en chef de deux étoiles de même, et en pointe d'un croissant aussi d'or.

116. — A expliquer plus amplement.

117. — CANABELIN, Pierre :

D'azur, à un chef d'argent, chargé de trois merlettes de sable.

118. — LOPIN, Jean, écuyer :

D'azur, à une croix nillée d'or.

119. — LOPPIN, Marie-Anne, femme de Charles LEGOUX-MORIN, écuyer, maître de la garde-robe ordinaire de feue Madame la Dauphine :

D'azur, à une croix nillée d'or.

120. — A expliquer plus amplement.

121. — BORTON, Claude, notaire royal à Pontallier :

D'azur, à une foy d'argent posée en fasce, accompagnée en chef de deux étoiles d'or, et en pointe d'un croissant de même.

122. — VAILLANT, Françoise, femme de Jean CHEVIGNARD, écuyer, conseiller du Roy, trésorier général de France au département de Bourgogne et Bresse :

D'azur, à un chevron d'or, accompagné de trois tourterelles de même, deux en chef et une en pointe.

123. — ROUSSELOT, Jean-Baptiste, conseiller du Roy, notaire royal à Dijon :

D'azur, à un chevron d'or, accompagné de trois larmes d'argent, deux en chef et une en pointe.

124. — LYON, Louis, procureur au Parlement de Dijon :

D'azur, à un lion couronné d'or.

125. — CHAPOTOT, Louise, femme de Georges JOLY, greffier en chef civil au Parlement de Dijon :

Fascé d'or et de gueules de six pièces, et un chef d'argent, chargé d'un trefle de sinople.

126. — LHOMME, Philippe, sieur de Reymond, conseiller du Roy, receveur des amendes de la Chambre des comptes de Dijon :

De gueules, à un chevron d'or, accompagné de trois alérions d'argent, deux en chef et un en pointe.

127. — A expliquer plus amplement.

128, 129. — De la Loge, Henry, écuyer, seigneur de la Barre, et Marie Buisson, sa femme :

D'azur, à un lion passant d'or, party d'azur, à trois fasces d'or ; accolé de gueules, à un aigle à deux têtes d'or, le vol abaissé.

130. — A expliquer plus amplement.

131. — Forestier, Françoise, femme de Jaques Savot, écuyer, seigneur d'Ogny :

D'azur, à trois arbres d'or, posés deux et un.

132. — Le Jeune, Edme, procureur au Parlement de Dijon :

De gueules, à un petit enfant nud et debout d'argent, en chef d'azur, chargé d'une étoile d'or (?).

133, 134. — A expliquer plus amplement.

135, 136. — Feu Fevret, Bénigne, écuyer, seigneur de Verrey, conseiller du Roy, maître ordinaire en la Chambre des comptes de Bourgogne et Bresse, suivant la déclaration de Jeanne-Baptiste de Bretagne, sa veuve :

Ecartelé [au premier et] quatrième d'azur, à trois bandes d'or ; au deuxième et troisième d'argent, à une hure de sanglier de sable, lampassée de gueules ; accolé d'azur, à une fasce ondée d'argent, accompagnée en chef de trois grillets d'or, et en pointe d'un croissant d'argent.

137, 138. — A expliquer plus amplement.

139. — Du Prey, Jeanne-Bernarde, femme de François Guibaudet, conseiller du Roy, trésorier de France à Dijon :

D'azur, à une plante d'ulmaire de sinople, sur une terrasse de même.

140. — Prévost, Jeanne, femme de Louis Loppin, seigneur de Masse, conseiller au baillage de Beaune :

D'azur, à un cor de chasse d'or, lié de même et accompagné de trois roses aussy d'or, deux en chef et une en pointe.

141. — A expliquer plus amplement.

142. — Bérard, Suzanne, femme de Jean Champtot, écuyer :

D'azur, à un ange aislé d'or, tenant avec sa main une trompette de même dans sa bouche.

143. — Arvisnet, Charlotte, femme de François Bernard, conseiller secrétaire du Roy au Parlement de Dijon :

D'azur, à un lion d'or.

144. — MICHEL, Gilbert, chauffecire et scelleur héréditaire en la chancellerie établie près le Parlement de Dijon et présidial de Bourg-en-Bresse :

D'azur, à trois coquilles d'or, deux en chef et une en pointe.

145. — VENOT, Jacques, écuyer, seigneur de Verissey et Noisy :

D'azur, à un sautoir d'or.

146. — DE SARCEY, Marie-Françoise, femme de Claude-Joseph DE FUSSEY, écuyer, seigneur de Chissey, La Canche, Serigny et Dezize :

D'argent, à une croix de gueules, chargée de cinq roses d'argent.

147. — DE GERBAYS, Guillaume-Antoine, écuyer, seigneur de Mussel et La Grange-Jean-Bar, capitaine de cavallerie au régiment de Melun :

D'azur, à un chef d'argent, chargé de trois étoiles de gueules.

148, 149, 150. — A expliquer plus amplement.

151. — COTTIN, Margueritte, femme de Marin CURTY, conseiller du Roy, président en l'élection de Belley :

D'azur, à deux [colonnes d'or] rangées en pal.

152, 153, 154, 155. — A expliquer plus amplement.

156. — Feu ARCELOT, Bénigne, conseiller secrétaire du Roy en la chancellerie près le Parlement de Dijon, suivant la déclaration de Claudine TABOURET, sa veuve :

D'azur, à un aigle s'essorant d'or, sur une terrasse d'argent en pointe, et un chef de gueules, chargé de trois étoiles d'argent.

157 jusques et compris 164. — A expliquer plus amplement.

165. — PETIOT, François, huissier au Parlement de Bourgogne :

De sinople, à une bande d'argent, chargée de trois croisettes ancrées de gueules et accostées de deux fers de lances d'argent mis en pal, un en chef et un en pointe.

166 jusques et y compris 181. — A expliquer plus amplement.

182. — ARCHAULT, N., prestre à Saint-Martin de Seurre :

D'azur, à une fasce d'hermines, accompagnée en chef d'une croix trefflée d'or, brochante sur la fasce, et en pointe de deux ancres d'argent, passez en sautoir.

183, 184. — A expliquer plus amplement.

185. — Voruelle, N., prestre à Saint-Martin de Seurre :

D'azur, à trois voruelles, et un cœur de même, enflammé de gueules, mis en cœur et surmonté d'un nom de JESUS MARIA d'or.

186 jusques et y compris 199. — A expliquer plus amplement.

200. — Feu Malpoix, Claude, écuyer, conseiller du Roy, trésorier de France au bureau des finances de la généralité de Dijon, suivant la déclaration de Thérèse Cortelot, sa veuve :

D'azur, à un chevron d'or, accompagné en chef de deux étoiles de même, et en pointe d'une tige de pois aussy d'or.

201. — Guyot, Catherine, veuve de Nicolas Quirot, conseiller du Roy, grefier en chef au bureau des finances de la généralité de Bourgogne, a présenté l'armoirie :

D'azur, à un chevron d'or, accompagné en pointe d'un pélican de même sur une terrasse de sinople, et un chef d'argent.

202, 203. — A expliquer plus amplement.

204. — Carrelet l'aîné, Nicolas :

D'argent, à un lion de sable, lampassé et armé de gueules, à un chef d'azur, chargé de trois lozanges d'or.

205. — A expliquer plus amplement.

206. — Hucherot, Claude, conseiller notaire du Roy, greffier des arbitrages et conventions de la ville de Dijon :

D'azur, à un roc d'or, surmonté d'un oiseau appelé *hupe*, armé et lampassé de gueules et chapé de même.

207. — Chiquet, Philiberte, veuve de Claude Carbonnel, écuyer, seigneur du fief de La Motte et Le Fragne-en-Charolois :

D'azur, à un chevron d'or, accompagné de trois coqs d'argent, deux en chef et un en pointe.

208. — De Feuillans, Jeanne, femme de Pierre de Carbonnel, écuyer, seigneur de La Motte-de-Montpaté-en-Charolois :

D'argent, à un lion de sable, couronné, lampassé et armé de gueules.

209, 210, 211, 212, 213, 214. — A expliquer plus amplement.

215. — Floriet, Estienne, avocat à la Cour :

D'azur, à trois roses d'or, les tiges de même, mouvantes d'une seule, soutenue d'un croissant d'argent en pointe, de deux étoiles de même en chef.

216. — A expliquer plus amplement.

GÉNÉRALITÉ DE BOURGOGNE

217. — SORDAILLET, Estienne, ancien conseiller secrétaire du Roy au Parlement de Dijon :

D'argent, semé de flèches de sable, posées en pal, la pointe en haut, et un chef d'azur, chargé d'un soleil d'or.

218, 219. — A expliquer plus amplement.

220. — DE LETTRE, Margueritte, femme d'Estienne DE VOYE, conseiller du Roy, lieutenant particulier au baillage et siége présidial de Dijon :

D'azur, à un chevron accompagné en chef de deux étoiles, et en pointe d'un croissant, le tout d'or.

221. — CAZOTTE, Margueritte, femme de Henry LARCHER, conseiller du Roy, lieutenant de la chancellerie de Dijon :

D'azur, à trois racines de carotte d'argent, feuillées de sinople, posées deux et une.

222. — A expliquer plus amplement.

223. — VAUTIER, Anne-Judith, femme de Claude VIOLET, écuyer, conseiller du Roy, gouverneur de la chancellerie du duché de Bourgogne et premier président du présidial de Dijon :

D'azur, à deux étoiles d'or en chef, et une croisette de même en pointe.

224, 225. — A expliquer plus amplement.

226. — HUMBERT, Anne, femme de François DU MONTET, écuyer, seigneur d'Athée :

D'azur, à deux lions affrontés d'or, lesquels n'ont qu'une tête.

227, 228. — A expliquer plus amplement.

229. — PÉLISSIER, Jean, écuyer, seigneur de Flavignerot :

D'azur, à une grue passante d'argent, et un chef d'or, chargé de trois mouchetures d'hermines de sable.

230 jusques et compris 236. — A expliquer plus amplement.

237. — FOURNIER, Claude, huissier au bureau des finances de Bourgogne :

D'azur, à un chevron d'or, surmonté d'un croissant d'argent, et accompagné de trois étoiles de même, deux en chef et une en pointe.

238. — BRETON, Pierre, huissier en la chancelerie près le Parlement de Dijon :

D'azur, à un poisson nommé *tor*, d'or, nageant en fasce dans une mer d'argent en pointe.

239. — Jacquinot, Jean-Baptiste, enseigne de la bourgeoisie de la paroisse Saint-Nicolas de Dijon :

D'azur, à un lion d'or, tenant avec sa patte dextre un bourdon de même en pal.

240. — Liard, Jean-Hugues, premier huissier en la Chambre des comptes de Dijon :

D'azur, à une tige de lis fleurie de trois pièces d'argent, tigée et feuillée de sinople, la tige posée sur la corde d'un arc bandé d'or en pointe.

241. — Mauguin, Jacques, ingénieur du Roy et major du château de Dijon :

D'azur, à trois fasces ondées d'argent, et un en chef de gueules, chargé de trois étoiles d'or.

242. — Mailly, Jeanne-Abigaiel, femme de Philibert Baudot, conseiller du Roy, maître ordinaire en la Chambre des comptes de Bourgogne :

De gueules, à un chevron burelé, ondé d'argent et d'azur, et accompagné de trois tiges de lis d'or, deux en chef et une en pointe.

243. — A expliquer plus amplement.

244. — Goujet du Val, Pierre, conseiller du Roy, substitut de son procureur général en Bourgogne :

D'azur, à un chevron d'or, accompagné en chef de deux étoiles de même, et en pointe d'un geay d'argent, posé sur un rocher d'or.

245. — A expliquer plus amplement.

246. — Joly, Marie-Suzanne, femme de Joseph-Bernard Soirot, conseiller du Roy, controlleur général des finances en Bourgogne :

[D'azur, à un soleil d'or.]

247. — Pierre, Jean, notaire royal à Dijon :

D'azur, à une fasce d'or, accompagnée de trois rochers d'argent, deux en chef et un en pointe.

248. — Basquaux, Hélène, femme de François Quarré d'Aligny, conseiller du Roy en ses conseils, ancien avocat du Roy au Parlement de Bourgogne :

De sable, à une bande d'argent, chargée de trois coquilles de gueules.

249. — A expliquer plus amplement.

250. — Bodey, Charlotte, femme de Claude de Varenne,

écuyer, conseiller secrétaire du Roy en la chancelerie de Bourgogne :

D'azur, à une rencontre de bœuf, couronnée de fleurs au naturel.

251. — Fortune, Margueritte, veuve d'Antoine-Edouard de Lamotte, major de cavallerie au régiment de Cibourg :

D'azur, à une fortune d'argent.

252. — Ressaire, Jean, capitaine de bourgeoisie de la paroisse de Saint-Médard de la ville de Dijon :

D'argent, à un aigle le vol abaissé de sable, chargé d'un écusson d'azur, à un chevron d'or, accompagné en chef de deux serres d'aigles de même, et en pointe d'un poisson appelé *raye* renversé de même.

253. — Taissard, André, conseiller du Roy et son procureur au bureau des finances de Dijon :

D'azur, à un chevron d'or, accompagné en chef de deux étoiles de même, et en pointe d'une mouche aussy d'or.

254 jusques et compris 263. — A expliquer plus amplement.

264. — Simonnet, Madeleine, femme de Claude de Vitte, conseiller du Roy, maître ordinaire en sa Chambre des comptes de Dijon :

D'azur, à six moniaux (*) d'argent, posés trois, deux et un.

265. — Thoreau, Jacques, veuve de Louis Chantier l'aisné, procureur au Parlement de Dijon :

D'azur, à un cœur d'or, percé de deux flèches de même, passées en sautoir, et enflammé de gueules.

266, 267, 268. — A expliquer plus amplement.

269. — Tapin, Joseph, écuyer, seigneur de Cerville :

D'azur, à un chevron accompagné en chef de deux étoiles, et en pointe d'un pin, le tout d'or.

270, 271. — A expliquer plus amplement.

272. — Minard, Joseph, docteur en médecine à Dijon :

D'azur, à un chevron d'or, accompagné de trois roses tigées d'or, deux en chef et une en pointe.

273 jusques et compris 280. — A expliquer plus amplement.

(*, Ou moineaux.

281. — BRIFFAULT, Margueritte, veuve de Jean-Baptiste COUTURIER, procureur en la Chambre des comptes de Dijon, a présenté l'armoirie :

D'argent, à un chevron d'azur, et un lapin acroupi de même en pointe.

282. — A expliquer plus amplement.

283. — PAPILLON, Guillaume, avocat en Parlement :

De gueules, à un chevron d'or, chargé de trois étoiles de gueules et accompagné en chef de deux hures de sanglier affrontées d'argent, et en pointe d'un papillon d'or, le vol étendu.

284. — VAUTIER, Jacques, échevin de la ville de Dijon :

D'azur, à deux étoiles d'or en chef, et une croisette de même en pointe.

285. — DE LA RAMISSE, Jeanne, femme de Jean-Baptiste JANNON, écuyer, receveur des Etats au baillage de Dijon :

D'azur, à un ramier volant d'argent, bequé et onglé de gueules, tenant dans son bec un rameau d'olivier de sinople.

286 jusques et compris 293. — A expliquer plus amplement.

294. — DE FRESNOY, Jean, chevalier de l'ordre de Saint-Jean de Hiérusalem, grand-prieur de Champagne :

D'azur, à un sautoir de sable.

295, 296, 297. — A expliquer plus amplement.

298. — SAUCE, Marie, veuve de Gérard RICHARD, élu du Roy des Etats de Bourgogne :

D'azur, à un chef d'or, chargé de trois tourteaux de gueules.

299. — CONSTANTIN, Marie-Claudine, femme de Gaspard-François DE LA GLACE, écuyer, sieur de Chany :

D'azur, à un chevron d'or, accompagné en chef de deux étoilles d'argent, et en pointe d'un croissant de même.

300, 301. — A expliquer plus amplement.

302. — DE MANGE, Louise-Rémonde, femme de Jean DAVID. écuier, conseiller du Roy, trésorier de France au bureau des finances de Bourgogne :

De gueules, à un lion d'or.

303, 304, 305. — A expliquer plus amplement.

306. — MOLLÉE, Estienne, huissier au Parlement de Dijon :

D'argent, à un chevron de gueules, accompagné de trois pommes de pin de sinople, deux en chef et une en pointe.

307. — Feu Changenet, Estienne, conseiller du Roy, substitut du procureur général de Sa Majesté en la Chambre des comptes de Bourgogne et Bresse, suivant la déclaration de Marie-Anne Martène, sa veuve :

D'azur, à un chevron d'or, accompagné de trois roses de même, deux en chef et une en pointe.

308, 309, 310, 311. — A expliquer plus amplement.

312. — Pelletier, Margueritte, femme de Jacques Malteste, conseiller du Roy, maître ordinaire en sa Chambre des comptes de Dijon :

D'azur, à une aucre d'or.

313. — Bonnarcq, Marie-Françoise, femme de François Durand de Fontenay, écuier, lieutenant pour le Roy au gouvernement du château de Dijon et commandant ladite place :

D'azur, à un arc d'or.

314, 315, 316, 317, 318. — A expliquer plus amplement.

319. — Armedy, Pierre-Bernard, lieutenant de la paroisse de Saint-Etienne de Dijon :

D'azur, à une croix alaisée d'or, et un poisson d'argent en pointe appelé *goujon*.

320, 321, 322, 323, 324, 325. — A expliquer plus amplement.

SUIVANT L'ORDRE DU REGISTRE 1er DES COMMUNAUTÉS.

41. — La province de Bourgogne :

Écartelé, au premier et quatrième bandé d'or et d'azur de six pièces, au deuxième et troisième, d'azur, semé de fleurs de lis d'or, et une bordure componnée d'argent et de gueules.

42. — La ville de Seurre :

D'azur, semé de roses d'argent et un lion de même, avec un nom de JÉSUS MARIE en lettres d'or, autour de l'écu.

43. — A expliquer plus amplement.

44. — Le chapitre de l'église collégialle de Saint-Andoche de la ville de Saulieu :

D'azur, semé de fleurs de lis d'or, et une crosse et une épée d'argent, passez en sautoir, brochantes sur le tout.

45. — A expliquer plus amplement.

46. — Le couvent des religieux de l'abbaye de Saint-Seyne, ordre de Saint-Benoist :

D'azur, à un dextrochère de carnation, habillé d'une manche large d'argent, et tenant une crosse d'or posée en pal. avec ces mots autour de l'écu, en caractères de sable : *Conventus Sancti Sequani.*

47. — A expliquer plus amplement.

48. — La communauté des chirurgiens de la ville de Dijon :

D'argent, à une image de saint Cosme, en habit long de gueules, couvert d'un bonnet quarré de sable.

49. — La communauté des marchands de drap et soye de la ville de Dijon :

Coupé d'azur, semé de fleurs de lis d'or, et une bordure componée d'argent et de gueules, parti d'azur, à trois bandes d'or, et une bordure de gueules ; au deuxième d'azur, à une foy d'argent.

50. — La communauté des maistres merciers-quincailliers de la ville de Dijon :

D'argent, à un saint Maur de sable.

51. — La communauté des maistres épiciers de la ville de Dijon :

D'azur, à un saint François d'or.

52. — La communauté des maîtres boullangers de la ville de Dijon :

D'azur, a un saint Honoré en habit d'évêque, crossé et mitré, le tout d'or.

53. — A expliquer plus amplement.

54. — La communauté des maistres mégiciers et parcheminiers de la ville de Dijon :

D'azur, à une sainte Trinité d'or.

55. — La communauté des maîtres bonnetiers de la ville de Dijon :

D'azur, à une sainte Barbe d'or, vêtue d'une jupe de gueules.

56. — La communauté des maîtres tanneurs de la ville de Dijon :

D'azur, à une tête tranchée d'argent, dont le sang tombe dans un bassin d'or, représentant la décolation de saint Jean-Baptiste.

57. — La communauté des maîtres cordonniers de la ville de Dijon :

D'azur, à un saint Crépin d'argent, tenant dans sa main droite une palme d'or, le saint couvert d'une chasuble de gueules.

58. — La communauté des maîtres savetiers de la ville de Dijon :

D'azur, à un saint Crespinien d'argent, habillé d'une chazuble de gueules, et tenant dans sa main droite une palme d'or.

59. — La communauté des maîtres boullangers de la ville de Beaune :

D'azur, à un saint Honoré en habit d'évesque, crossé et mitré, le tout d'or.

60. — A expliquer plus amplement.

61. — La communauté des maîtres boureliers de la ville de Beaune :

D'azur, à un saint Eloy habillé d'argent, crossé et mitré d'or.

62. — A expliquer plus amplement.

63. — La communauté des maîtres boullangers de la ville de Nuits :

D'azur, à un saint Honoré en habit d'évesque crossé et mitré, le tout d'or.

64. — La communauté des maîtres boureliers de la ville de Nuits :

D'azur, à un saint Eloy habillé d'argent, crossé et mitré d'or.

65. — La communauté des maîtres pochers et forestiers de la ville de Dijon :

De même.

66. — La communauté des maîtres mareschaux de la ville de Beaune :

D'azur, à un saint Eloy d'argent, couvert d'une chasuble d'or, sa crosse et sa mitre de même.

67. — A expliquer plus amplement.

68. — La communauté des maîtres taillandiers de la ville de Beaune :

Comme cy-devant article 64.

69. — La communauté des massons et tailleurs de pierre de la ville de Beaune :

D'or, à quatre couronnes, cantonnées de gueules.

70. — La communauté des maîtres couvreurs de la ville de Beaune :

D'azur, à une Assomption de Nostre-Dame d'or.

71. — Le corps des officiers des traittes foraines de la ville de Beaune :

D'azur, à trois fleurs de lis d'or, deux et une, avec ces mots autour de l'écu, en caractères de sable : Traites foraines.

72. — La communauté des marchands de fer de la ville de Beaune :

D'azur, à un saint Eloy habillé d'argent, crossé et mitré d'or.

73. — La communauté des maîtres tailleurs de la ville de Beaune :

D'azur, à une sainte Trinité d'or.

74, 75, 76, 77. — A expliquer plus amplement.

78. — La communauté des maîtres tisserans de la ville de Nuits :

D'azur, à un saint Simon de gueules, tenant dans sa main droite une palme de sinople.

79. — La communauté des maîtres mareschaux de la ville de Nuits :

De gueules, à un saint Eloy d'argent, couvert d'une chasuble [d]'or, crossé et mitré de même.

80. — La communauté des maîtres scelliers de la ville de Beaune :

D'azur, à un saint Eloy de gueules, crossé et mitré de même.

81. — La communauté des maîtres menuisiers de la ville de Beaune :

D'azur, à une sainte Anne d'or, montrant à lire à la sainte Vierge lorsqu'elle étoit jeune, de même.

82. — La communauté des maîtres charrons de la ville de Beaune :

D'argent, à une sainte Catherine de gueules, ayant la main droite posée sur une roue de sable.

83. — La communauté des maîtres cordiers de la ville de Beaune :

D'azur, à un saint Paul d'or, tenant dans sa main droite une épée d'argent, garnie d'or, posée en pal.

84, 85. — A expliquer plus amplement.

GÉNÉRALITÉ DE BOURGOGNE

86. — La communauté des maîtres tanneurs de la ville de Beaune :

D'azur, à une tête tranchée d'argent, dont le sang tombe dans un bassin d'or, représentant la décolation de saint Jean-Baptiste.

87, 88, 89. — A expliquer plus amplement.

90. — La communauté des maîtres savetiers de la ville de Beaune :

D'azur, à un saint Crespinian de gueules, tenant dans sa main droite une palme de sinople.

91. — La communauté des maîtres tonneliers de la ville de Beaune :

D'azur, à un saint Mathieu d'or, tenant dans sa main droite une doloire de même.

92. — La communauté des maîtres menuisiers de la ville de Dijon :

D'azur, à une sainte Anne d'or, montrant à lire à une sainte Vierge de même.

93. — La communauté des maîtres tanneurs de la ville de Dijon :

De même.

94. — La communauté des maîtres marchans merciers et quincaillers de la ville de Beaune :

[D'argent, à un saint Maur de sable.]

95. — A expliquer plus amplement.

SUIVANT L'ORDRE DU REGISTRE 2ᵉ DES COMMUNAUTEZ.

1. — La communauté des marchands de drap et d'étoffe de soye de la ville de Beaune :

[D'azur], à un saint Maur de sable.

2. — A expliquer plus amplement.

3. — La communauté des maîtres tourneurs de la ville de Beaune :

D'azur, à une sainte Anne d'or, montrant à lire à une Nostre-Dame de même.

4. — A expliquer plus amplement.

5. — La communauté des maistres cordonniers de la ville de Beaune :

D'azur, à un saint Crespin d'or, crossé et mitré de même.

6. — A expliquer plus amplement.

7. — La communauté des maîtres bouchers de la ville de Dijon :

D'argent, à un saint Antoine de sable, ayant son cochon à ses pieds de même.

8. — La communauté des maîtres maréchaux de la ville de Dijon :

D'azur, à un saint Eloy d'or, crossé et mitré de même.

9. — La communauté des maîtres seruriers de la ville de Dijon :

De même.

10. — La communauté des marchands de la ville de Nuits :

D'argent, à un saint Maur de sable.

11. — La communauté des maîtres charons de la ville de Dijon :

D'azur, à une sainte Catherine de gueules, ayant sa main droite posée sur une roue de sable.

12. — La communauté des maîtres vanniers et sapiniers de la ville de Dijon :

D'argent, à un saint Antoine de sable.

13. — A expliquer plus amplement.

14. — La communauté des maîtres traiteurs, rôtisseurs et cuisiniers de la ville de Dijon :

D'or, à un saint Laurent de gueules, tenant sa grille de sable.

15. — La communauté des maîtres vitriers de la ville de Dijon :

D'azur, à trois lozanges d'argent, deux en chef et une en pointe, et une fleur de lis d'or en cœur.

16. — A expliquer plus amplement.

17. — La communauté des maîtres pelletiers de la ville de Dijon :

D'azur, à une sainte Trinité d'or.

18 jusques et compris 26. — A expliquer plus amplement.

27. — La communauté des maîtres chirurgiens de la ville de Beaune :

D'argent, à une image de saint Cosme en habit long de gueules, couvert d'un bonnet carré de sable.

28 jusques et compris 35. — A expliquer plus amplement.

36. — La communauté des maîtres drapiers, drapans et cardeurs de la ville de Dijon :
D'or, à une sainte Trinité de gueules.

37, 38, 39, 40, 41. — A expliquer plus amplement.

42. — Le prieuré de Combertault :
D'azur, à deux crosses d'or, passées en sautoir.

43. — La communauté des maîtres orfèvres de la ville de Beaune :
Écartelé d'argent et d'azur, à une croix d'or brochant sur le tout, cantonnée au premier et quatrième d'une Vierge de carnation, habillée de gueules, tenant l'Enfant Jésus au naturel, lequel tient de sa main dextre un pampre de vigne de sinople, fruitté de sable ; au deuxième et troisième, d'un ciboire d'or.

44. — A expliquer plus amplement.

45. — Le prieuré de Saint-Romain :
D'azur, à une crosse d'or, posée en pal.

46, 47. — A expliquer plus amplement.

48. — La commanderie de Beaune :
D'azur, à une brebis d'argent, paissante sur une terrasse de sinople, et un chef d'or, chargé d'une croix de gueules.

49, 50, 51, 52, 53. — A expliquer plus amplement.

54. — L'abbaye de Sainte-Margueritte près Beaune :
D'azur, à une sainte Margueritte et un saint Augustin, le saint Augustin à dextre et la sainte Margueritte à senestre, ayant sous ses pieds un dragon d'argent, armé de gueules.

55, 56. — A expliquer plus amplement.

57. — La communauté des maîtres jardiniers de la ville de Dijon :
D'azur, à un saint Fiacre d'argent, couvert d'un manteau de jacobin de sable, tenant en sa main droite une broche d'or.

58. — La communauté des maîtres cordonniers de la ville de Nuits :
D'azur, à un saint Crépin d'argent, couvert d'une chasuble de gueules, tenant dans sa main droite une palme d'or.

59. — La communauté des maîtres chirurgiens et apothicaires de la ville de Saint-Jean-de-Laône :
D'argent, à un saint Cosme en habit long de gueules, couvert d'un bonnet carré de sable.

60. — Le couvent des religieuses Ursulines de Marsigny-les-Nonains :

D'azur, à un nom de JÉSUS d'or.

61. — A expliquer plus amplement.

62. — Le corps des magistrats de la ville de Pontailler :

D'azur, à un lion d'or.

63. — Le corps des officiers de la chastelenie de Brazey, baillage de Saint-Jean-de-Laône :

D'azur, à trois fleurs de lis d'or.

64. — Le corps des officiers du grenier à sel de Saint-Jean-de-Laône :

De même.

65. — Le prieuré de Notre-Dame de Pontalier-sur-Saune :

D'azur, à un lion d'or ; parti d'azur, à un chevron d'or, accompagné de trois lozanges de même, deux en chef et une en pointe.

66 jusques et compris 75. — A expliquer plus amplement.

76. — Le corps des officiers du grenier à sel de Seurre :

D'azur, à trois fleurs de lis d'or, deux et une, et autour : *Grenier à sel de Seurre*, en caractères de sable.

77, 78, 79, 80. — A expliquer plus amplement.

81. — La communauté des maîtres charpentiers et massons de la ville de Seurre :

D'azur, à un saint Joseph d'or, tenant en sa main un lis d'argent.

82, 83. — A expliquer plus amplement.

84. — La communauté des chirurgiens, barbiers et apoticaires de la ville de Seurre :

D'argent, à une image de saint Cosme en habit long de gueules, couvert d'un bonnet quarré de sable.

85. — Le prieuré de Bar-le-Régulier :

D'or, à une croix d'azur, chargée d'un grenade d'or, ouverte de gueules.

86. — La communauté des maîtres charpentiers de la ville de Dijon :

D'azur, à un saint Joseph d'or, tenant dans sa main droite une tige de lis d'argent, fleurie de trois pièces.

87. — Le corps des officiers au baillage royal et siége particulier d'Arnay-le-Duc :

D'azur, à trois fleurs de lis d'or, deux et une.

88. — Le prieuré de Palleau :

D'azur, à trois serres d'aigles d'or, posées deux et une ; parti de gueules, à une crosse d'argent en pal, surmontée d'une mitre de même.

89. — La communauté des boullangers de la ville d'Arnay-le-Duc :

D'azur, à un saint Honoré de gueules.

90, 91, 92, 93, 94, 95. — A expliquer plus amplement.

96. — La communauté des maîtres boulangers de la ville d'Auxonne :

D'azur, à un saint Honoré d'or, en habit d'évêque, crossé et mitré de même.

97, 98, 99, 100. — A expliquer plus amplement.

101. — La communauté des maîtres charpentiers de la ville d'Auxonne :

D'azur, à un saint Joseph d'or, tenant de la main droite une tige de lis d'argent.

102 jusques et compris 113. — A expliquer plus amplement.

114. — Le corps des officiers de la Mairie royalle de la ville de Tallant :

D'azur, à trois bandes d'or.

115 jusques et compris 128. — A expliquer plus amplement.

129. — Le corps des officiers du grenier à sel de Sauleduc et d'Issurtille :

De gueules, à trois fleurs de lis d'or, deux et une, et autour de l'inscription : *Grenier à sel de Sauleduc et Issurtille,* en caractères de sable.

130, 131, 132, 133. — A expliquer plus amplement.

134. — Le corps des officiers du baillage et chancellerie de Nuits :

D'azur, à trois fleurs de lis.

135. — Le corps des officiers de la prévosté royale de Nuits :

De même.

136. — Le prieuré de Feste :

Écartelé au premier et quatrième d'argent, à trois cœurs de gueules, posés deux et un, et un chef d'azur, chargé d'un soleil d'or, acosté de deux croisettes de même: au deuxième et troisième d'azur, à une rencontre de bellier d'or, accompagné de trois étoilles de même, posées deux et une.

137 jusques et compris 148. — A expliquer plus amplement.

149. — Le corps des officiers de la chastelenie royale de Rouvre :
D'azur, à trois fleurs de lis d'or, posées deux et une, à un baston pery en bande de gueules, mis en cœur.

150. — A expliquer plus amplement.

151. — La communauté des Pères Jésuites de la ville de Dijon :
D'azur, à un JESUS MARIA d'or.

152. — Le couvent des Minimes de la ville de Dijon :
D'azur, à une Vierge enlevée par deux anges, le tout d'or.

153. — Le couvent des Minimes de Nostre-Dame de l'Estang :
D'azur, à une Nostre-Dame d'or, assise sur une terrasse de sinople, tenant un Enfant Jésus sur les genoux de carnation.

154. — Le corps des officiers de la chastelenie royale de Sauleduc :
D'azur, à trois fleurs de lis d'or, posées deux et une.

155, 156, 157. — A expliquer plus amplement.

158. — Le corps des officiers de la prévosté royale de Lesjuifs :
D'azur, à trois fleurs de lis d'or, deux et une.

159, 160. — A expliquer plus amplement.

Arrêt d'enregistrement du 27 décembre 1703.

Signé : SENDRAS.

GÉNÉRALITÉ DE BOURGOGNE

ÉTAT D'AUCUNES DES ARMOIRIES

DONT LA RÉCEPTION A ÉTÉ SURCISE PAR L'ÉTAT AU BAS DUQUEL EST L'ORDONNANCE DE NOSSEIGNEURS LES COMMISSAIRES GÉNÉRAUX DU CONSEIL, EN DATE DU.....

DIJON

SUIVANT L'ORDRE DU REGISTRE 3e.

230. — Dorey, Noël, prêtre, curé de Nantoux, baillage de Beaune :

D'azur, à trois pots d'or, posez deux et un.

232. — De Bout, Pierre, prêtre, curé de la paroisse de Chambœuf, baillage de Nuits :

Cet article n'est icy tiré que pour mémoire, attendu la restitution qui a esté faite du droit, par l'ordonnance de M. l'Intendant du 16 novembre 1700.

234. — Beauvalot, Jean-Baptiste, prêtre, curé de Villy, baillage de Nuits :

Cet article n'est icy employé que pour mémoire, attendu la restitution qui a esté faite du droit, par ordonnance de M. l'Intendant du 16 novembre 1700.

335. — Foussier, François, prêtre, curé de Corgengoux, baillage de Nuits :

De gueules, à une croix d'argent.

336. — Genot, Claude, prêtre, curé de Corberon, baillage de Nuits :

D'azur, à un cœur d'or, percé en barre une flèche d'argent et surmonté d'une étoile de même.

241. — Le Bret, Claude, prêtre, curé de Quemigny, baillage de Nuits :

Cet article n'est ici employé que pour mémoire, attendu la restitution qui a été faite du droit, par ordonnance de M. l'Intendant du 17 décembre 1699.

245. — Rousseau, Claude, prêtre, curé de Quincy, baillage de Nuits :

Cet article n'est icy employé que pour mémoire, attendu la restitution qui a esté faite du droit, par ordonnance de M. l'Intendant du 22 février 1701.

246. — Janniard, David, prêtre, curé de Garland, baillage de Nuits :

D'azur, à un pal d'argent, chargé d'une colombe de pourpre.

248. — Marlot, Jacque, prêtre, curé de Corcelles-les-Arts, baillage de Beaune :

Cet article n'est icy employé que pour mémoire, attendu la restitution qui a été faite du droit, par ordonnance de M. l'Intendant du 27 may 1700.

259. — Bachey, N., prêtre, curé de Nolinot, baillage de Beaune :

Cet article n'est icy employé que pour mémoire, attendu la restitution qui a esté faite du droit, par ordonnance de M. l'Intendant du 16 novembre 1700.

264. — Chauvenet, Emiliand, prêtre, curé de Vignolle, baillage de Beaune :

De gueules, à une tête d'homme chauve d'argent, posée de front et accompagnée en chef de deux étoiles de même, et en pointe d'un croissant aussy d'argent, et bâton pastoral d'or brochant sur le tout.

274. — Mutin, N., prêtre, curé de Puligny, baillage de Beaune :

Cet article n'est icy employé que pour mémoire, attendu la restitution qui a esté faite du droit, par ordonnance de M. l'Intendant du 30 septembre 1699.

276. — Buisson, Jean, curé d'Orgeux :

Cet article n'est icy employé que pour mémoire, attendu la restitution qui a été faite du droit, par ordonnance de M. l'Intendant du 17 décembre 1699.

278. — Godard, Jean, prêtre, vicaire perpétuel de la cure de Couternon :

Idem, par ordonnance du 17 décembre 1699.

279. — Barollet, Vincent, prêtre, curé de Chorey, baillage de Beaune :

D'argent, à trois barils d'azur, posez deux et un.

287. — Denis, N., prêtre, curé de Ternant, baillage de Nuits :

Cet article n'est icy employé que pour mémoire, attendu la restitution qui a été faite du droit, par ordonnance de M. l'Intendant du 21 may 1700.

289. — Berardier, Philibert, prêtre, curé de Mursange, baillage de Beaune :

Cet article n'est icy employé que pour mémoire, attendu la restitution qui a esté faite du droit, par ordonnance de M. l'Intendant du 16 novembre 1700.

290. — BERARDIER, Charles, prêtre, curé de la Madelaine de Beaune :

D'azur, à une arbaleste d'argent, senestrée d'une épée de même, posée en pal, la pointe en haut, et une croisette crénelée d'or, posée en pointe.

293. — GENREAU, Pierre, prêtre, curé de Chassagne, baillage de Beaune :

D'azur, à une fleur de soucy d'or, accompagnée de trois étoilles d'argent, posées deux en chef et une en pointe.

294. — PARISOT, Jean, prêtre, curé de Bouillant, baillage de Beaune :

Cet article n'est icy employé que pour mémoire, attendu la restitution qui a été faitte du droit, par ordonnance de M. l'Intendant du 17 décembre 1699.

296. — LUCOT, Louis, prêtre, curé d'Arceau, Arcelot et Fouchange, baillage de Dijon :

D'azur, à un coq d'or, accompagné en chef de deux étoiles d'argent, et en pointe d'un croissant de même.

300. — COUCHON, François, prêtre, curé de Santenay, baillage de Beaune :

D'azur, à trois cochons d'argent, posez deux en chef affrontez, et un passant en pointe.

311. — PARIZOT, Pierre, prêtre, curé de Corpeau, baillage de Beaune :

D'azur, à un tronc d'arbre écoté d'or, posé en fasce, accompagné en chef d'un lis d'argent, acosté de deux étoiles de même, et en pointe d'un aigle d'or, le vol étendu.

335. — BOUCHIN, Etienne, prêtre, curé de Vollenay, baillage de Beaune :

Cet article n'est icy employé que pour mémoire, attendu la restitution qui a été faite du droit, par ordonnance de M. l'Intendant du 19 novembre 1701.

343. — BOILLAUD, François, prêtre, curé de Montagny, baillage de Beaune :

Cet article n'est icy employé que pour mémoire, attendu la restitution qui a été faite du droit, par ordonnance de M. l'Intendant du 16 décembre 1700.

345. — BLANCHARD, François, prêtre, curé de Savigny, baillage de Beaune :

D'azur, à un lis d'argent.

351. — DE CLUGNY, Jaque, prêtre, curé de Merceuil, baillage de Beaune :

D'azur, à un chevron d'argent, entrelassé avec un croissant d'or, brochant sur une clef d'argent en pal, et deux étoiles de même, posées en chef.

352. — LARCHER, Edme, prêtre, curé de Mavilly, baillage de Beaune :

D'azur, à trois fasces ondées et abaissées d'argent, et un arc-en-ciel au naturel, posé en chef.

369. — BURÉE, Bernard, prêtre, curé de Crecey, baillage de Dijon :

D'azur, à une fasce d'or, chargée d'une étoile de gueules, et accompagnée en chef de deux roses d'argent, et en pointe d'un croissant de même.

370. — JOIGNEAU, Jaque, prêtre, curé d'Arcenay, baillage de Beaune :

D'azur, à deux os d'argent, passez en sautoir, surmonté d'un JESUS MARIA d'or.

381. — ECAILLET, René, prêtre, curé de Saint-Pierre de Dijon :

D'azur, à deux clefs d'argent, passées en sautoir.

391. — PAPILLON, Pierre, prêtre, curé de Saint-Apollinaire, baillage de Dijon :

Cet article n'est icy employé que pour mémoire, attendu la restitution qui a été faite par ordonnance de M. l'Intendant du 17 may 1700.

SUIVANT L'ORDRE DU REGISTRE 4ᵉ.

12. — CHAILLET, N., prestre, curé de Changé et Echeveronne, baillage de Beaune :

Cet article n'est icy employé que pour mémoire, attendu la restitution qui a été faite du droit, par ordonnance de M. l'Intendant du 17 décembre 1699.

24. — BOULLÉE, N., prestre, curé de Ruffey, baillage de Beaune :

D'azur, à un chevron d'or, accompagné de trois molettes de même, posées deux en chef et une en pointe.

29. — RANTIER, N., prestre, curé de Pommard, baillage de Beaune :

Cet article n'est icy employé que pour mémoire, attendu la restitution qui a été faifte du droit, par ordonnance de M. l'Intendant du 11 juin 1700.

38. — BUISSON, N., prêtre, curé de Lonchamp, baillage de Beaune :

Cet article n'est icy employé que pour mémoire, attendu la restitution qui a été faitte du droit, par ordonnance de M. l'Intendant du 17 septembre 1669.

GÉNÉRALITÉ DE BOURGOGNE

48. — LUGNEOT, Louis, prêtre, curé de Morey, baillage de Nuits :

Cet article n'est icy employé que pour mémoire, attendu la restitution qui a été faite du droit, par ordonnance de M. l'Intendant du 17 décembre 1699.

49. — DE LA GRANGE, Edme, prêtre, curé de Vilbichot, baillage de Nuits :

D'azur, à une croix d'or, le pied fiché dans un cœur de même en pointe, et trois étoiles d'argent en chef.

54. — REY, François, prestre, curé de Perrigny, baillage d'Auxonne :

D'argent, à un chesne de sinople, party d'or, à un aigle éployé de sable.

57. — DE LA FOSSE, Armand, prêtre, curé de Cheuge, baillage de Dijon :

Cet article n'est icy employé que pour mémoire, attendu la restitution qui a été faite du droit, par ordonnance de M. l'Intendant du 8 juin 1700.

58. — DE LA GRANGE, Christophe, prêtre, curé de Chevigny-Saint-Sauveur, baillage de Dijon :

Cet article n'est icy employé que pour mémoire, attendu la restitution qui a été faite du droit, par ordonnance de M. l'Intendant du 28 avril 1700.

59. — ROUSSEAU, Jaque, prêtre, curé de Chambolle, baillage de Nuits :

Cet article n'est icy employé que pour mémoire, attendu la restitution qui a été faite du droit, par ordonnance de M. l'Intendant du 11 juin 1700.

61. — FOREST, Claude, prêtre, curé de Bligny-sur-Ouche, baillage de Dijon :

Cet article n'est icy employé que pour mémoire, attendu la restitution qui a été faite du droit, par ordonnance de M. l'Intendant du 13 may 1700.

62. — MARIE, N., prêtre, vicaire de Vicq, baillage de Beaune :

Cet article n'est icy employé que pour mémoire, attendu la restitution qui a été faite du droit, par ordonnance du 13 may 1700.

65. — BEUCHOT, Denis, prêtre, curé de Beaumont-sur-Vingenne, baillage de Dijon :

D'or, à un bœuf au naturel dans un feu de gueules.

66. — PAPILLON, Alinat, prêtre, curé de Janly, baillage de Dijon :

De gueules, à un papillon miraillé d'argent.

86. — LAMBERT, Pierre, prêtre, curé de Civery-en-Montagne, baillage d'Arnay-le-Duc :

Cet article n'est icy employé que pour mémoire, attendu la restitution qui a été faite du droit, par ordonnance de M. l'Intendant du 17 décembre 1699.

113. — DUPREY, Bernard, prêtre, curé d'Esbarres, baillage de Saint-Jean-de-Laone :

D'azur, à une tige de trois lis d'argent, entourée d'une couronne d'épines d'or.

115. — DE CHAZAN, Bénigne-Martin, prêtre, vicaire perpétuel de l'église Notre-Dame de Laone, baillage de Saint-Jean-de-Laone :

D'azur, à un flanchin d'or, accompagné de trois glands d'argent, deux aux flancs et un en pointe, celuy-cy soutenu d'un croissant de même, et un chef d'or, chargé de deux sautoirs alaizés de gueules.

122. — GOUJON, Louis, prêtre, curé des Quatre-Mailly, baillage d'Auxonne :

Cet article n'est ici employé que pour mémoire, attendu la restitution qui a été faite du droit, par ordonnance de M. l'Intendant du 14 juillet 1700.

129. — DE MONTILLY, Jean-François, prêtre, curé de Chaux, baillage de Nuits :

Cet article n'est icy employé que pour mémoire, attendu la restitution qui a été faite du droit, par ordonnance de M. l'Intendant du 24 juillet 1700.

131. — SALLÉ, Pierre, prêtre, curé de Brochon, baillage de Dijon :

D'azur, à une colombe d'argent, tenant dans son bec un rameau d'olivier d'or, accostée de deux étoiles de même.

143. — DANNICOLAS, Jean, prêtre, curé de Saint-Sauveur, baillage de Dijon :

Cet article n'est icy employé que pour mémoire, attendu la restitution qui a été faite par ordonnance de M. l'Intendant du 17 août 1700.

157. — LOMBARD, Antoine, prêtre, curé de Trouchant, baillage de Saint-Jean-de-Laone :

Cet article n'est icy que pour mémoire, attendu la restitution qui a été faite du droit, par ordonnance de M. l'Intendant du 30 septembre 1699.

158. — BOUVOT DE LISLE, Jaque, prêtre, prieur, curé de Fauvernay, baillage de Dijon :

D'azur, à trois rencontres de bœufs d'or, posez deux et un.

160. — PERNEL, David, prêtre, curé de Charney, baillage d'Auxonne :

D'argent, à une croix annillée de gueules, cantonnée de quatre palmes de sinople.

162. — CHAMPEAU, N., prêtre, curé de Vosne, baillage de Nuits :

Cet article n'est icy employé que pour mémoire, attendu la restitution qui a été faitte du droit, par ordonnance de M. l'Intendant du 10 décembre 1700.

186. — CARME DU CHALIOUX, Etienne, prêtre, curé de l'église paroissiale de Saint-Philibert de Dijon :

D'azur, à une tour d'argent, massonnée de sable, et surmontée de trois étoiles d'argent, rangées en chef.

193. — GASTEAU, Nicolas, prêtre, curé de la Perrière, baillage d'Auxonne :

D'azur, à un serpent d'argent, surmonté d'une colombe de même, tenant en son bec un rameau d'olivier d'or.

204. — BUISSON, Nicolas, prêtre, curé de Bezuotte, baillage de Dijon :

Cet article n'est icy employé que pour mémoire, attendu la restitution qui a été faite du droit, par ordonnance de M. l'Intendant du 28 juillet 1700.

206. — PERDRIZET, Bénigne, prêtre, curé de Neuilley, baillage de Nuits :

De gueules, à une perdrix au naturel.

207. — POULIN, N., prêtre, curé de Vergy, baillage de Nuits :

Cet article n'est icy employé que pour mémoire, attendu la restitution qui a été faitte du droit, par ordonnance de M. l'Intendant du 17 may 1700.

212. — FABAREL, Jean, prêtre, curé de Nuly et Crimolois, baillage de Nuits :

Cet article n'est icy employé que pour mémoire, attendu la restitution qui a été faite du droit, par ordonnance de M. l'Intendant du 12 may 1700.

217. — RIOM, Humbert, prêtre, curé de Villecomte et Diénay :

D'azur, à une rencontre de bœuf d'or, sommé d'une croix d'argent.

224. — BERNARDON, André, prêtre, curé de Longepierre, baillage d'Auxonne :

D'azur, à une fasce d'argent, surmontée d'un lion naissant d'or, et trois glands de même en pointe, posez deux et un.

234. — GAUTHIER, Etienne, prêtre, curé d'Etaulle et d'Aroy, baillage de Dijon :

D'azur, à une croix alaisée d'or, le pied fiché dans un cœur de même, et accompagnée en chef de deux étoiles d'argent, et en pointe d'un croissant de même.

236. — RYAULD, Bernardin, prêtre, curé d'Espagny, Marcenay-le-Bois et dépendances, baillage de Dijon :

Cet article n'est icy employé que pour mémoire, attendu la restitution qui a été faite du droit, par ordonnance de M. l'Intendant du 17 décembre 1699.

238. — RACLE, Jean-François, prêtre, curé de Laix-sur-le-Doux, baillage d'Auxonne :

De gueules, à une ancre d'or, et un chef d'azur, chargé d'une étoile d'argent.

241. — GENGUYOT, Georges, prêtre, curé de Chaignay, baillage de Dijon :

Cet article n'est icy employé que pour mémoire, attendu la restitution qui a été faite du droit, par ordonnance de M. l'Intendant du 30 septembre 1699.

242. — PAUCHÉ, Jean, prêtre, curé d'Auteuille et d'Aix, baillage de Dijon :

Cet article n'est icy employé que pour mémoire, attendu la restitution qui a été faite du droit, par ordonnance de M. l'Intendant du 8 juillet 1700.

255. — BEZUCHET, Jacques, prêtre, curé de Pierre et Grandmont, baillage de Chalon-sur-Saône :

D'azur, à un chevron d'or, accompagné en chef de deux oiseaux d'argent, et en pointe d'un arbre de même.

261. — SOLAND, Claude, prêtre, curé de Saint-Jean-de-Bœuf et doyen de Marigny-sur-Ouche, baillage de Nuits :

D'azur, à trois glands d'or, posez deux et un.

266. — TROUVÉ, Claude, prêtre, curé de Dampierre-sur-Vingene, baillage de Dijon :

Cet article n'est icy employé que pour mémoire, attendu la restitution qui a été faite du droit, par ordonnance de M. l'Intendant des 18 et 25 aoust 1700.

272. — ALEXANDRE, Pierre, curé de Collonge, baillage de Nuits :

Cet article n'est icy employé que pour mémoire, attendu la restitution qui a été faite du droit, par ordonnance de M. l'Intendant du 10 may 1700.

281. — ANDRÉ, N., prieur et curé d'Ahuy et Asnière, baillage de Dijon :

Cet article n'est icy employé que pour mémoire, attendu la restitution qui a été faite du droit, par ordonnance de M. l'Intendant du 4 juillet 1700.

288. — TEUVENOIS, Zacharie, prêtre, curé de Gilly, baillage de Nuits :

Cet article n'est icy employé que pour mémoire, attendu la restitution qui a été faite du droit, par ordonnance de M. l'Intendant du 19 aoust 1700.

GÉNÉRALITÉ DE BOURGOGNE

290. — BUISSON, Jaque, prêtre, curé d'Issurtille, baillage de Dijon :

Cet article n'est icy employé que pour mémoire, attendu la restitution qui a été faite du droit, par ordonnance de M. l'Intendant du 12 mars 1700.

293. — GOUJON, Guillaume, prêtre, curé de Remilly, baillage d'Arnay-le-Duc :

De sable, à un goujon d'argent, posé en fasce, accompagné de trois croisettes de même, deux en chef et une en pointe.

297. — LAILLET, François, prêtre, curé de Villeneuve, baillage d'Auxonne :

D'argent, à trois aiglettes éployées de sable, posées deux et une.

304. — MATHEY, François, prêtre, curé et chanoine de l'église Notre-Dame de Sauleduc, baillage de Dijon :

Cet article n'est icy employé que pour mémoire, attendu la restitution qui a été faite du droit, par ordonnance de M. l'Intendant du 27 juin 1701.

308. — COUTHIER, Claude, prêtre, curé de Saint-Mémin, baillage d'Auxois :

Cet article n'est icy employé que pour mémoire, attendu la restitution qui a été faite du droit, par ordonnance de M. l'Intendant du 16 aoust 1700.

309. — CARON, François, prêtre, curé d'Agey et dépendances, baillage d'Arnay-le-Duc :

Cet article n'est icy employé que pour mémoire, attendu la restitution qui a été faite du droit, par ordonnance de M. l'Intendant du 30 juin 1700.

312. — QUILLARDET, Pierre, prêtre, curé de Noiron-lès-Cisteaux :

D'argent, à trois treffles de sinople, deux et un.

314. — MUGNIER, Léonard, prêtre, curé d'Auvillers, baillage de Nuits :

Cet article n'est icy employé que pour mémoire, attendu la restitution qui a été faite du droit, par ordonnance de M. l'Intendant du 17 aoust 1700.

315. — BORTON, Jean, prêtre, prieur, curé de Marsanay et Couchey, baillage de Dijon :

D'azur, à une foy d'argent, mouvante de deux nuées de même, et surmontée d'une couronne d'olivier d'or.

316. — REBOUR, Claude, prêtre, curé de Longvic :

Cet article n'est icy employé que pour mémoire, attendu la restitution qui a été faite du droit, par ordonnance de M. l'Intendant du 26 aoust 1700.

319. — Henry, N., prêtre, curé de Pouilly-en-Auxois :

Cet article n'est icy employé que pour mémoire, attendu la restitution qui a été faite du droit, par ordonnance de M. l'Intendant du 3 novembre 1701.

320. — Porcheret, Nicolas, prêtre, curé des Grandes et Petites Véronnes, baillage de Dijon :

D'azur, à un porc d'argent, engoulant un pampre de vigne de sinople, fruitté d'or et accompagné en chef de deux étoiles d'argent.

330. — Pidancier, François, prêtre, curé de Belleneuve, baillage de Dijon :

Cet article n'est icy employé que pour mémoire, attendu la restitution qui a été faite du droit, par ordonnance de M. l'Intendant du 11 septembre 1699.

331. — Bastide, N., prêtre, curé de Touttenant-en-Sency, baillage d'Auxonne :

D'azur, à un dextrochère d'argent, tenant une sphère d'or.

332. — Lhuguenot, Louis, prêtre, curé de Prevois, baillage de Dijon :

D'argent, à une lozange d'azur, chargée de quatre croissans apointés d'argent.

339. — Druot, Nicolas, prêtre, curé de Charey, baillage de Dijon :

D'azur, à un chevron d'or, accompagné de trois oranges de même, tigées et feuillées aussy d'or, posées deux en chef et une en pointe.

340. — Loppin, Jean, prêtre, curé de Villars-la-Faye, baillage de Nuits :

Cet article n'est icy employé que pour mémoire, attendu la restitution qui a été faite du droit, par ordonnance de M. l'Intendant du 17 décembre 1699.

342. — De Martincourt, Claude-François, prêtre, curé de Flacey, baillage de Dijon :

Cet article n'est icy employé que pour mémoire, attendu la restitution qui a été faite du droit, par ordonnance de M. l'Intendant du 14 juillet 1700.

343. — David, Jacques, prêtre, curé de Sermesse, baillage d'Auxonne :

D'azur, à une fasce d'or, accompagnée de trois cors de chasse aussy d'or, virolez et enguichez de même, et suspendus de gueules, deux en chef et un en pointe.

349. — Bernard, N., prêtre, curé de Tichey et Montagny, baillage d'Auxonne :

Cet article n'est icy employé que pour mémoire, attendu la restitution qui a été faite du droit, par ordonnance de M. l'Intendant du 17 décembre 1699.

356. — GENREAU, Jaque, prêtre, curé de la paroisse Notre-Dame de Dijon :

D'azur, à un tournesol d'or, et un soleil de même, mouvant de l'angle dextre du chef.

362. — LHUILLIER, Antoine, prêtre, curé de Serrigny, baillage de Beaune :

Cet article n'est icy employé que pour mémoire, attendu la restitution qui a été faite du droit, par ordonnance de M. l'Intendant du 17 aoust 1700.

364. — GAUTHEROT, Andrien, prêtre, curé de Rouvre, baillage de Dijon :

Cet article n'est icy employé que pour mémoire, attendu la restitution qui a été faite du droit, par ordonnance de M. l'Intendant du 17 aoust 1700.

366. — L'ECHARNIER, N., prêtre, curé d'Alosse, baillage de Beaune :

Cet article n'est icy employé que pour mémoire, attendu la restitution qui a été faite du droit, par ordonnance de M. l'Intendant du 30 septembre 1699.

372. — DU CHARGE, Charles, prêtre, curé de Bellenot, baillage d'Arnay-le-Duc :

Cet article n'est icy employé que pour mémoire, attendu la restitution qui a été faite du droit, par ordonnance de M. l'Intendant du 11 septembre 1699.

387. — DE REQUELEINE, Jean-Baptiste, prestre, curé de Saint-Michel de Dijon :

D'azur, à deux brebis affrontées d'argent, paissantes sur une terrasse de sinople, et un chef d'or, chargé d'une croix de gueules, acosté de deux étoiles de même.

389. — ROY, Jean, prêtre, curé de Saint-Barain, près Chaussin :

D'azur, à trois étoiles d'argent, posées deux et une.

394. — FOURNERET, Claude, prêtre, curé de Fussey, baillage de Beaune :

Cet article n'est icy employé que pour mémoire, attendu la restitution qui a été faite du droit, par ordonnance de M. l'Intendant du 6 may 1700.

SUIVANT L'ORDRE DU REGISTRE 5º.

7. — PIERRE, Jean, prêtre, curé de Saint-Bonnot, baillage d'Auxonne :

D'azur, à un soleil d'or, soutenu d'un rocher d'argent en pointe.

9. — TRUCHETET, N., prêtre, curé d'Ivry, baillage de Beaune :

Cet article n'est icy employé que pour mémoire, attendu la restitution qui a été faite du droit, par ordonnance de M. l'Intendant du 13 may 1700.

17. — SADIER, Pierre, prêtre, curé de Pouilly-sur-Saône, baillage de Dijon :

D'azur, à un dextrochère d'argent, tenant une clef de même.

22. — BERARDIER, François, prêtre, curé de Saint-Loup-de-Maizierre, baillage de Chalon :

Ecartelé au premier et quatrième d'argent, à une bande d'azur, chargée d'un croissant d'argent, acosté de deux étoiles d'or ; au deuxième et troisième d'azur, à une épée d'argent en pal, la pointe en haut, et la poignée d'or, et au troisième aussi d'azur, à une arbaleste d'or.

32. — SIMON, N., prêtre, curé de Vandenesse, baillage d'Arnay-le-Duc :

Cet article n'est ici employé que pour mémoire, attendu la restitution qui a été faite du droit, par ordonnance de M. l'Intendant du 17 décembre 1699.

34. — REY, Charles, prêtre, curé d'Echanay, baillage d'Arnay-le-Duc :

Cet article n'est icy employé que pour mémoire, attendu la restitution qui a été faite du droit, par ordonnance de M. l'Intendant du 10 décembre 1700.

38. — ROLET, Quentin, prêtre, curé de la Bretenière, baillage de Dijon :

D'argent, à trois boulets de sable, posés deux et un.

41. — PERSONNIER, Jean, prêtre, curé de Savigny-sous-Mâlain, baillage d'Arnay-le-Duc :

D'argent, à une croix de sable.

45. — DEREPAUS, N., prêtre, curé de Montmanson, baillage de Dijon :

D'argent, à un aigle s'essorant de sable, et un chef d'azur, chargé de trois étoiles d'or.

56. — BOUVIÈRE, N., prêtre, curé de la Chapelle-Saint-Sauveur, baillage d'Arnay-le-Duc :

D'azur, à une fasce d'or, accompagnée en chef de deux croissans d'argent, et en pointe d'un cœur enflammé de gueules.

60. — SIMON, N., prêtre, curé de Bressey :

Cet article n'est icy employé que pour mémoire, attendu la restitution qui a été faite du droit, par ordonnance de M. l'Intendant du 30 septembre 1699.

GÉNÉRALITÉ DE BOURGOGNE

61. — BRESSON, Jean-Antoine, prêtre, curé de Broignon :

Cet article n'est icy employé que pour mémoire, attendu la restitution qui a été faite du droit, par ordonnance de M. l'Intendant du 17 décembre 1699.

62. — MAGNIEN, Jean, prêtre, curé de Sepoy :

Cet article n'est icy employé que pour mémoire, attendu la restitution qui a été faite du droit, par ordonnance de M. l'Intendant du 17 août 1700.

72. — RICHARD, Jean, curé de Noiron-sous-Baise, baillage de Dijon :

Cet article n'est icy employé que pour mémoire, attendu la restitution qui a été faite du droit, par ordonnance de M. l'Intendant des 18 et 25 aoust 1700.

82. — TORDOT, Nicolas, prêtre, curé de La Bergement-lès-Auxonne :

D'azur, à une fasce d'or, accompagnée en chef d'un aigle éployé et couronné de même, et en pointe d'un lion passant d'argent.

90. — PERTUISOT, Emiliand, prêtre, curé de Tasnay et Tasinot :

Cet article n'est icy employé que pour mémoire, attendu la restitution qui a été faite du droit, par ordonnance de M. l'Intendant du 17 décembre 1699.

326. — BASTIEN, Nicolas, prêtre, curé de Viévigne :

Cet article n'est icy employé que pour mémoire, attendu la restitution qui a été faite du droit, par ordonnance de M. l'Intendant du 25 aoust 1700.

Arrêt d'enregistrement du 20 décembre 1703.

Signé : SENDRAS.

ÉTAT DES NOMS ET QUALITEZ

DES PERSONNES ET COMMUNAUTEZ DONT LES ARMOIRIES ONT ESTÉ PORTÉES EZ BUREAUX ÉTABLIS PAR M° ADRIEN VANIER, CHARGÉ DE L'EXÉCUTION DE L'ÉDIT DU MOIS DE NOVEMBRE 1696, LA RÉCEPTION DESQUELLES ARMOIRIES A ESTÉ SURCISE PAR LES ÉTATS CY-APRÈS DATTEZ, PARCE QUE LE BLAZON EN EST SI MAL FIGURÉ OU EXPLIQUÉ QU'IL EST IMPOSSIBLE, DANS L'ÉTAT OU ELLES SONT, DE LES CONNOITRE SUFFISAMMENT POUR LES RECEVOIR ET ENREGISTRER A L'ARMORIAL GÉNÉRAL.

DIJON

SUIVANT L'ORDRE DU REGISTRE 3°.

De l'état du...... 1708.

Vu par nous, Charles d'Hozier, etc.

105. — ROUSSELOT, Nicolas, bachelier en droit :
D'azur, à une fasce d'or, chargée d'une fleur de margueritte de gueules, soutenue de deux fleurons épanouis de même, et accompagnée en chef d'un soleil d'or et en pointe d'un mouton d'argent.

115. — VILLEDIEU, Jean, conseiller du Roy, receveur au grenier à sel de Seurre, écuyer académiste :
D'azur, à trois besans d'argent, posez deux et un, et un chef de même, chargé d'une croix potencée de gueules.

128. — DE BLANVILLE, Simon-François, commissaire de la marine au département de Bourgogne :
D'azur, à trois pals d'or.

193. — CLÉMENT, N., procureur d'office à Faybillot :
D'azur, à un Cupidon forgeant deux cœurs en un seul sur une enclume d'argent, avec cette inscription autour de l'écu : *Des deux je n'en fais qu'un.*

316. — FROMAGET, Dominique, procureur au Parlement de Dijon :
D'or, à une fasce d'azur, bordée et engreffée de gueules, et accompagnée de trois tourteaux de même, deux en chef et un en pointe.

GÉNÉRALITÉ DE BOURGOGNE

321. — THIELLEY, Antoine, procureur au Parlement de Dijon :

D'or, à deux tuilles de gueules, posées en chef, et une aloüette de même, posée en cœur sur une tuille aussy de gueules, acostée de deux alouettes de même.

341. — DES VARENNES, Antoine, procureur au Parlement de Dijon :

D'or, à trois chesnes rangez de sinople, la cime de celuy du milieu plus élevée et son fust brochant sur un cerf de gueules, passant en pointe.

376. — GENREAU, Jean, procureur en la Cour de Parlement à Dijon :

D'azur, à une Notre-Dame tenant son enfant Jésus, le tout d'argent, parti de gueules, à une fasce en devise d'or, accompagnée en chef d'une fleur de tournesol de même, tigée et feuillée de sinople, à la pointe d'un chevron d'argent, et de trois étoiles de même, posées deux en chef et une en pointe.

SUIVANT L'ORDRE DU REGISTRE 4ᵉ.

5. — CHAMPAGNE, Simon, procureur au baillage de Beaune :

D'azur, à un chevron d'or, accompagné en chef de deux pommes de pin de même, et en pointe d'un épi de bled aussy d'or, et un chef d'argent, chargé d'une croisette de gueules.

6. — REPAS, Jean-Baptiste, conseiller du Roy, commissaire aux saisies réelles du Palais à Dijon :

D'or, à trois pattes d'ours de sable, posées deux et une.

120. — PÉRARD, Marie, femme de Louis JANON, conseiller au Parlement, commissaire aux requestes à Dijon :

De gueules, à une bande d'argent, chargée d'un ours de sable, et un chef d'or.

216. — LA LOY, Jean, prêtre, chanoine de l'église collégiale de Saint-Jean-Baptiste de Dijon :

D'azur, à une aloüette s'essorante d'or et regardant un soleil de même, mouvant de l'angle dextre au chef de l'écu.

228. — DEGAND, Charles, chevalier de l'ordre de Saint-Jean de Jérusalem :

De gueules, à un chef d'argent, chargé de trois merlettes de sable.

334. — DE JURAIN, Margueritte, femme de Pierre DE LA RAMISSE, conseiller du Roy, lieutenant au bailliage d'Auxonne :

D'azur, à une gerbe d'or, liée de gueules, une fasce de même, brochant sur le tout, et un chef d'argent, chargé de trois larmes de gueules.

283. — Cassard, Pierre, prêtre familier en l'église paroissiale d'Auxonne :

D'argent, à un nom de JÉSUS de sable, enfermé dans une couronne d'épine de même.

SUIVANT L'ORDRE DU REGISTRE 5ᵉ.

12. — Pélissier, Pierrette, femme d'Antoine Petit, écuyer :

D'azur, à une grue d'argent, et un chef d'or, chargé de trois mouchetures d'hermines.

155. — Collet, Paul, notaire royal à Faybillot :

De gueules, à un soleil d'or, acosté de deux étoiles d'argent, et soutenu d'un croissant renversé de même, le tout entouré d'une couronne de deux branches de laurier d'or, passées en double sautoir.

233. — Feu Chabot, Charles-Emmanuel, écuier, suivant la déclaration d'Anne Daumont, sa veuve :

Lozangé d'or et de gueules.

310. — De Mucye, Jaque, conseiller au Parlement de Bourgogne :

D'azur, à une croix trefflée d'or, le pied fiché dans un cœur de même.

316. — Vétu fils, Claude :

De gueules, à une fasce d'or, chargée d'une étoile d'azur, accompagnée de trois roses d'argent, posées deux en chef et une en pointe ; parti de sinople, à trois béliers d'argent, posez deux en chef affrontez, et un en pointe passant.

SUIVANT L'ORDRE DU REGISTRE 1ᵉʳ DES COMMUNAUTEZ.

43. — La ville de Saint-Jean-de-Laône :

Coupé au premier d'azur, semé de fleurs de lis d'or, à une bordure componnée d'argent et de gueules, parti de bandé d'or et d'azur de six pieces, à une bordure de gueules, et au second d'azur, à un fermail d'or.

45. — Le couvent des religieuses Ursulines de Saint-Jean-de-Laone :

D'azur, à une sainte Ursule d'or.

47. — La maison de Saint-Antoine de Morge :

De sable, à un saint Antoine d'or.

GÉNÉRALITÉ DE BOURGOGNE

SUIVANT L'ORDRE DU REGISTRE 2ᵉ DES COMMUNAUTÉS.

25. — La communeauté des maistres paveurs de la ville de Dijon :

D'azur, à un saint Louis d'argent.

40. — La communeauté des maistres massons et tailleurs de pierre de la ville de Dijon :

D'argent, à quatre lions de gueules, couronnez d'azur, cantonnez et tenans chacun de leur patte dextre une palme de sinople.

41. — La communeauté des maistres couvreurs de la ville de Dijon :

De même.

47. — Le couvent des religieux Carmes de la ville de Dijon :

D'azur, à une Notre-Dame tenant son enfant Jésus, lequel tient pareillement de sa main dextre un livre de Notre-Dame adextré en pointe de plusieurs religieux Carmes à genoux, et senestré aussi en pointe d'un sep de vigne, le tout d'argent, aiant à ses pieds un écusson coupé au premier d'azur, à une fleur, parti de bandé d'or et d'azur de six pièces, à une bordure de gueules, et au second de sable, avec cette inscription autour de l'écu : *Sigil. Conventus fratrum Cur. Divionis.*

115. — Le couvent des religieux Feuillans de Saint-Bernard de Fontaine-les-Dijon :

De gueules, à une Vierge tenant son enfant Jésus, le tout d'argent.

142. — La communauté des fayanciers et bouquetiers de la ville de Dijon :

D'argent, à un vase d'azur, miraillé d'argent et remply de fleurs au naturel.

144. — La communauté des marchands de marée et poissons d'eau douce de la ville de Dijon :

D'or, à un saint Pierre de carnation, vêtu de gueules.

157. — Le corps des officiers de la maîtrise particulière des eaües et forêts de Dijon :

D'argent, à un chesne de sinople, mouvant d'une rivière d'azur en pointe, et acosté à dextre d'un cerf contourné de gueules, surmonté d'un épervier de sable, et à senestre d'un poisson de même, posé en pal et surmonté aussi d'un milan de gueules, ces deux oiseaux volans et affrontez.

ÉTAT DES NOMS ET QUALITEZ

DES PERSONNES ET COMMUNAUTEZ DONT LES ARMOIRIES ONT ÉTÉ PORTÉES EZ BUREAUX ÉTABLIS PAR M° ADRIEN VANIER, CHARGÉ DE L'EXÉCUTION DE L'ÉDIT DU MOIS DE NOVEMBRE 1696, LA RÉCEPTION DESQUELLES ARMOIRIES A ÉTÉ SURCISE PAR L'ÉTAT DU ..., PARCE QUE LE BLAZON EN EST SI MAL FIGURÉ OU EXPLIQUÉ QU'IL EST IMPOSSIBLE, DANS L'ÉTAT OU ELLES SONT, DE LES CONNOISTRE SUFFISAMMENT POUR LES RECEVOIR ET ENREGISTRER A L'ARMORIAL GÉNÉRAL.

DIJON

SUIVANT L'ORDRE DU REGISTRE 3e.

Veu par nous, Charles d'Hozier, etc... (Voir, pour la teneur de l'approbation, celle de la page 90.)

249. — BRIANDET, Claude, prêtre, curé de la paroisse de Foissy :

D'azur, à un chevron d'argent, accompagné de trois briands ou sereins de canarie d'or, posés chacun sur une palme couchée de même, deux en chef et un en pointe.

250. — LESCHARNIER, André, prêtre, curé de la paroisse de Muresault :

Ecartelé au premier et quatrième d'azur, à un chef de gueules, chargé de trois étoiles d'or ; au deuxième de gueules, à un tronc écoté d'or, posé en bande, et au troisième d'argent, à un chevron de gueules, accompagné en chef de deux étoiles d'azur, et en pointe d'une coquille de gueules.

270. — L'EVESQUE, Jean, prestre, curé de la paroisse de Sampigny et Dezize :

D'azur, à une mitre d'or.

SUIVANT L'ORDRE DU REGISTRE 4e.

11. — LE BELIN, Estienne, habitué dans l'église de Saint-Pierre de Beaune :

D'argent, à deux béliers de sable, rampans et affrontez, accompagnez en pointe d'une coquille de gueules, et un chef d'azur, chargé de trois étoiles d'or.

GÉNÉRALITÉ DE BOURGOGNE

211. — Rollet, Claude, prêtre, curé de Pagny-la-Ville et dépendances :

D'argent, à un chiffre de sable, composé d'un C. et d'un R.

374. — De Traversier de la Pujade, Jérosme, prestre, curé d'Auxonne :

Écartelé au premier d'or, à une tour de gueules, senestrée d'un ours rampant de sable ; au deuxième de sable, à un quarreau d'argent, chargé d'un tourteau d'azur ; au troisième de gueules, plein ; au quatrième d'azur, à un lion passant d'or, et une croix d'argent, brochant sur tout l'écu.

SUIVANT L'ORDRE DU REGISTRE 5ᵉ.

4. — Brun, N., prestre, curé de la paroisse de Prenière :

De gueules, à un chevron d'or, accompagné en chef de deux tierces feuilles d'argent, et en pointe d'un calice d'or.

Arrêt d'enregistrement du 20 décembre 1703.

Signé : SENDRAS.

ÉTAT DES NOMS ET QUALITEZ

DES PERSONNES ET COMMUNAUTEZ DÉNOMMEZ CY-APRÈS QUI ONT PAYÉ LES DROITS D'ENREGISTREMENT DES ARMOIRIES ÈS BUREAUX ÉTABLIS PAR Mᵉ ADRIEN VANIER, CHARGÉ DE L'ÉDIT DU MOIS DE NOVEMBRE 1696, ET DESQUELLES ARMOIRIES LA RÉCEPTION A ÉTÉ SURCISE PAR L'ÉTAT DU....., PARCE QU'ILS ONT NÉGLIGÉ DE FOURNIR LA FIGURE OU L'EXPLICATION DESDITES ARMOIRIES.

DIJON

SUIVANT L'ORDRE DU REGISTRE 3ᵉ.

Veu par nous, Charles d'Hozier, etc... (Voir, pour la teneur de l'approbation, celle de la page 90.)

255. — Chauveau, Jean, prêtre, curé de la paroisse de Champignolle :

De gueules, à un chevron d'argent, accompagné en pointe d'une billette de même.

283. — Jouanet, Vivant, prêtre, vicaire de la paroisse de Marcy :

D'or, à une fasce d'azur, chargée d'un dez à jouer d'argent.

288. — Navetier, N., prêtre, curé de la paroisse de Premeau :

De gueules, à une navette de tisseran d'or, posée en pal.

299. — De la Rue, Pierre, prêtre, curé de la paroisse de Saint-Simphorien de la ville de Nuits :

D'or, à une feuille de rūe de sinople.

325. — Courtot, N., prêtre, curé de la paroisse de la Rochepotot :

D'azur, à un sautoir alaizé d'argent.

326. — Bouzereau, N., prêtre, curé de la paroisse de Montceau :

De gueules, à un flambeau d'argent.

353. — Rousseau, François, prêtre à l'église Sainte-Madeleine de Dijon :

De sable, à une roue d'or.

399. — Thierry, Ferréol, prêtre, curé de Messigny et Vantoux :

D'argent, à trois tau d'azur, posez deux et un.

SUIVANT L'ORDRE DU REGISTRE 4ᵉ.

23. — Routy, N., prêtre, curé de la paroisse de Sainte-Marie-la-Blanche :

De gueules, à une roue d'argent.

27. — Vaulcoret, François, prêtre, curé de la paroisse de Cheilley :

D'argent, à un volant de gueules.

31. — Goujet, N., prêtre, curé de la paroisse de Corgolin (*) :

D'azur, à un goujon d'argent.

33. — Guiennot, Jaque, prestre, vicaire du faubourg Saint-Martin de Beaune :

Fascé d'argent et de gueules de quatre pièces, et un chef d'or.

(*) Corgoloin.

35. — Bouzereau, Claude, prêtre, curé de la paroisse de Bausigny :

Cet article n'est icy employé que pour mémoire, attendu la restitution qui a été faite du droit, par ordonnance de M. l'Intendant du 8 novembre 1701.

42. — Misserey, Edme, prêtre, curé de la paroisse de Meloissey :

D'or, à un pal de gueules, chargé de deux besans d'argent.

45. — Mathieu, Claude, prêtre, vicaire de la paroisse de Saint-Nicolas de la ville de Beaune :

De sable, à un marteau d'argent.

50. — Morlet, N., prêtre, curé de la Marche et Marrey :

D'or, à une teste de more de sable.

74. — Houdaille, Etienne, prêtre, vicaire de la paroisse de Pichange :

D'argent, à une feuille de houx de sinople.

93. — De Varenne, Claude, prêtre, curé de la paroisse de Gemeaux :

D'azur, à un pal d'or, chargé de cinq pots de vair de gueules.

101. — Monet, Gilles, prêtre, curé de la paroisse de Saint-Romain :

D'argent, à un moineau de gueules.

153. — Le Moine, Antoine, prestre, curé de la paroisse de Chevigny :

D'argent, à un cocluchon de gueules.

163. — Champeau, N., prêtre, curé de la paroisse de Saucy :

D'or, à un chapeau de gueules.

172. — Vacherot, Bénigne, prêtre, curé de la paroisse de Fleurey :

D'argent, à un cornet d'azur.

175. — Petitot, François, prêtre, curé de Plombières et Velars :

D'or, à une fourmi de sable.

176. — Bodevin, Nicolas, prêtre, curé de Menetreux-le-Pitois :

D'azur, à une pinte d'argent.

179. — Forest, N., prêtre, curé de la paroisse de Pontallier.
D'argent, à une forest de sinople.

188. — Rigoulet, Emmanuel, prêtre, curé de la paroisse de Renesve :
De sable, à une bande ondée d'argent.

194. — Baudenet, André, bachelier de Sorbonne, prêtre et curé de Flavigny :
D'azur, à un baudrier d'or.

199. — Ramel, Jean-Baptiste, prêtre, curé de la paroisse de Chaussin :
De gueules, à une rame d'or, posée en pal.

200. — Roy, Hugues-Joseph, prestre, curé d'Asnan, au marquisat de Chaussin :
D'argent, à une couronne à l'antique de gueules.

213. — Parigot, Léonard, prêtre, curé de Montmichin et Chazelles :
D'azur, à un pairle renversé d'argent.

218. — Buvée, Jacques, prêtre, curé de la paroisse de Tallant :
De sinople, à deux verres d'argent, posés en fasce.

237. — Dérepaus, Louis, prêtre, curé de la paroisse de Frétenard :
De gueules, à deux fasces, la première d'or et la seconde d'argent.

250. — Revelud, N., prêtre, curé de Pontoux et de Navilly, son annexe :
D'azur, à deux pals, le premier d'or et le second d'argent.

264. — Momos, N., prêtre, curé de la paroisse de Lachaux :
De sinople, à trois bandes, celle du milieu d'or et les deux autres d'argent.

271. — Pelletier, Philibert, prêtre, curé de la paroisse de Pernan :
De sable, à trois barres componées d'or et de gueules.

274. — Dijot, Jean, prêtre, curé de la paroisse de Jancigny :
Bandé d'argent et de sable de quatre pièces, et un chef d'or.

284. — Morizot, N., prêtre, curé de la paroisse de Veucy et Auteuil :
D'argent, à une teste de more contournée de sable.

298. — Bergeret, prêtre, curé de la paroisse de Fay-Billot :
D'argent, à une houlette de sable.

313. — Rigolet, Valérien, prêtre, curé de la paroisse de Broin :
Comme cy-dessus, article 188.

317. — Fontez, Jean, prestre, curé de la paroisse d'Authume :
D'azur, à une fontaine d'argent.

323. — De la Motte, N., prêtre, curé de la paroisse de Charette :
De gueules, à une montagne d'argent.

324. — Margot, Pierre, prêtre, curé de la paroisse de Frontenard :
D'azur, à une fleur de margueritte d'argent.

325. — Girard, Christophe, prêtre, curé de la paroisse de Pourlans :
Gironné de sable et d'or, et une bordure de gueules.

335. — De Bouille, Henry, prêtre, curé de la paroisse de Bellevesvre :
D'or, à deux boulles de gueules, posées l'une sur l'autre.

336. — Berthet, Claude, prêtre, curé du Moustier-en-Bresse et Beauvoisin :
De sinople, à une barre vivrée d'argent.

338. — Pertuiset, Pierre, prêtre, curé de la paroisse de Bonnancontre :
De gueules, à une pertuisanne d'or.

344. — Le Deuil, -Didier, prêtre, curé de la paroisse de Chenosve :
De sable, à cinq larmes d'argent, posées deux, une et deux.

373. — Opinet, Pierre, prêtre, curé de la paroisse de Binet :
D'or, à un pin de sinople.

398. — Vallée, Nicolas, prêtre, curé de la paroisse de Montoillot :
D'azur, à deux montagnes d'or, posées une au flanc dextre et l'autre au flanc senestre.

SUIVANT L'ORDRE DU REGISTRE 5º.

5. — DE MONART, N., prêtre, curé de Lhéme (?) et Grosbois :
D'argent, à un monde d'azur, ceintré et croisé d'or.

8. — DESBOIS, N., prestre, curé de la paroisse de Cussy-la-Colomme :
D'or, à un bois de sinople.

10. — LHUILLIER, Claude-Joseph, prêtre, curé de la paroisse de Flamerans :
D'argent, à trois olives de sinople, posées deux et une.

15. — CHAIGET, Nicolas, prêtre, curé de la paroisse de Foucherans :
D'or, à une chaise de gueules.

19. — MARESCHAL, Jean, prêtre, curé de la paroisse de Mâlain :
D'azur, à un fer de cheval d'argent.

24. — LE BOIS, Claude, prestre, curé de la paroisse de Praslon :
De gueules, à une corne de cerf d'or.

28. — DANGOST, Nicolas, prêtre, curé de la paroisse d'Arconay :
D'azur, à une épée d'argent, posée en pal.

29. — LALLEMANT, Jaque, prêtre, curé de la paroisse de Créancey :
D'argent, à deux sabres de sable, posez en fasce l'un sur l'autre.

33. — CORNOT, N., prêtre, curé de la paroisse de Lux :
De gueules, à une cornière d'argent.

58. — LAUZORROIS, N., prêtre, curé de la paroisse de Boussenois :
D'azur, fretté d'argent.

68. — BERGINE, François, prêtre, curé d'Uncé et Marcelois :
D'or, à une croix de sable, cantonnée en chef de deux tourteaux d'azur.

91. — MERLE, Philibert, prêtre, curé de la paroisse de Mimeure :
D'argent, à une merlette de sable.

181. — Goujet du Val, N., prestre de Saint-Martin de Seurre :
D'azur, à deux goujons d'argent en pal, posez en fasce.

183. — Maleschard, N., prestre à Saint-Martin de Seurre :
De gueules, à un bouton d'or.

184. — Berthelier l'aisné, N., prêtre à Saint-Martin de Seurre :
D'or, à un écusson barré d'argent et de gueules.

186. — Gualtain, N., prêtre à Saint-Martin de Seurre :
De pourpre, à une bande bretessée d'argent.

187. — Trouillard, N., prestre à Saint-Martin de Seurre :
De sinople, à une citrouille d'or.

190. — Gruyer, N., prêtre à Saint-Martin de Seurre :
D'azur, à une grue d'argent.

197. — Marchand, N., prêtre en la ville de Nuits :
D'argent, à une balance de gueules.

205. — Mongin, Claude, prestre, curé de Bère-l'Eglise et ses annexes :
D'or, à une montagne de sinople.

227. — Du Laurier, N., prêtre à Saint-Martin de Seurre :
D'argent, à trois feuilles de laurier de sinople, posées deux et une.

245. — Berthelier, Philibert, prêtre à Saint-Martin de Seurre :
D'or, à un chevron d'azur, sommé d'une croisette de même.

Arrêt d'enregistrement du 28 décembre 1703.

Signé : SENDRAS.

ÉTAT DES NOMS ET QUALITEZ

DES PERSONNES ET COMMUNAUTEZ DÉNOMMÉES CY-APRÈS QUI ONT PAYÉ LES DROITS D'ENREGISTREMENT DES ARMOIRIES EZ BUREAUX ÉTABLIS PAR M° ADRIEN VANIER, CHARGÉ DE L'EXÉCUTION DE L'ÉDIT DU MOIS DE NOVEMBRE 1696, ET DESQUELLES ARMOIRIES LA RÉCEPTION A ESTÉ SURCISE PAR LES ÉTATS AUSSY CY-APRÈS DATTEZ, PARCE QU'ILS ONT NÉGLIGÉ DE FOURNIR LA FIGURE OU L'EXPLICATION DESDITES ARMOIRIES.

DIJON

SUIVANT L'ORDRE DU REGISTRE 3°.

De l'état du...... 1703.

(Pour le visa de d'Hozier, voir page 90.)

118. — Du CHARNE, Gabriel, chauffecire et scelleur en la chancelerie près le Parlement de Bourgogne :

D'or, à un charme de sinople.

225. — Du MOULIN, Cristophe, avocat au Parlement et commissaire à terrier :

De gueules, à un moulin à vent d'argent.

243. — CHENUT, Jean-Jaque, prêtre, chevalier de l'église cathédralle de Beaune :

D'or, à une feuille de chesne de sinople.

249. — PETIT, Léonore, femme de N. GUIGNAUD, écuier :

D'argent, à une souris de sable.

270. — BOILLOT, Marie-Anne, femme d'Edme CARNOT, conseiller du Roy, auditeur en la Chambre des comptes de Dijon :

D'azur, à six billettes d'or, posées une, deux et trois.

318. — MOUTIN, Jean, procureur en la Chambre du Parlement à Dijon :

D'or, à un moineau de gueules.

320. — Bannelier, Jean, procureur au Parlement de Dijon :
D'argent, à une bannière d'église (?).

322. — Mathieu, Thomas, procureur au baillage et siége présidial de Dijon :
D'azur, à une bande bretessée d'argent.

323. — Boucard, Claude, procureur au Parlement de Dijon :
De gueules, à un bouc d'or.

324. — Perrey, Jean-Baptiste, procureur au baillage et siége présidial de Dijon :
De sable, à un poirier d'argent.

330. — Pourcher, Philippe, procureur au Parlement de Dijon :
D'or, à un porc de sable.

332. — Pourcher, Jean, conseiller du Roy, son procureur au grenier à sel de Nuits :
Comme cy-devant, article 330.

334. — Monin, Hugues, écuyer :
Comme cy-devant, article 318.

337. — Begin, Jaque, docteur en médecine à Dijon :
De sinople, à deux couteaux passés en sautoir d'argent.

348. — Morin, Jean, conseiller du Roy, grenetier au grenier à sel de Nuits :
D'or, à une fasce d'azur, et une tête de more de sable, posée en chef.

349. — Sarazin, Philippe, procureur et notaire royal à Nuits :
D'argent, à un bouclier d'azur.

357. — Meney, Anne, femme de Michel Colin, écuier :
De sable, à deux bandes d'argent.

358. — Derge, N., advocat en Parlement :
De gueules, à un épy d'orge d'or.

367. — Durande, Jean, procureur au Parlement de Dijon :
D'azur, à une enclume d'argent.

387. — Lhomme, Jean, notaire et procureur au baillage de Beaune :
De gueules, à un chef d'or.

389. — CHARPENTIER, Jean-Claude, procureur au Parlement de Dijon :

D'argent, parti d'azur.

393. — CHANTRIER, Germain, procureur au Parlement de Dijon :

De sable, coupé d'or.

396. — GUILLIER, Jaque, procureur au Parlement de Dijon :

De sinople, à trois quilles d'argent, posées deux et une.

398. — LAURENT, André, notaire et procureur au baillage, chancellerie et prévosté royale de Nuits :

D'argent, à un laurier de sinople.

SUIVANT L'ORDRE DU REGISTRE 4°.

13. — BERTIN, Etienne, conseiller du Roy, contrôleur au grenier à sel de Dijon :

D'or, à une fasce de gueules.

14. — BERGERET, Benoist, conseiller du Roy, grenetier au grenier à sel de Dijon :

De gueules, à une houlette d'argent.

15. — BARDET, Guillaume, conseiller du Roy, contrôleur au grenier à sel de Dijon :

D'azur, à deux barres d'or.

16. — CHARLES, Jean, conseiller du Roy, grenetier au grenier à sel de Dijon :

De sinople, à trois fasces d'argent.

17. — COURTOT, N., conseiller du Roy, enquesteur au baillage de Beaune et greffier de la mairie :

De gueules, à un chevron abaissé d'or.

18. — GONDIER, Simon, procureur au baillage de Beaune :

D'argent, à deux merlettes de sable, posées l'une sur l'autre.

20. — GARACHE, Jean-Baptiste, conseiller du Roy, lieutenant des traites foraines de Beaune :

De sable, à un pal d'hermines.

34. — Viennot, François, avocat à Beaune :
Fascé d'or et de sable de huit pièces.

36. — Valby, Pierre, bourgeois de la ville de Beaune :
Barré d'argent et d'azur de quatre pièces.

40. — Misset, Nicolas, procureur au baillage et siége présidial de Dijon :
D'or, à une fasce de sinople.

41. — Perrier, Louis, conseiller du Roy, substitut de son procureur au baillage de Beaune :
De gueules, à deux chevrons d'or.

44. — Navetier, Philippe, notaire royal à Beaune :
D'or, à une navette de tisseran de gueules.

46. — N..., femme de Gabriel de Chastenay, seigneur en partie d'Echallot :
D'azur, à deux pals ondez d'argent.

51. — De Barrault, Gabrielle, veuve de Noël de Saulx, chevalier, seigneur marquis de Tavanne :
D'argent, à une barre de sable.

53. — Guénebault, Jaque, notaire royal à Dijon :
De gueules, à un sautoir d'or.

60. — Monigeon, Antoine, bailly et notaire royal à Bligny-sur-Ouche :
D'argent, à une croix ancrée d'azur.

63. — Fromageot, Paul, bourgeois de Bligny-sur-Ouche :
D'azur, à un fromage d'or.

69. — Mouillet, Claude, greffier en chef des requêtes du Palais à Dijon :
D'azur, à une canette d'argent, à demy plongée dans une rivière de même en pointe.

71. — Dorey, Jean, procureur en la Cour de Parlement à Dijon :
D'or, à un pal bretessé de gueules.

73. — Colin, Margueritte, femme de Denis du Roure, écuyer, seigneur de Chamaroux :
D'azur, à un colier de perles d'argent.

80. — Savot, Zacharie, procureur au Parlement de Dijon :
De gueules, à un pain de savon d'argent.

81. — Autheman, Pierre, procureur au Parlement de Dijon :
D'or, à un croissant d'azur.

83. — Gaudrillet, Philippe, notaire royal à Dijon :
De sable, à un chef d'or, chargé de trois tourteaux de gueules.

88. — Marot, Hugues, notaire royal à Dijon :
D'or, à une mer de sinople, mouvante de la pointe.

95, 96. — Raviot, Guillaume, écuyer, advocat en Parlement, et Anne Desbordes, sa femme :
D'azur, à une rave d'argent ; acolé de gueules, à une bordure d'or.

102. — Pidard, Claude, notaire royal à Dijon :
De sinople, à une pairle d'argent.

103. — Lopin, Claude-Nicolas, procureur au baillage de Beaune :
De sable, à une teste de loup arrachée d'or.

104. — Le Belin, Jacque, procureur à Beaune :
D'argent, à un bellier de gueules.

108, 109. — Feu de Gridefeuille, Claude, seigneur de l'Epinet, et Nicolle Noblet, sa veuve :
D'or, à une feuille de chesne de sinople ; acolé d'azur, à trois besans d'or, posés en bande.

133. — De la Folie, Philippe, notaire royal à Seurre :
D'argent, à une figure d'un arlequin au naturel.

135. — Degon, Pierrette, femme de Philippe de la Mare, conseiller au Parlement de Dijon :
D'azur, à une croix potencée d'argent.

137. — Lambry, Antoinette, femme de Berthélemy Jomard, conseiller du Roy, correcteur en la Chambre des comptes de Dijon :
De sable, à une bande ondée d'or.

147, 148. — Feu Guy, Simon, écuyer, seigneur de l'Abergement, conseiller maistre d'hôtel ordinaire de S. A. R. Monsieur, et Elisabeth de la Ramisse, sa veuve :
D'or, à deux fasces ondées de sable ; acolé de gueules, à deux rames d'argent, passées en sautoir.

154. — Guillaume, Jaque, avocat en Parlement :
D'azur, à trois étoilles d'or, posées en barre.

164. — De la Folie puisné, Claude, advocat en Parlement :
Comme cy-dessus, article 133.

182. — Tremissot, Claude, avocat au Parlement de Dijon :
D'or, à un treffle d'azur.

192. — Poussis, Claude, prêtre familier en l'église paroissialle de Saint-Jean-de-Laône :
De sable, à un aigle d'or.

195. — Lasnier, Etienne, prêtre sociétaire de Saint-Genex de Flavigny :
D'argent, à une teste d'âne de sable.

196. — De Clume, Jaque, prêtre familier en l'église paroissiale de Saint-Jean-de-Laône :
D'or, à un chevron de sable, et un treffle de même en pointe.

201. — Royer, Hiérosme, conseiller et procureur du Roy en la châtelenie royale de Pontalier :
Gironné de gueules et d'or de huit pièces.

220. — Deresse, Bénigne, chanoine de l'église de Saint-Jean de Dijon :
D'azur, chapé d'or.

221. — Heudelot, Philibert, prêtre, chanoine de l'église collégiale de Saint-Jean de Dijon :
De sable, à une croix d'argent, chargée d'un tourteau de sable.

222. — Gauthier, Nicolas, docteur en médecine à Dijon :
De sinople, à une tête de coq d'argent.

229. — Saget, Isaac, conseiller du Roy, contrôleur ancien des mortes-payes en Bourgogne et Bresse :
D'or, à un serpent d'azur, posé en pal.

230. — Gaumet, Elie, prêtre familier de Saint-Pierre de Beaune :
De gueules, fretté d'or.

231. — Midan, Philippe, prêtre, chanoine en la Chapelle-aux-Riches à Dijon :
De gueules, coupé d'or, à un croissant de l'un en l'autre.

233. — Gauthier, Pierre, prêtre mépartiste en l'église paroissialle de Saint-Pierre de Dijon :

Comme cy-devant, article 222.

235. — Vernisy, Gand, notaire et procureur à Mirebeau :

De sable, à un chef de vair.

244. — Huier, Guy, procureur en la Cour de Parlement de Dijon :

D'argent, à la lettre majuscule Y. de sinople.

245. — Berteau, Jean-Baptiste, procureur au Parlement de Dijon :

De gueules, à un bateau d'or couronné.

249. — Bouhin, Jeanne, femme de Philippe Gaudelot, conseiller du Roy, auditeur en la Chambre des comptes de Dijon :

D'or, à un bouc passant de sable.

251. — Monin fille, Claude :

Tranché d'or sur azur, à une croix de l'un en l'autre.

254. — De Vacsorn (?), Ingeberte, femme d'Antoine Morizot, écuier, seigneur de Taniot :

D'or, à une vache de gueules.

270. — Barette, Alexandre, notaire royal à Sombernon :

D'azur, à une barette d'or.

273. — Duprey, Guillaume, docteur en médecine à Dijon :

D'argent, à une sauterelle de sinople.

278. — Chavansol, Jeanne, veuve de Charles Héliot, conseiller du Roy, auditeur en la Chambre des comptes de Bourgogne :

De gueules, à un soleil d'or.

280. — Carrelet, Anne, femme de Pierre Tardy, greffier en chef au bureau des finances de Bourgogne et Bresse :

Echiqueté d'argent et de sable de six traits.

291. — Chauveau, Marie-Anne, veuve de Pierre Lopin, conseiller du Roy, maître ordinaire en la Chambre des comptes de [Bourgogne] et Bresse :

D'azur, à une fasce d'argent, chargée d'une chauve-souris de sable.

292. — MOUCHEVAIRE, Françoise, veuve de Jacque BLANCHE, conseiller du Roy, trésorier de France au bureau des finances de Bourgogne et Bresse :

De gueules, à une mouche à miel d'or.

296. — CLÉMENT, Jean, docteur en médecine à Nuits :

D'azur, à une clef d'or.

300. — BERNARD, Catherine, femme de Claude NOIROT, conseiller du Roy, maître ordinaire en sa Chambre des comptes de Bourgogne et Bresse :

D'argent, à deux pals d'azur.

310. — BRUCHOT, Etienne, chanoine en l'église collégialle de Saint-Denis de Nuits :

D'or, à deux broches de sable, passées en sautoir.

318. — GIRARD, Claude, prêtre mépartiste à Saint-Pierre de Dijon :

D'argent, à une pointe de giron d'azur, mouvante du chef.

326. — GILLOT, Guillaume, prêtre, chanoine de l'église collégialle de Saint-Jean de Dijon :

De gueules, à une fasce d'or, et deux tourteaux de même, rangez en chef.

327. — GILLOT, Philibert, prêtre, chanoine de l'église collégialle de Saint-Jean de Dijon :

De même.

341. — MAILLET, Françoise, femme de Gérard PEROT, conseiller du Roy, auditeur en sa Chambre des comptes de Bourgogne et Bresse :

D'or, à un maillet de sinople.

357. — ROULLIER, N., femme de Claude POYEN, seigneur du fief de la Motte :

De sable, à une roue d'or.

359. — VIARD, François, prêtre familier ès église Notre-Dame d'Auxonne :

D'azur, à un chef emmanché de trois pièces d'or.

365. — BORTHON, Jean, prêtre familier en l'église Notre-Dame d'Auxonne :

D'argent, taillé de sable, à une croix de gueules, brochant sur le tout.

367. — RUDE (PIERRE), Maurice, prêtre familier de l'église Notre-Dame d'Auxonne :
De sinople, à un décrotoire d'or.

370. — PALLUET, François, prêtre mépartiste en l'église de Saint-Michel de Dijon :
Palé d'or et de sable de six pièces.

371. — GIRARD, Etienne, prêtre mépartiste en l'église de Saint-Michel de Dijon :
Comme cy-devant, article 318.

375. — BOILEAU, N., prêtre familier en l'église paroissialle Notre-Dame d'Auxonne :
De sable, à une aiguière d'argent.

376. — PELLETIER, Jean-Baptiste, prêtre familier en l'église paroissialle Notre-Dame d'Auxonne :
De sinople, à une toison d'or.

377. — PELLETIER le jeune, Jean-Baptiste, prêtre familier en l'église paroissialle de Notre-Dame d'Auxonne :
De même.

378. — PERROT, Philippe, prêtre familier en l'église paroissialle de Notre-Dame d'Auxonne :
D'or, coupé d'azur, à un croissant de gueules, brochant sur le tout.

RABYET, Claude, prêtre familier en l'église paroissiale Notre-Dame d'Auxonne :
D'or, parti de gueules, à une étoile de sinople brochant sur le tout

383. — MARMELET, Julien, prêtre mépartiste en l'église de Saint-Michel de Dijon :
Taillé d'or sur sinople, à un annelet de sable, brochant sur le tout.

384. — FOREST, Jaque, greffier des arbitrages au baillage de Beaune :
Tranché d'or sur sable, à un trefile d'azur, brochant sur le tout

385. — SARANS, Jean, prêtre mépartiste en l'église de Saint-Michel de Dijon :
D'argent, coupé d'azur, à une lozange de gueules, brochant sur le tout.

395. — ROBARDET, Claude, procureur et notaire à Auxonne
D'argent, parti de gueules, à une larme d'argent, brochant sur le tout.

399. — Le Pont, N., prêtre familier en l'église paroissiale Notre-Dame d'Auxonne :

D'azur, à un pont de trois arches d'argent.

400. — Mathieu, Claude, prêtre mépartiste en l'église de Saint-Pierre de Dijon :

Taillé d'argent sur sinople, à un rustre de sable, brochant sur le tout.

SUIVANT L'ORDRE DU REGISTRE 5ᵉ.

2. — Callon, Augustin, avocat en Parlement, lieutenant en la mairie royale de Dijon :

Tranché d'argent sur sable, à une billette d'azur, brochant sur le tout.

3. — Noel, Jean, prêtre familier en l'église paroissiale de Notre-Dame de Dijon :

De sinople, à un chevron d'argent.

11. — Filsjean, N., veuve de N. Grillot, conseiller du Roy, maître ordinaire en la Chambre des comptes de Bourgogne et Bresse :

D'argent, à un chef d'azur, chargé d'un grillet d'or.

16. — De Ladmiral, Marie, femme de Jean Guy de Lesval, écuyer, sieur de Saint-Martin :

D'or, à une ancre d'azur.

18. — Vaudrey, Philiberte, femme d'Antoine Perier, conseiller du Roy, trésorier de France au bureau des finances de Bourgogne et Bresse :

D'azur, à un sautoir d'argent, chargé de cinq tourteaux d'azur.

25. — Petiot, Quentin, conseiller du Roy, son procureur au baillage et siége présidial de Dijon :

D'argent, à une fourmil de sable.

26, 27. — Feu de la Salle, Claude-Bernard, conseiller du Roy, président en la Chambre des comptes de Bourgogne et Bresse, et Jacqueline de Creuseault, sa veuve :

De gueules, coupé d'échiqueté d'argent et de sable de trois traits ; acolé de sable, à un creuset d'or.

30. — Morlet, François, procureur au baillage et siége présidial de Dijon :

De sable, à un maillet d'argent.

36. — Pourcher, Antoine, chanoine de l'église collégialle de Saint-Denis de Nuits :
D'or, à un chef de sable.

39. — Quanquoin, Jeanne, veuve de N. Chevrot, conseiller du Roy, payeur des gages des officiers de la Cour de Parlement de Dijon :
D'azur, à une bande d'or, chargée d'un cœur de gueules.

42. — Davot, Gabriel, procureur au Parlement de Dijon et sindic des Etats de Bourgogne :
De sinople, à un chevron d'or, et un treffle d'argent en pointe.

44. — Pourcher, Bénigne, avocat au Parlement de Dijon :
Comme cy-devant, article 36.

49, 50. — Feu [de Bauffremont], Pierre-Maximien, marquis de Listenay, et Marie Desbarres, sa veuve :
De gueules, à deux pals aiguisez d'or ; acolé d'azur, à trois barres d'argent.

53, 54. — Feu Desbarres, Bernard, conseiller du Roy, second président au Parlement de Bourgogne, et Antoinette de Beauclerc, sa veuve :
D'azur, à trois barres d'argent ; acolé de sable, à un soleil d'or.

57. — Fyot, Claude, notaire royal à Dijon :
De gueules, à un sautoir ondé d'argent.

63. — Aubert, Jean, conseiller [du Roy], receveur des décimes à Dijon :
D'argent, à une barre componnée d'or et de sable.

64. — Goujon, François-Bénigne, conseiller du Roy, son procureur en la maîtrise des eaux et forêts de Dijon :
De sinople, à une palme d'or.

65. — De Perrault de la Serrée, Margueritte, veuve de Gaspard Quarré, conseiller du Roy, son avocat général au Parlement de Dijon :
D'or, à une croix péronnée de trois marches à chaque bout d'azur.

67. — Rollet, Martin, procureur au baillage de Dijon :
De sable, à une roue d'argent.

75. — D'Autecloche, Bénigne, procureur au baillage d'Auxonne :
D'or, à une cloche d'azur.

76. — SAGET, Claude, conseiller, médecin du Roy à Auxonne :
D'or, à une fasce componnée d'argent et de gueules.

77. — COLLINET, Claude, commis au greffe du baille [age] d'Auxonne :
De gueules, à un colier de chien d'or.

79. — GOUJON, Claude, procureur au baillage et secrétaire de l'hostel de ville d'Auxonne :
De sinople, à un goujon d'argent.

85. — JOUFFROY, Claude, docteur en médecine à Créancey :
D'azur, à une bordure canelée d'or.

86. — MOREAU l'aisné, Jean, procureur et notaire à Beaune :
D'argent, à une tête de more de sable, posée de profil.

87. — POILLOT, N., femme de Lazarre-David DE BEAUFORT, conseiller du Roy, receveur des impositions du baillage de Beaune :
D'argent, à un poêle de cuisine de sable.

89. — SARRANS, Margueritte, veuve d'Etienne GIRARD, greffier des requestes au Parlement de Dijon :
De gueules, à une serpe d'or.

93. — BLANCHET, Charles, conseiller du Roy, receveur général des Etats du baillage d'Autun :
De sinople, à un cigne d'argent.

97. — GRUSOT, Anne, femme d'Antoine GUYE, seigneur de Vorne, conseiller du Roy au Parlement, commissaire aux requêtes du Palais à Dijon :
D'azur, à une grue d'argent.

98. — GRUSOT, Oudette, femme de Baugne-André FLUTELOT fils, conseiller au Parlement de Dijon :
De même.

110. — THERION, Claude, veuve de Claude RIGOLEY, conseiller du Roy au Parlement de Dijon :
De gueules, à un triangle vuidé d'argent.

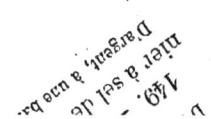

116. — Nicolas, Bonaventure, procureur au Parlement de Dijon :

D'argent, à une fasce d'azur, et une étoile de même, posée en chef.

120. — Buttard, N., conseiller du Roy, maire perpétuel de la ville de Seurre :

De gueules, à un bautoir de mareschal d'or.

127. — Casotte, Jean, greffier en chef de la chancellerie de Dijon :

De sinople, à une maison d'argent.

130. — Laplace, N., femme de N. Joly, écuyer, seigneur d'Ecutigny :

D'or, à un écusson de sable.

133. — Chevrot fils, N. :

Chevronné d'argent et d'azur de six pièces.

134. — Gallois, Olimpe-Josephe, veuve d'André de Bretagne, écuier, conseiller du Roy, trésorier de France au bureau des finances de Dijon :

D'or, à un casque d'azur, posé de profil.

137. — Perard, Françoise, veuve de Barthélemy Joly, conseiller du Roy, son avocat général en la Chambre des comptes de Dijon :

De sable, à trois merlettes d'argent, posées en pal.

138. — Potin, Noël, procureur au baillage et siége présidial de Dijon :

De gueules, à un pot d'argent.

141. — Niquet, N., conseiller du Roy, receveur des consignations au baillage de Nuits :

De sinople, à un niveau de masson d'or.

148. — Boillot, Jeanne, veuve d'Abraham Creusenault, conseiller du Roy, maître ordinaire en la Chambre des comptes de

une aiguière d'argent.

Nicolas, conseiller du Roy, contrôleur au gre-

gueules, cotoyée de deux cotices de même.

150. — Turlot, Nicolas, greffier du baillage et siége présidial de Dijon :

D'or, à une tour d'argent.

152. — Valadon, Raimond, notaire royal et procureur au baillage d'Auxonne :

De sable, à un chevron d'or, sommé d'un besan de même.

153. — De Saint-Martin-d'Agincourt, Yolande, dame de Divry :

D'argent, à un manteau de sable.

154. — De Saint-Martin-d'Agincourt, Marie-Charlotte :

De même que cy-dessus, article 153.

157. — De Chatelus, Philibert-Paul, comte de Catelux, vicomte d'Avallon, baron de Carrée, seigneur de Marigny et autres lieux, colonel au régiment de Tul :

D'argent, à un chat de sable.

158. — Bauce, Fleurent, procureur au baillage et siége présidial de Dijon :

D'or, à une fasce d'azur, chargée d'un verre d'argent.

159. — Guiraud, Cristine, femme de Jean de Pise, conseiller du Roy, maître ordinaire en la Chambre des comptes de Dijon :

D'argent, à une grive de gueules.

160. — Laurain, N., huissier au Parlement de Dijon :

De gueules, à trois feuilles de laurier d'or, posées deux et une.

161. — Gauthier, Pierre, huissier au Parlement de Dijon :

D'argent, à un coq de sable.

162. — Bricard, Dominique, huissier aux requêtes du Palais à Dijon :

D'argent, à un chef d'azur, chargé de trois briques d'or.

163. — Macheron, Claude, huissier aux requestes du Palais à Dijon :

D'azur, à une dent d'argent, les racines de gueules.

164. — Champinot, François, huissier :

De sinople, à un champignon d'argent.

166. — GILLOT, Jacques, huissier au Parlement de Dijon :
Fascé d'azur et d'or de huit pièces.

167. — LORDELOT, Claude, huissier au Parlement de Dijon :
De sable, coupé d'or, à une bande de l'un en l'autre.

168. — PAGE, François, huissier au Parlement de Dijon :
D'or, à un chef de gueules, chargé d'un cœur enflammé d'or.

169. — GIVOISET, Nicolas, huissier au Parlement de Dijon :
D'argent, à un moineau de gueules.

170. — GIRARDET, Emiliand, huissier au Parlement de Dijon :
De sable, à un écusson gironné d'or et de gueules de huit pièces.

171. — MAGNIEN, Jaque, huissier au Parlement de Dijon :
D'or, à un pal de sable.

172. — BLANCHOT, Pierre-Nicolas, huissier au Parlement de Dijon :
D'azur, à trois écussons d'argent, posez deux et un.

173. — MORIZOT, Louis, huissier au Parlement de Dijon :
D'argent, à un pal de gueules, acosté de deux têtes de more de sable.

174. — PIRON, Claude, huissier au Parlement de Dijon :
D'or, à un chef d'azur.

175. — MOUCHINET, Hubert, procureur en la Cour du Parlement de Dijon :
De gueules, à un besan d'or, chargé d'une mouche de sable.

176. — BRETON, Jean, procureur au Parlement de Dijon :
D'or, à une croix de gueules.

177. — PRIEUR, Edme, huissier en la Chambre des comptes de Dijon :
De gueules, à un bâton prieural d'argent.

178. — CLAMENEL, Philibert, conseiller, médecin du Roy à Arnay-le-Duc :
D'or, à un sautoir de sinople.

179. — TREMISSOT, N., juge, prévost royal de Bagneux-les-Juifs :
D'azur, à trois treffles d'argent, rangées en fasce.

GÉNÉRALITÉ DE BOURGOGNE

180. — De Requeleine, Etienne, avocat au Parlement :
D'or, à un pairle de sable.

188. — Hutet, N., greffier au bailliage de Saint-Jean-de-Laône :
De gueules, à une montagne d'argent.

189. — Foignot, Guillaume, notaire royal et procureur à Seurre :
D'or, à un pal d'azur.

191. — Guilbert, N., seigneur du fief de Champlevert :
De sinople, à une clef d'argent.

192. — Mercier, Barthélemy, notaire royal à Nuits :
D'or, à une fasce de gueules.

193. — Dercy, Jaque, procureur et notaire royal à Nuitz :
De sable, à trois dez à jouer d'argent, posez deux et un.

194. — Perdriset, Antoine, conseiller du Roy, son procureur en l'Hôtel de Ville de Nuits :
D'or, à une bande de sinople.

195. — Lessore, Lazare-Alexandre, conseiller du Roy, notaire à Dijon :
D'azur, à une colombe s'essorante d'argent.

196. — Carron, Bernard, huissier aux requestes du Palais à Dijon :
D'or, à une barre de sable.

198. — Cinq-Fonds, Jean, conseiller du Roy, notaire et secrétaire de la Chambre du conseil de Dijon :
De gueules, à cinq besans d'argent, posez en croix.

199. — Baudot, Louis, conseiller, notaire royal à Dijon :
D'or, à un chevron d'azur.

202. — Sarrazin, N., prêtre familier de l'église Saint-Simphorien de Nuits :
De sinople, à un bouclier d'argent.

203. — Micault, Hector, prêtre familier en l'église de Saint-Simphorien de Nuits :
D'or, à deux pals de gueules.

209. — Espagnol, Blaise, conseiller du Roy, juge, châtelain royal d'Aisey-le-Duc :
De sable, à une épée haute d'argent, la garde et les branches à l'espagnole.

210. — Guelot l'aisné, Philibert, procureur au Parlement et au siége présidial de Dijon :

D'or, à deux fasces de sinople.

211. — Boisset, N., conseiller, notaire du Roy à Dijon :

D'azur, à une tasse d'argent.

212. — Terrion, Andoche, greffier de la mairie de Dijon :

D'or, à deux bandes de sable.

213. — Folin, Margueritte, femme de Pierre Petit, écuier :

De gueules, à une marotte de fou d'argent.

214. — Jaquelenet, Quentin, huissier en la chancelerie près le Parlement de Dijon :

D'or, à deux barres d'azur.

216. — Boulanger, Jean, procureur au baillage de Saint-Jean-de-Laône :

De sinople, à deux pelles de four d'argent, passées en sautoir.

218. — Roucher, Guillaume, huissier en la Chambre des comptes de Dijon :

D'or, à deux chevrons de gueules.

219. — Fleutelot, Marie, femme d'Antoine Midan, conseiller du Roy, lieutenant criminel au siége présidial de Dijon :

De sable, à une flutte d'argent.

222. — Foissey, Claude, huissier au bureau des finances de Dijon :

D'or, à trois pals de sinople.

224. — Trapet, Emilian, huissier en la Chambre des comptes de Dijon :

D'azur, à une sourissière d'argent.

225. — Rollin, Prosper, huissier en la Chambre des comptes de Dijon :

D'or, à trois fasces de sable.

228. — N..., femme de N. de la Ramisse, conseiller du Roy, lieutenant criminel au baillage d'Auxonne :

De gueules, à un lion d'argent.

230. — PERRUCHOT, Philiberte, veuve de Philipe JOLY, conseiller et avocat du Roy au siége présidial de Dijon :
De sinople, à un perroquet d'argent.

231. — COLINET, Etienne, commis greffier, vétéran au bureau des finances de Dijon :
D'or, à trois bandes d'azur.

232. — GUYLBERT, Adrien, cy-devant huissier aux requêtes du Palais de Dijon :
D'or, à trois barres de gueules.

234. — PELLETIER, Claude, conseiller du Roy, commissaire vérificateur des deffauts aux eaux et forêts de Dijon :
De sable, à une toison d'argent.

235. — HOUSSE, Pierrette, femme de Richard MICHEL, conseiller au présidial à Dijon :
D'or, à trois chevrons de sinople.

236. — PELLETIER, François, huissier au Parlement de Dijon :
Comme cy-dessus, article 234.

243. — DIDIER, Abraham, conseiller, notaire royal à Dijon :
D'or, à quatre pals de sable.

249. — CHIPOREY, Margueritte-Nicolle, femme de Jean-Germain COLLINET, conseiller d'honneur au présidial de Dijon :
D'azur, à une plante de chicorée d'argent.

254. — FABAREL, Jean, conseiller d'honneur au présidial de Dijon :
D'or, à quatre fasces d'azur.

255. — LE FEBVRE, Claire, femme de Jean FABAREL, conseiller d'honneur au présidial de Dijon :
De gueules, à un fer de cheval d'argent.

256. — LE CLERC, Margueritte, femme de Pierre BEDEY, conseiller du Roy, auditeur en la Chambre des comptes de Bourgogne :
D'or, à quatre bandes de gueules.

257. — HOUSSE, Margueritte, veuve de Simon LE CLERC, advocat au Parlement de Dijon :
De sinople, à une housse de cheval d'argent.

258. — LE BOURG, Huguette, veuve de Didier CHAUDELET, huissier en la Chambre des comptes de Dijon :

D'or, à quatre barres de sinople.

259. — VALLET, Philippe, huissier aux requêtes du Palais à Dijon :

De sable, à deux montagnes d'argent, mouvante en pointe des deux angles de l'écu.

260, 261. — Feu MARTIN DE CHOISEY, Jean-Baptiste, seigneur de Barjon et autres lieux, et Antoinette BAUDOT, sa veuve :

D'or, à quatre chevrons de sable; accolé d'azur, à une rencontre d'asne d'argent.

262. — LAMBERT, Pierre, lieutenant de la bourgeoisie de Dijon :

D'or, à un chef de gueules.

263. — CHEVREAU, Louise, veuve de Charles DARAGON, cy-devant receveur au grenier à sel de Montsaujon :

De gueules, à un limaçon d'argent.

266. — AGUENIER, Jeanne, veuve de Jean-Baptiste ROYER, notaire royal à Dijon :

D'or, à une croix de sinople.

267. — GRANGER, Louise, veuve de Claude PRIEUR, notaire royal à Dijon :

De sinople, à une grange d'argent.

268. — GILLET, Margueritte, veuve de Bénigne GUENIN, notaire royal à Dijon :

D'or, à un sautoir de sable.

270. — MOREAU, Marie, femme de Jean DE LA RAMISSE, conseiller du Roy et son substitut en sa Chambre des comptes de Dijon :

Comme cy-devant, article 86.

271. — QUENTIN, Jeanne, veuve de Guillaume FAY, notaire royal à Dijon :

D'or, à un pairle d'azur.

273. — MORLET, Jeanne, veuve de Jean-Jérôme TISSERAND, capitaine de dragons au régiment de Chanteran :

De sable, à un mords de bride d'argent.

274. — PARENT, André, avocat en Parlement :

D'or, à un pal de gueules.

275. — BOURELIER, Bernarde, femme de Jean REGNAULT, avocat en Parlement, cy-devant auditeur en la Chambre des comptes de Dijon :
D'azur, à un bats de mulet d'argent.

276. — CHAUMONNET, François, avocat au Parlement de Dijon :
D'or, à une fasce de sinople.

277. — PRINSTET, Caterine, veuve de Philippe SIGAULT, conseiller du Roy, substitut du procureur général de Sa Majesté en la Chambre des comptes de Dijon :
De gueules, à une perdrix d'argent.

278. — BOURGUIGNON, Catherine, veuve de Bernard CARRELET, conseiller du Roy, correcteur en la Chambre des comptes de Dijon :
D'or, à une bande de sable.

279. — VAGEOT, Auguste, avocat au Parlement de Dijon :
De sinople, à une vache passante d'argent.

280. — DAVOT, Gabriel, conseiller du Roy, substitut du procureur général de S. M. au Parlement de Bourgogne :
D'or, à une barre d'azur.

282. — MORLET, Margueritte, veuve de Claude JANON, conseiller du Roy, substitut du procureur général au Parlement de Dijon :
Comme cy-devant, article 273.

286. — PILLOT, Michel, capitaine châtelain de Rouvre :
D'or, à un chevron de gueules.

287. — GRUZOT, Claude, veuve de Louis THOMAS, avocat en Parlement :
De sable, à un creuzet d'argent.

288. — MANGEY, Jeanne, veuve de Jacques ARTAULT, greffier en chef de la justice consulaire de Dijon :
D'or, à deux pals de sinople.

289. — COTHERET, Claude, échevin de la ville de Dijon :
D'azur, à cinq cotices d'argent.

290. — GENDROT, Barbe, veuve de Philippe SIRE, procureur au Parlement de Dijon :
D'or, à deux fasces de sable.

291. — Camus, Toussaint, commis au greffe du Parlement de Dijon :

De gueules, à une tête de singe d'argent.

292. — Prouin, Caterine, femme de Pierre Guillardet, conseiller du Roy, trésorier receveur et payeur des gages des officiers du Parlement de Dijon :

D'or, à deux bandes d'azur.

293. — De Bruère, Lazarre, docteur en médecine à Dijon :

De sinople, à une plante de fève d'argent.

295. — Bouthier, Catherine, veuve de Bénigne Maillard, procureur au Parlement de Dijon :

D'or, à deux barres de gueules.

296. — Buisson, Jeanne, veuve de Philibert Paresser, avoca en Parlement :

De sable, à un buisson d'argent.

297. — Chapot, Pierre, avocat en Parlement :

D'azur, à un chapeau d'argent.

300. — Guenebault, Claude, procureur au Parlement de Dijon :

D'or, à deux chevrons de sinople.

301. — Guiot, Jeanne, veuve de Philibert Panier, procureur en la Chambre des comptes de Dijon :

D'or, à trois pals de sable.

303. — Tixerant, Jean, procureur en la Cour de Parlement de Dijon :

De gueules, à une navette de tisseran d'argent.

304. — Oudin, Nicolas, avocat en Parlement :

D'or, à trois fasces d'azur.

305. — Eloy, Sébastien, huissier en la chancelerie près le Parlement de Dijon :

De sinople, à un marteau d'argent.

308, 309. — Quarré, François, conseiller du Roy en ses conseils et son avocat général au Parlement de Dijon, et Philiberte Bouquinet, sa femme :

D'or, à trois bandes de gueules ; acolé de sable, à un bouc d'argent.

311. — Fijean, Geneviève, femme de Jaque Mucye, conseiller au Parlement de Bourgogne :

D'or, à trois barres de sinople.

314. — Granger-Bertrand, Daniel-Jaque, lieutenant des murailles de Dijon :

De gueules, à une grange d'argent.

315. — Rémond, Alexandre, conseiller du Roy, substitut au bureau des finances de Bourgogne :

D'or, à trois chevrons de sable.

317. — Blondel, Antoine, enseigne de la bourgeoisie de la paroisse Notre-Dame de Dijon :

De sinople, à une perruque d'argent.

318. — Delacroix, Claude, veuve de Nicolas Prot, procureur au Parlement de Bourgogne :

De sable, à une croix fleuronnée d'argent.

320. — Des Varennes, Jean, huissier à la Table de Marbre du Palais à Dijon :

D'or, à quatre pals d'azur.

321. — Fourney, Claude-Bernard, enseigne de la bourgeoisie de la paroisse de Saint-Médard de la ville de Dijon :

D'azur, à un fourneau d'argent.

322. — Tribollet, Bénigne, veuve de Nicolas Perrier, conseiller secrétaire du Roy au Parlement de Metz :

D'or, à quatre fasces de gueules.

323. — Sardet, Claude, huissier royal aux traittes de Dijon :

De gueules, à une sardine d'argent.

324. — Patichot, Jean, huissier audiencier au présidial de Dijon :

D'or, à quatre bandes de sinople.

325. — Thielley, Didière, femme de Philippe Lhomme, sieur de Raimond, conseiller du Roy, receveur des amendes de la Chambre des comptes de Bourgogne :

De sinople, à un chapeau d'argent.

SUIVANT L'ORDRE DU REGISTRE 1ᵉʳ DES COMMUNAUTEZ.

53. — Le corps des officiers du grenier à sel de Nuits :
D'or, à quatre barres de sable.

60. — La communauté des maîtres apotiquaires de la ville de Beaune :
De sable, à une seringue d'argent.

62. — L'officialité de Beaune :
D'or, à quatre chevrons d'azur.

67. — La communauté des maîtres boureliers et carossiers de la ville de Dijon :
D'azur, à une selle de cheval d'argent.

74. — La communauté des maîtres cordiers de la ville de Dijon :
D'or, à un chef de sinople.

75. — La communauté des maîtres tisserans de la ville de Beaune :
De gueules, à une navette de tisseran d'argent.

76. — La communauté des maîtres charpentiers de la ville de Beaune :
D'or, à une croix de sable.

77. — La communauté des maîtres épiciers de la ville de Beaune :
De sinople, à un pain de sucre d'argent.

84. — La communauté des maîtres vitriers de la ville de Beaune :
D'or, à un sautoir d'azur.

85. — La communauté des maîtres chaudroniers de la ville de Beaune :
De sable, à un chaudron d'argent

87. — La communauté des maîtres barbiers et perruquiers de la ville de Dijon :
D'or, à un pairle d'argent.

GÉNÉRALITÉ DE BOURGOGNE

88. — La communauté des maîtres corroyeurs de la ville de Beaune :

D'azur, à une lunette de corroyeur.

89. — La communauté des maîtres vinaigriers de la ville de Beaune :

D'or, à un pal de sinople.

95. — La communauté des maîtres pelletiers et gantiers de la ville de Beaune :

De gueules, à un gand d'argent.

SUIVANT L'ORDRE DU REGISTRE 2º DES COMMUNAUTÉS.

2. — La communauté des maîtres tondeurs de drap de la ville de Beaune :

D'or, à une fasce de sable.

4. — La communauté des maîtres chapeliers de la ville de Beaune :

De sinople, à un chapeau retroussé d'argent.

6. — Le corps des officiers du grenier à sel de la ville de Beaune et Chambre de Chagny :

D'or, à une bande d'azur.

13. — La communauté des maîtres potiers d'étain de la ville de Beaune :

De sable, à un pal à boire d'argent.

16. — La communauté des maîtres tonneliers de la ville de Dijon :

D'or, à une barre de gueules.

18. — La communauté des vinaigriers de la ville de Dijon :

D'azur, à un entonnoir d'argent.

19. — La communauté des marchands de fromage et charcuterie de la ville de Dijon :

D'or, à un chevron de sinople.

20. — La communauté des maîtres chapeliers de la ville de Dijon :

De gueules, à deux chapeaux d'argent, posez l'un sur l'autre.

14

21. — Le corps des officiers de la châtelenie d'Argilly :

D'or, à deux pals de sable.

22. — La communauté des maîtres couteliers de la ville de Beaune :

De sinople, à un couteau d'argent.

23. — La communauté des maîtres serruriers de la ville de Beaune :

D'or, à deux fasces d'azur.

24. — La communauté des maistres bouchers de la ville de Beaune :

De sable, à un couperet d'argent.

26. — La communauté des maîtres fondeurs et chaudroniers de la ville de Dijon :

D'or, à deux bandes de gueules.

28. — La communauté des maîtres drapiers, drapans et cardeurs de la ville de Beaune :

D'azur, à une aulne d'argent, posée en pal.

29. — La communauté des maîtres selliers carossiers de la ville de Dijon :

D'or, à une barre de sinople.

30. — La communauté des pâtissiers de la ville de Beaune :

De gueules, à un pâté d'argent.

31. — La communauté des orfèvres de la ville de Dijon :

D'or, à deux chevrons de sable.

32. — La communauté des maistres tisserans de la ville de Dijon :

De sinople, à une navette de tisseran d'argent.

33. — La communauté des maîtres paulmiers et billardeurs de la ville de Dijon :

D'or, à trois pals d'azur.

34. — La communauté des maîtres corroyeurs de la ville de Dijon :

De sable, à deux lunettes de corroyeur d'argent, posées l'une sur l'autre.

35. — La communauté des maîtres potiers d'étain de la ville de Dijon :

D'or, à trois fasces de gueules.

37. — La communauté des maîtres blanchisseurs et plâtriers de la ville de Dijon :

D'or, à un sac de plastre d'argent.

38. — La communauté des maîtres taillandiers de la ville de Dijon :

D'or, à trois bandes de sinople.

39. — La communauté des maîtres armuriers de la ville de Beaune :

De gueules, à un pistollet d'argent.

44. — La communauté des apotiquaires de la ville de Dijon :

D'or, à trois barres de sable.

46. — La communauté des maîtres hosteliers de la ville de Beaune :

De sinople, à une bouteille d'argent.

49. — La communauté des maîtres barbiers et perruquiers de la ville de Beaune.

D'or, à trois chevrons d'azur.

50. — Le corps des officiers du baillage de la ville de Beaune :

De sable, à une fleur de lis d'argent.

51. — Le corps des officiers de la chancellerie du baillage de Beaune :

D'or, à quatre pals de gueules.

52. — La communauté des maîtres épiciers de la ville de Dijon :

D'azur, à une balaine d'argent.

53. — La communauté des maîtres écrivains et maîtres d'écoliers de la ville de Dijon :

D'or, à quatre fasces de sinople.

55. — La communauté des maîtres gantiers de la ville de Dijon :

De gueules, à un gand renversé d'argent.

56. — La communauté des maîtres tailleurs d'habits de la ville de Dijon :

D'or, à quatre bandes de sable.

61. — La communauté des maîtres huilliers de la ville de Dijon :

De sinople, à cinq olives d'argent, posées en croix.

66. — La communauté des maîtres boulangers de la ville de Seurre :

D'or, à quatre barres d'azur.

67. — La communauté des maîtres tonneliers de la ville de Seurre :

De sable, à une doloire d'argent.

68. — La communauté des maîtres tisserans de la ville de Seurre :

D'or, à quatre chevrons de gueules.

69. — La communauté des hôteliers, cabaretiers de la ville de Seurre :

D'azur, à un verre d'argent.

70. — La communauté des maîtres pâtissiers de la ville de Seurre :

D'or, à un chef de sable.

71. — La communauté des maîtres serruriers de la ville de Seurre :

De gueules, à une clef d'argent.

72. — La communauté des maîtres cordiers de la ville de Seurre :

D'or, à une croix d'azur.

73. — La communauté des maîtres selliers et boureliers de la ville de Seurre :

De sinople, à une selle de cheval d'argent.

74. — La communauté des marchands de la ville de Seurre :

D'or, à un sautoir de gueules.

75. — Le corps des officiers de l'officialité du prieuré de Notre-Dame de Laone :

De sable, à une crosse d'argent.

77. — La communauté des maîtres tailleurs d'habits de la ville de Seurre :

D'or, à un pairle de sinople.

78. — La communauté des maîtres mareschaux de la ville de Seurre :

D'azur, à un fer de cheval d'argent.

79. — La communauté des maîtres charrons de la ville de Seurre :

D'or, à un pal de sable.

80. — La communauté des maîtres cordonniers de la ville de Seurre :

De gueules, à un couteau à pied d'argent.

82. — La communauté des maîtres tanneurs de la ville de Seurre :

D'or, à une foy d'azur.

83. — La communauté des maîtres traiteurs, hosteliers et cabaretiers de la ville de Dijon :

De sinople, à un plat d'argent.

90. — La communauté des maîtres mariniers de la ville de Seurre :

D'or, à une bande de gueules.

91. — La communauté des maîtres boulangers et pâtissiers de la ville de Saint-Jean-de-Laône :

De sable, à une pelle de four d'argent.

92. — La communauté des maîtres cordonniers et savetiers de la ville de Saint-Jean-de-Laône :

D'or, à une carte de sinople.

93. — La communauté des maîtres selliers et bourreliers de la ville de Saint-Jean-de-Laône :

D'azur, à un cheval d'argent.

94. — La communauté des maîtres charpentiers de la ville de Saint-Jean-de-Laône :

D'or, à un chevron de sable.

95. — La communauté des maîtres maréchaux de la ville de Saint-Jean-de-Laône :

De gueules, à un boutoir de mareschal d'argent.

97. — La communauté des maîtres mariniers de la ville de Saint-Jean-de-Laône :

D'or, à deux pals d'azur.

98. — La communauté des maîtres mariniers de la ville d'Auxonne :

De sinople, à un bateau d'argent contourné.

99. — Le corps des officiers de l'officialité de la ville d'Auxonne :

D'or, à deux fasces de gueules.

100. — La communauté des marchands de la ville d'Auxonne :

De sable, à un balot de marchandises d'argent.

102. — La communauté des maîtres hosteliers et cabaretiers de la ville de Saint-Jean-de-Laône :

D'or, à une bande de sinople.

103. — La communauté des maîtres serruriers de la ville de Saint-Jean-de-Laône :

D'azur, à une clef renversée d'argent.

104. — La communauté des maîtres tissiers en toille de la ville d'Auxonne :

D'or, à deux barres de sable.

105. — La communauté des maîtres cordonniers de la ville d'Auxonne :

De gueules, à un sautoir d'argent.

106. — La communauté des marchands de fer de la ville de Dijon :

D'or, à deux chevrons d'azur.

107. — La communauté des maîtres serruriers de la ville d'Auxonne :

De sinople, à une lime d'argent.

108. — Le corps des officiers du grenier à sel de Dijon :

D'or, à trois pals de gueules.

109. — La communauté des maîtres pâticiers de la ville d'Auxonne :

De sable, à trois tourteaux d'argent.

110. — La communauté des maîtres selliers et boureliers de la ville d'Auxonne :

D'or, à trois fasces de sinople.

111. — Le corps des officiers de la justice consulaire de la ville d'Auxonne :

D'azur, à une main de justice d'argent.

112. — La communauté des maîtres apotiquaires de la ville d'Auxonne :

D'or, à trois bandes de sable.

113. — La communauté des maîtres tonneliers de la ville d'Auxonne :

De gueules, à une ésette (?) d'argent.

116. — Le corps des officiers du baillage d'Auxonne :

D'or, à trois barres d'azur.

117. — Le corps des officiers du grenier à sel d'Auxonne :

De sinople, à une fleur de lis d'argent.

118. — La communauté des maîtres massons de la ville d'Auxonne :

D'or, à trois chevrons de gueules.

119. — La communauté des maîtres menuisiers de la ville d'Auxonne :

De sable, à un rabot d'argent.

120. — La communauté des maîtres charons de la ville d'Auxonne :

D'or, à quatre pals de sinople.

121. — La communauté des bouchers de la ville d'Auxonne :

D'azur, à une rencontre de bœuf d'argent.

122. — La communauté des cabaretiers de la ville d'Auxonne :

D'or, à quatre fasces de sable.

123. — La communauté des maîtres mareschaux de la ville d'Auxonne :

De gueules, à une enclume d'argent.

124. — Le prieuré de Larré :
D'or, à quatre bandes d'azur.

125. — Le corps des officiers de la châtelenie royale de Pomard :
De sinople, à un septre d'or.

126. — Le prieuré de Saint-Marcel-lès-Chalon :
D'or, à quatre barres de gueules.

127. — Le corps des officiers de la prévôté royalle de Labergement-le-Duc :
De sable, à un septre et une main de justice, le tout d'argent, passez en sautoir.

128. — La communauté des maîtres tailleurs d'habits de la ville d'Auxonne :
D'or, à quatre chevrons de sinople.

130. — Le prieuré de Saint-Vincent :
D'azur, à un bâton prieural d'or.

131. — Le corps des officiers de la châtelenie de Vergy :
D'argent, à un chef d'azur.

132. — Le corps des officiers de la mairie royalle d'Issurtille :
De gueules, à une fleur de lis d'or.

133. — Le corps des officiers de la mairie royalle de Fontaine-Françoise :
D'argent, à une croix de gueules.

137. — Le corps des officiers de la prévôté royalle de Bouillant :
De sinople, à un septre d'or, posé en bande.

138. — La communauté des maîtres armuriers et lanterniers de la ville de Dijon :
D'argent, à un sautoir de sinople.

139. — La communauté des maistres couteliers et éprouviers de la ville de Dijon :
De sable, à une molette d'or.

140. — La communauté des maîtres fourbisseurs, passementiers et brodeurs de la ville de Dijon :
D'argent, à un pairle de sable.

141. — La communauté des maîtres tondeurs de drap de la ville de Dijon :

D'azur, à une fasce d'or.

143. — La communauté des teinturiers de la ville de Dijon :

D'argent, à un pal d'azur.

145. — La communauté des marchands fruitiers, orangers et limonadiers de la ville de Dijon :

De gueules, à une orange d'or.

146. — La communauté des maîtres boutonniers et orlogeurs de la ville de Dijon :

D'argent, à une fasce de gueules.

147. — La communauté des maîtres tripiers, bahutiers, cueniers, talonniers et formiers de la ville de Dijon :

De sinople, à un coffre d'or.

148. — Le corps des officiers de la Table de Marbre et traittes foraines de Dijon :

D'argent, à une bande de sinople.

150. — La communauté des joueurs d'instruments et maistres à dancer de la ville de Dijon :

De sable, à une flutte d'or.

155. — Le corps des officiers de la justice consulaire de la ville de Dijon :

D'argent, à une barre de sable.

156. — La communauté des couturiers, lingers et blanchisseurs de la ville de Dijon :

D'argent, à une platine à repasser du linge d'or.

159. — Le corps des officiers de la justice de la monnoye de la ville de Dijon :

D'argent, à un chevron d'azur.

La communauté des procureurs du Parlement de Dijon :

On a omis de mettre le numéro de cet article, ainsi que les armes.

Arrêt d'enregistrement du 20 décembre 1703.

Signé : SENDRAS.

ÉTAT DES NOMS ET QUALITEZ

DES PERSONNES ET COMMUNAUTEZ DÉNOMMÉES CY-APRÈS QUI ONT PAYÉ LES DROITS D'ENREGISTREMENT DES ARMOIRIES EZ BUREAUX ÉTABLIS PAR M° ADRIEN VANIER, CHARGÉ DE L'EXÉCUTION DE L'ÉDIT DU MOIS DE NOVEMBRE 1696, ET DESQUELLES ARMOIRIES LA RÉCEPTION A ÉTÉ SURCISE PAR LES ÉTATS AUSSI CI-APRÈS DATTEZ, PARCE QU'ILS ONT NÉGLIGÉ DE FOURNIR LA FIGURE OU L'EXPLICATION DESDITES ARMOIRIES.

DIJON

SUIVANT L'ORDRE DU REGISTRE 1er.

De l'état du 3 janvier 1698.

Veu par nous, Charles d'Hozier, etc. (Voir à la page 90.)

117, 118. — MALETESTE, Etienne, conseiller du Roy en sa Cour du Parlement de Dijon, et Louise JOLY, sa femme :

Tiercé en fasce d'azur, d'or et de gueules, celui-ci chargé d'un croissant de gueules; acolé d'azur, à un lis d'argent, et un chef d'or, chargé d'une croix pattée de sable; écartelé d'azur, à un léopard d'or, armé de gueules.

237. — MALETESTE, Claude, avocat en la Cour du Parlement de Dijon :

Comme cy-devant, article 117.

SUIVANT L'ORDRE DU REGISTRE 3e.

De l'état du 31 janvier 1698.

19. — MALETESTE, Jean, docteur de Sorbonne, curé et archiprêtre d'Arnay-le-Duc :

Comme cy-devant, article 117.

106. — DE FRANCE, Jean, écuyer, seigneur de Chareillac :

D'or, à trois fasces d'azur.

SUIVANT L'ORDRE DU REGISTRE 4e.

124. — MALLET, Claude, avocat en la Cour de Parlement de Dijon :

Palé de gueules et d'argent de six pièces.

GÉNÉRALITÉ DE BOURGOGNE

SUIVANT L'ORDRE DU REGISTRE 5º.

42. — RÉMOND, Jean-Marie, prêtre, curé de Bagnot :
Cet article n'est icy employé que pour mémoire, attendu la restitution qui a esté faite du droit, par ordonnance de M. l'Intendant du 12 février 1701.

Arrêt du 15 février 1709.
Signé : SENDRAS.

ESTAT DES ARMOIRIES

DES PERSONNES ET COMMUNAUTEZ DÉNOMMÉES CY-APRÈS ENVOYÉES AUX BUREAUX ÉTABLIS PAR M' ADRIEN VANIER, CHARGÉ DE L'EXÉCUTION DE L'ÉDIT DU MOIS DE NOVEMBRE DERNIER, POUR ESTRE PRÉSENTÉES A NOSSEIGNEURS LES COMMISSAIRES GÉNÉRAUX DU CONSEIL, DÉPUTÉS PAR SA MAJESTÉ, PAR ARRESTS DES QUATRE DÉCEMBRE 1696 ET 23 JANVIER 1697.

SEMUR-EN-AUXOIS

SUIVANT L'ORDRE DU REGISTRE 1ᵉʳ.

1. — DU CROISIER, Philibert, écuier, seigneur de Sainte-Segraux et Saulcy :
De gueules, à un sautoir d'argent.

2. — FORTEAU, Jean, conseiller du Roy, lieutenant général criminel ès bailliages, chancellerie et présidial de Semur-en-Auxois :
De sinople, à une tour d'argent, et un chef vairé d'or et de gueules.

3. — DE THOISY, Jacques, écuyer, conseigneur de Torcy :
D'azur, à trois glans d'or.

4. — DE LA LOGE, Andoche, écuier :
D'azur, à un ours d'or, surmonté de trois pommes de pin de même.

5. — DAMOISEAU, Raphaël, écuier :
D'azur, à un aigle d'or, bequé et onglé de gueules.

6. — THOMAS, Jacques, écuier, sieur de la Brüère :
D'azur, à un chevron d'or, accompagné de trois étoiles de même, et en pointe d'une coquille aussy d'or.

7. — DE DESPENCE, François, écuier, sieur de la Loge :

D'azur, à une gerbe d'or, sur laquelle passe un levrier, accolé de même, surmonté d'un croissant d'argent.

8. — DE BRANCHES, Nicolas, écuier :

De gueules, à une fasce d'argent.

9. — DE DESPENCE, Denis, écuier, sieur de Railly :

D'azur, à une gerbe d'or, sur laquelle passe un levrier, accolé de même, surmonté d'un croissant d'argent.

10. — DE BIEN, Claude, écuier, sieur de la Vallée :

De gueules, à trois fasces ondées d'argent.

11. — CHAUVEAU, Jacques, conseiller du Roy ès bailliage, chancellerie et présidial de Semur-en-Auxois :

D'argent, à une ancre de sable, surmontée de trois étoiles de gueules.

12. — DUPERREAU, Claude, écuier, sieur des Buissons :

De gueules, à un chevron d'or, accompagné en chef de deux molettes de même, et en pointe d'un gland aussy d'or.

13. — BAUDENET, Jacques, conseiller du Roy et son avocat au bailliage de Semur-en-Auxois :

De gueules, à une fasce d'or, accompagnée en chef de deux croissans d'argent, et en pointe d'un lion passant de même.

14. — LE MULIER, Jacob, conseiller du Roy, lieutenant général en la chancellerie présidialle de Semur-en-Auxois :

D'azur, à deux cigognes affrontées d'or, suportantes de leurs becs à chacune d'un pied un casque taré de front, et posantes l'autre pied sur un besan en pointe, le tout d'or.

15. — DEMANCHE, Michel, conseiller du Roy ès bailliage, chancellerie et présidial de Semur-en-Auxois :

D'azur, à une manche d'or.

16. — DEREPAS, Alexandre, conseiller du Roy, maire perpétuel et bailly de Viteaux :

De gueules, à un chevron rompu d'or, accompagné en chef d'une étoile de même, et en pointe d'un croissant surmonté d'une rose aussy d'or.

17. — GRUYÉ, Claude, avocat au Parlement, bailly du comté de Saulieux :

D'azur, à une grue d'or, accompagnée en chef de deux étoilles de même.

18. — Du Conroy, Jean, écuier :
D'or, à un chevron de sable, accompagné de trois molettes de même.

19. — De la Roche, Jean, écuier, capitaine au régiment d'Aunix-Infanterie :
D'azur, à un chevron d'or, accompagné en chef de deux larmes d'argent, et en pointe d'un cerf courant de même, surmonté d'une pareille larme aussy d'argent.

20. — De Badier, Jacques, écuier, seigneur de Juillenay :
D'azur, à un chevron d'argent, accompagné de trois étoiles de même.

21. — De Badier, Estienne, écuier, conseiller du Roy, maire perpétuel et bailly de Flavigny :
De même.

22. — Couthier, Claude, chevalier, marquis de Souhey :
De gueules, à une fasce d'or, accompagnée de trois têtes de léopards de même, ouvertes de gueules.

23. — Le Cosquinot, François, écuier :
D'azur, à un coq d'or, accompagné en chef de deux étoilles d'argent, et en pointe un croissant de même.

24, 25. — De Chaugy, Charles, écuier, seigneur de Lantilly, capitaine de dragons au régiment de Poitiers, et Marie Damas, sa femme :
Ecartelé au premier et quatrième, contrécartelé d'or et de gueules, au deuxième et troisième d'azur, à une croix d'or, cantonnée de vingt croisettes de même ; accolé d'or, à une croix ancrée de gueules.

26. — A expliquer plus amplement.

27. — De Vezons, Jean, écuyer :
De gueules, à une bande d'argent, accompagnée en chef de trois étoilles de même, posées deux et une, et en pointe d'un lion aussy d'argent, lampassé et armé d'or.

28. — Blanot, Jacques, ancien conseiller au Parlement de Bourgogne, seigneur de Préjailly :
D'azur, à trois épis de bled d'or, mouvans d'un croissant d'argent en pointe.

29. — De Manche, Jacques, conseiller du Roy, controlleur au grenier à sel de Semur-en-Auxois :
D'azur, à une manche [d'or].

30. — De Fresne, César, chevalier, seigneur de Prey :
D'or, à un lion passant de sable, lampassé et armé de gueules, coupé d'azur, à trois coquilles d'argent, deux et une, et une fasce de même, brochante sur le coupé.

31. — DE FRESNE, Anne, veuve de Roger DE HUMES, chevalier, seigneur de Chérisy :

De sinople, à un lion d'argent, couronné d'or, lampassé et armé de gueules ; écartelé d'argent, à trois papegays de sinople, bequés et membrés de gueules.

32. — LANGUET, Denis, écuier, sieur du Chollot :

De gueules, à un triangle cleché d'or, chargé sur les pointes de trois molettes de sable.

33. — D'HUISSIER, Salomon, écuier, sieur d'Argencourt, vis-bailly d'Auxois :

D'azur, à un chevron d'or, accompagné de trois étoiles de même.

34. — DEBADIER, Nicolas, écuier :

D'azur, à un chevron d'argent, accompagné de trois étoiles de même.

35. — JACOBE, Jeanne-Baptiste, veuve de François BRETAGNE, conseiller du Roy, lieutenant général du baillage d'Auxois :

D'azur, à une fasce ondée d'or, accompagnée de trois grelots de même en chef, et d'un croissant d'argent en pointe ; accolé de gueules, à un massacre de cerf d'or.

36. — DAVOUT, François-Edme, écuier :

De gueules, à une croix d'or, chargée de cinq molettes de sable.

37. — DAVOUT, Claude, écuier :

De même.

38. — LABBÉ, Claude, veuve de Jacques-François DAVOUT :

De même.

39. — DU FAUR DE PIBRAC, François, comte de Marigny :

D'azur, à une fasce d'or, accompagnée de six besans d'argent.

40. — PION, François, conseiller du Roy, grenetier au grenier à sel de Semur-en-Auxois :

D'azur, à un chevron d'or, accompagné en pointe d'une main d'argent, tenant une plume de même.

41. — LEAUTÉ, Pierre, conseiller du Roy au baillage, chancellerie et présidial de Semur-en-Auxois :

De gueules, à une foy d'argent, soutenante un cœur de même, accompagné en pointe d'un croissant aussy d'argent.

42. — DE COLLOMBET, François, écuier, seigneur de Gissé-le-Viel, lieutenant-colonel du régiment d'Anjou, cavallerie :

D'azur, à un sautoir d'or. accompagné de quatre coquilles de même.

43. — Collombet, Alexandre, écuier :

De même.

44. — Filsjean, Aymé-Bernard, écuier, seigneur de Sainte-Collombe :

D'azur, à un chevron d'or, accompagné de trois étoiles de même, et un chef d'argent, chargé de trois croix de gueules.

45. — Baillyat, Claude, procureur du Roy ès mairie, prévosté et châtellenie royalle de Semur en-Auxois et dépendances :

D'azur, à un lion d'or, lampassé et armé de gueules, et un chef d'or.

46. — Baillyat, Philibert, conseiller du Roy, lieutenant particulier ès bailliage, chancellerie et présidial de Semur-en-Auxois :

D'azur, à un lion d'or, lampassé et armé de gueules, et un chef d'or.

47. — De Jarry, Philibert, sieur de la Jarrie, écuier, seigneur de Grandprey :

D'azur, à une fasce d'argent, accompagnée de trois étoiles d'or, rangées en chef, et d'une teste de levrier coupée d'argent, accolée de sable et bouclée de sinople en pointe.

48. — Davout, Nicolas, écuier :

De gueules, à une croix d'or, chargée de cinq molettes de sable.

49. — De Vezons, François, écuier, conseigneur d'Annoux :

De gueules, à une bande d'argent, accompagnée en chef de trois étoiles de même, posées deux et une, et en pointe d'un lyon aussy d'argent, lampassé et armé d'or.

50. — Mynard, Estienne, antien conseiller au baillage d'Avallon :

D'argent, à un pont de trois arches de gueules, massoné de sable et accompagné de six mouchetures d'hermines, trois en chef et trois en pointe.

51. — De Fromager, Jacques, écuier, sieur de Grandprey :

De fasce d'argent, à gueules de six pièces, coupé d'azur, à trois dauphins d'argent.

52. — Vincenot, Jacques, hérault d'armes au titre de Charollois :

D'argent, à un chef d'azur, chargé de deux étoiles d'argent.

53. — Collombet, Claude, écuier, sieur de la Borde :

D'azur, à un sautoir d'or, accompagné de quatre coquilles de même.

54. — De Riolet, Jean-Baptiste, écuier :

De gueules, à un chevron d'or, accompagné de trois étoiles de même.

55, 56. — A expliquer plus amplement.

57. — Darcy le Vanges, Hugues, écuier, originaire de Nivernois :

D'azur, à deux fasces d'argent, accompagnées de six besans de même, trois, deux et un.

58. — Moingeon, Jeanne, veuve de Denis Champeau, écuier, conseiller du Roy, controlleur des augmentations de gages de la petite chancellerie de France :

D'azur, à un cœur d'argent en abîme, accompagné de trois étoiles d'or, deux en chef et une en pointe.

59. — De Georges, Jacques, écuier, seigneur de Romanay et de Villiers-d'Ampier, capitaine au second bataillon du régiment de la marine, infanterie :

Ecartelé au premier et quatrième de gueules, à une fasce d'or, chargée d'un cœur de gueules, remply d'argent, et accompagné de trois étoiles d'or, deux en chef et une en pointe ; au second et troisième d'argent, à un dragon contourné de sinople, la queue baissée, tortillée d'un tortil allumé, lampassé et armé de gueules.

60, 61. — Desmartins, Jeanne, veuve de François Dubois, chevalier, gouverneur de Brebourg, seigneur d'Aisy :

D'azur, à une fasce d'argent, accompagnée en chef d'une étoile, accostée de deux fleurs de lis, et en pointe d'un porc-épic, le tout aussy d'argent, accolé de sable, et un agneau pascal d'argent, posé sur une terrasse de même.

62. — Vaussin, Claude, conseiller du Roy, grenetier au grenier à sel de Saulieux :

D'azur, à un chevron d'or, accompagné en chef de deux glands de même, et en pointe d'une rose d'argent, surmontée d'une étoile d'or.

63. — De Gand, Antoine, écuier, seigneur de la Rochette :

D'azur, à un chef d'argent, chargé de trois merlettes de sable.

64. — De Fautrières de la Bottière, Claude, écuier :

D'argent, à un sautoir de sable, chargé de cinq coquilles d'or.

65. — De Montagu, Catherine, veuve de Charles-Antoine de Conigant, chevalier, seigneur d'Arcenay :

De sable, à un pairle alaizé d'argent, surmonté d'une étoile de même.

66. — De Romecourt, Charles, écuier, seigneur en partie de Villers-les-Hauts, lieutenant-colonel du régiment d'infanterie d'Aligny :

D'or, à un ours de sable.

GÉNÉRALITÉ DE BOURGOGNE

67. — DE MOROT, Jean, écuier, seigneur de Gresigny :

D'argent, à un chevron d'azur, accompagné de trois molettes de gueules, percées de sable, et un chef d'azur, chargé d'une levrette passante d'argent, accolée de gueules.

68. — DE LA FAUSSE, Marie, veuve de François DOUINET, écuier :

De gueules, à un lion passant d'argent.

69. — VAUSSIN, Jean, conseiller du Roy au baillage et chancellerie d'Avallon :

D'azur, à un chevron d'or, accompagné en chef de deux glands de même, et en pointe d'une rose d'argent, surmontée d'une étoile d'or.

70. — CROSINOT, Georges, conseiller du Roy, lieutenant criminel ès bailliage et chancellerie d'Avallon :

D'azur, à un sautoir engreslé d'or, accompagné de quatre clefs de même.

71. — A expliquer plus amplement.

72. — GUILLAUME, Antoine, écuier, antien lieutenant criminel au bailliage d'Avallon :

D'azur, à une croix pattée d'or, posée en cœur, et accosté de deux palmes de même, dont les tiges sont passées en sautoir à la pointe de l'écu.

73. — CHAMPION, Estienne, écuier, conseiller du Roy, lieutenant particulier au bailliage et chancellerie d'Avallon :

D'azur, à un champion ou homme posé de profil, armé de casque et cuirasse, tenant de sa main droite une épée levée, et de sa gauche un bouclier, le tout d'or.

74. — NORMANT, Bernard, conseiller et procureur du Roy aux bailliages et chancellerie d'Avallon :

D'azur, à un chevron d'or, accompagné de trois roses d'argent.

75. — DE DENESVRE, Michel, avocat à la Cour, procureur du Roy au grenier à sel d'Avallon :

D'argent, à un genévrier de sinople, accompagné en chef de deux croisettes de gueules.

76. — TUREAU, Jean, conseiller du Roy aux bailliages et chancellerie d'Avallon :

De gueules, à une tour d'argent, posée en cœur, et une rivière ondée de même en pointe.

77. — LE TORS, Jean, avocat en Parlement :

D'azur, à un chevron d'or, accompagné en chef de deux croissans d'argent, et en pointe d'une étoile de même.

78. — LE BRUN, Marie-Magdelaine, veuve de Jean-Baptiste SAINT, receveur au grenier à sel d'Avallon :

D'argent, à un chevron de sinople, accompagné en chef de deux étoiles d'azur, et en pointe d'un croissant de gueules.

79. — HENRY, Philippe, écuier, conseiller du Roy, lieutenant général ès bailliage et chancellerie de Semur-en-Auxois :

D'azur, à un chevron d'or, accompagné en chef de deux demies lozanges d'argent, et en pointe d'une lozange entière de même.

80. — HENRY, Bénigne, écuier, conseiller du Roy, controlleur au grenier à sel de Semur-en-Auxois :

De même.

81. — DE LA LOGE, Marie, veuve de Jean DAVID, avocat en Parlement, substitut de M. le procureur général en la Chambre des comptes de Dijon :

D'azur, à une harpe d'or, accompagnée en chef de trois grelots de même, deux en chef et un en pointe, et accostée de deux cailles aussy d'or.

82. — POTOT, Michel, conseiller du Roy, maire héréditaire de la ville de Semur-en-Auxois :

D'azur, à trois poteaux d'argent, deux passés en sautoir et un couché en chef.

83. — DE VILLERS-LA-FAYE, Nicolas, chevalier, seigneur du Rousset :

D'or, à une fasce de gueules.

84. — DE VILLERS-LA-FAYE, Eustache, chevalier, seigneur d'Allery :

De même.

85. — DE COUSTIN DU MANADAU, Annet, abbé de l'abbaye commandataire de Notre-Dame de Fontenois :

D'argent, à un lion de sable, lampassé et armé de gueules.

86. — DU COUSTIN DU MANADAU, Jean-Marc, prieur du prieuré du Chalard :

D'argent, à un lion de sable, lampassé et armé de gueules.

87. — DE SENEVOY, Charles, chevalier, seigneur en partie de Viserny :

De gueules, à une bande d'or et un chef d'argent.

GÉNÉRALITÉ DE BOURGOGNE

88. — DE VELLE, Michel, conseiller du Roy, maire héréditaire de la ville de Saulieux :

D'azur, à deux ancres d'argent, passées en sautoir et surmontées de trois étoiles de même, rangées en chef.

89, 90. — D'ESTIENNOT, René-François, écuier, seigneur de Vassy, et Marie BRETAGNE, sa femme :

D'azur, à un chevron d'or, accompagné en chef de deux quintefeuilles de même, et en pointe d'une perdrix aussy d'or ; acco'é d'azur, à une fasce ondée d'or, et accompagnée en chef de trois grelots de même, et en pointe d'un croissant d'argent.

91. — VAUSSIN, Louis, chef de panneterie du Roy :

D'azur, à un chevron d'or, accompagné en chef de deux glands de même, et en pointe d'une rose d'argent, surmontée d'une étoile d'or.

92. — MILLETOT, Claude, procureur aux bailliage et présidial de Semur-en-Auxois :

D'azur, à un lion d'argent, tenant de sa patte gauche une rose de même.

93. — LE CLERC, Claude, docteur en médecine :

D'azur, à un chevron d'or, accompagné en chef de deux étoiles d'argent, et en pointe d'un croissant de même, surmonté d'une étoile aussy d'argent.

94. — CŒUR-DE-ROY, Anne, veuve de Jacques LANGUET, écuier, conseiller secrétaire du Roy en la chancellerie du Parlement de Dijon :

De gueules, à un triangle d'or, chargé sur les pointes de trois molettes de sable.

95. — DE CONROY, Jacquette, demoiselle :

D'or, à un chevron de sable, accompagné de trois molettes de même, deux en chef et une en pointe.

96. — DE CONCLAYS, Anne-Gabriel, veuve de Simon DE CHAUGY, écuyer, seigneur de Lantilly :

De gueules, à une fasce d'or.

97. — CHAMEREAU, Denis, conseiller et procureur du Roy en la mairie de Flavigny :

D'azur, à un chameau d'or, accompagné en chef de deux étoiles de même.

98. — LEAUTÉ, Anne, veuve de Jean PASQUIER, bourgeois à Semur :

De gueules, à une foy d'argent, soutenant un cœur de même, accompagné en pointe d'un croissant aussy d'argent.

99. — Poussy, Jacques, avocat à la Cour, enquesteur aux bailliage, chancellerie et présidial à Semur :

D'or, à un lion de gueules.

100. — Morel, André, avocat en Parlement, garde de la maison du Roy :

D'argent, à trois testes de mores de sable, bandées d'argent.

101. — Letellier, Jeanne, veuve d'André de Guyon, écuier :

D'argent, à trois têtes d'ours de sable, arrachées et emmuselées de gueules.

102. — Languet, Philippe, conseiller du Roy, lieutenant civil aux bailliage et chancellerie d'Arnay-le-Duc :

De gueules, à un triangle d'or, chargé sur les pointes de trois molettes de sable.

103. — Languet, Charles, conseiller du Roy, lieutenant criminel esdits siéges :

De même.

104. — Raudot, Louis, conseiller, avocat du Roy aux baillage et chancellerie d'Arnay-le-Duc :

D'azur, à un chevron d'argent, chargé de trois treffles de sable, et accompagné en chef de deux étoilles d'argent, et en pointe d'un croissant de même.

105. — Hernoux, Antoine, conseiller et procureur du Roy esdits siéges :

D'argent, à une balance d'azur, suportée par deux lions affrontés de sable, lampassés et armés de gueules, et accompagnés en chef de deux étoiles de même, et en pointe d'un croissant de sinople.

106. — Jactet, N., substitut de Messieurs les gens du Roy esdits siéges :

De sinople, à trois faux contournées d'argent.

107. — Bonnard, Claude, avocat au Parlement de Paris :

D'azur, à une flèche d'or.

108. — Testot, François, propriétaire en partie du greffe d'Arnay-le-Duc :

D'argent, à une croix de gueules, cantonnée en chef de deux croissans de même.

109. — Thibert, Philibert, receveur des deniers royaux du bailliage d'Arnay-le-Duc :

D'argent (*), à une bande d'or, chargée de trois fers de pique de sable, et accompagnée de deux mouchetures d'hermines.

(*) D'azur.

110. — Du Croisier, N., écuier, seigneur de Chasson :
D'azur, à un sautoir d'argent.

111. — Beaupin, Jean, conseiller du Roy, président au grenier à sel d'Arnay-le-Duc :
D'argent, à un pin fruitté au naturel.

112. — Testot, Estienne, conseiller du Roy, grenetier audit grenier à sel :
D'argent, à une tête de more de sable, tortillée d'or et accompagnée en chef de deux étoiles de gueules.

113. — Factet, Jean, conseiller du Roy, controlleur audit grenier à sel :
De sinople, à trois faux contournées d'argent, et posées deux et une.

114. — Mottin, Louis, conseiller du Roy et son procureur au grenier à sel d'Arnay-le-Duc :
D'azur, à trois étoiles d'argent, et une coquille de même en cœur.

115. — Bonnard, Jean, conseiller du Roy, receveur audit grenier à sel :
D'azur, à un arc bandé décochant une flèche, le tout d'or.

116. — Bonnard, Bénigne, avocat en Parlement :
De même.

117. — D'Anstrude, André-François, écuier, seigneur de Bierry :
D'argent, à trois emmenchures de gueules.

118. — De Vichy, Charles, écuier :
De vair.

119. — Viart, Marie-Thérèse, femme séparée quant aux biens de M. le comte de Grignon :
D'or, à un phénix de sable sur son bûcher de gueules, et un chef d'azur, chargé de trois coquilles d'argent.

120. — De la Baume, Cristophle, écuier, seigneur d'Estay :
D'or, à une bande vivrée d'azur.

121. — D'Herny, Hiriel, écuier :
D'azur, à trois marteaux d'armes d'or.

SUITE DE SEMUR

SUIVANT L'ORDRE DU REGISTRE 1ᵉʳ COTTÉ POUR LES DOMAINES.

1. — A expliquer plus amplement.

2. — L'abbaye de Marcilly :
De sable, à une bande d'or, parti d'azur, à trois roses d'argent, deux en chef et une en pointe.

3. — Le prieuré de Saint-Jean-l'Evangéliste en Auxois :
Bandé d'or et d'azur de six pièces, et une bordure de gueules.

4. — Le prieuré de Notre-Dame de Semur-en-Auxois :
D'azur, à une Notre-Dame d'or, tenant son enfant Jésus sur son bras gauche, et accostée de deux anges agenouillés et affrontés, tenans chacun un chandelier avec un cierge, le tout d'argent.

5. — Les religieuses de la Visitation Sainte-Marie de Semur-en-Auxois :
D'or, à un cœur de gueules, percé de deux flèches d'or, empennées d'argent, passées en sautoir au travers du cœur, chargé d'un nom de JESUS d'or, et suportant une croix de sable ; le tout enfermé dans une couronne d'espine de sinople, dont les pointes sont ensanglantées de gueules.

6. — Le chapitre de l'église collégialle de Notre-Dame de Montréal :
D'azur, à une Assomption de Notre-Dame d'or.

7. — Le chapitre de l'église collégialle de Saint-Lazare d'Avallon :
D'azur, à un chef saint Lazare d'or.

8, 9. — A expliquer plus amplement.

10. — L'abbaye de Notre-Dame de Fontenet (*) :
De gueules, à trois bandes d'or, et deux barbeaux adossés au naturel, brochans [sur] le tout, surmonté en chef d'une fleur de lis d'or.

(*) Fontenay, près Vezelay.

GÉNÉRALITÉ DE BOURGOGNE

11. — A expliquer plus amplement.

12. — Le chapitre de l'église collégialle de la Sainte-Trinité de Til-en-Auxois :

D'azur, à une sainte Trinité d'argent.

13. — Le prieuré de Saint-Estienne de Courtangys :

D'or, à un saint Estienne d'azur.

14. — Les religieuses de la Visitation Sainte-Marie de la ville d'Avallon :

D'azur, à un cœur de gueules, percé de deux flèches d'or, empennées d'argent, et passées en sautoir au travers du cœur, chargé d'un nom de JÉSUS d'or, et suportant une croix de sable ; le tout enfermé dans une couronne d'espines de sinople, dont les épines sont ensanglantées de gueules.

15, 16. — A expliquer plus amplement.

17. — La ville de Mombard :

D'azur, à deux barbeaux adossés d'argent.

Arrêt d'enregistrement du 3 janvier 1698.
Signé : SENDRAS.

SUIVANT L'ORDRE DU REGISTRE 1ᵉʳ DES CORPS ET COMMUNAUTÉS.

De l'état du 3 janvier 1698.

1. — Le couvent des Bénédictins de l'abbaye de fondation royalle de Moustier-Saint-Jean :

D'azur, semé de fleurs de lis d'or.

Arrêt d'enregistrement du 24 juillet 1699.
Signé : SENDRAS.

SUIVANT L'ORDRE DU REGISTRE 1ᵉʳ.

D'un autre état dudit jour troisième janvier audit an 1698.

26. — D'HARANGUIER, François, écuyer, seigneur de Quincerot :

D'azur, à une fasce d'or, accompagnée en chef de trois croix de Malthe d'argent, et en pointe de trois fers de lance de même, les pointes en bas.

56. — Du Bouchet, Jacques, écuyer, seigneur en partie de Thoisy-le-Désert :

D'azur, à une ancre d'or à dextre, et un lion de même, lampassé et armé de sable, à senestre, ayant ses deux pattes de derrière sur une terrasse de sinople, et sa senestre de devant appuyée sur une des pointes de l'ancre, et un chef bastillé d'argent, chargé de trois estoiles de gueules.

71. — Cromot, Robert-Colas, antien conseiller du Roy es bailliage et chancellerie d'Avalon :

D'azur, à un chevron d'or, surmonté d'une rose au naturel, et accompagné en chef de deux étoiles d'or, et en pointe d'un croissant de même, soutenant un cœur de carnation.

SUIVANT L'ORDRE DU REGISTRE 1er DES DOMAINES.

De l'état du 8 janvier 1698.

8. — Le prieuré de Saint-Bernard de Montréal, ordre de Saint-Augustin :

D'azur, à un saint Bernard revestu d'un surplis, et portant une aumusse sur son bras senestre, le tout d'or.

9. — Les religieuses Ursulines de la ville de Semur-en-Auxois :

D'azur, à une sainte Ursulle d'or.

11. — Le chapitre de l'église collégialle de Saint-Simphorien d'Espoisses :

D'azur, à un saint Simphorien décapité, et levant les mains de carnation, habillé d'argent, estant à genoux sur une terrasse de sinople, chargée à dextre de sa teste renversée de carnation, et à senestre d'une épée d'argent, ensanglantée de gueules et couchée en barre.

15. — Les religieuses Ursulines de la ville de Montbard :

D'azur, à un JESUS MARIA d'or.

16. — Les religieuses Ursulines de la ville d'Arnay-le-Duc :

D'azur, à un JESUS MARIA d'or.

Arrêt d'enregistrement du 19 février 1700.

Signé : SENDRAS.

SUIVANT L'ORDRE DU REGISTRE 1er.

122. — FORRESTIER, Pierre, chanoine en l'église collégialle de Saint-Lazare d'Avallon :

De gueules, à un triangle cleché et renversé d'or, chargé sur les angles de trois molettes de sable, et un lionceau d'argent, posé en abime, et un croissant de même en pointe.

123. — LE CLERC, Louis, officier chez le Roy :

D'azur, à une croix d'or, cantonnée en chef de deux étoiles d'argent, et en pointe de deux dauphins affrontés d'or.

124. — PONNELLE, Pierre, conseiller du Roy, commissaire aux saisies réelles et procureur au baillage et chancellerie d'Arnay-le-Duc :

De gueules, à une fasce d'or, accompagnée en chef de trois cœurs d'argent, et en pointe d'un rocher de même.

125. — DE GRAND, Marguerite, dame de Fanin-les-Montbard, femme séparée de Charles DAMAS, seigneur de Cormaillon :

D'argent, à une fasce de gueules, accompagnée de trois étoiles d'azur, posées deux en chef et une en pointe.

126. — DAMAS, Pierre, écuyer :

D'argent, à une bie ou poteau de mer de sable, posé en pal, et six roses de gueules, posées en orle.

127, 128. — DE JAUCOURT, Elie, chevalier, seigneur de Chazelle-Lescot, et Françoise D'ANLEZY, sa femme :

De sable, à deux léopards d'or, posez l'un sur l'autre ; acolé d'hermines, à une bordure de gueules.

129. — DE THOISY, Laurent, écuyer :

D'azur, à trois glands d'or, posez deux et un.

130. — SAULCIÈRES, Edme, chevalier, seigneur baron de Tenance, Serigny et autres lieux :

De gueules, à un lion d'or, couronné de même.

131. — DU BOUCHET, Margueritte, damoiselle :

D'azur, à un lion d'or, lampassé et armé de gueules, rampant sur une ancre d'or, et trois étoiles d'argent, posées en chef.

132. — JAZUT, Zacarie, procureur fiscal au baillage de Noyers et ses dépendances :

D'azur, à un chevron d'or, accompagné en chef de deux étoiles de même, et en pointe d'un lion d'argent, soutenu d'un cœur de même.

133. — OUDIN, Claude, docteur en médecine à Noyers :

D'azur, à un chevron d'or, accompagné en chef de deux étoiles de même, et en pointe d'un cœur d'argent, surmonté d'un lion de même.

134. — A expliquer plus amplement.

135. — DE LA LOGE, écuier, ancien conseiller secrétaire du Roy, maison et couronne de France, audiancier en la châtellenie près le Parlement de Dijon :

D'azur, à un chevron d'or, accompagné en chef de deux roses d'argent, et en pointe d'un cœur de même.

136. — CHAMPAGNE, Edme, greffier en chef au grenier à sel de Semur-en-Auxois :

De gueules, à un lion d'argent, surmonté d'un croissant de même, parti d'azur, à un chevron d'or, accompagné en chef de deux étoiles d'argent, et en pointe d'un chesne d'or.

137. — DE MORILLON, Charles, chevallier d'honneur du présidial de Semur-en-Auxois, écuier, sieur du Monceau, lieutenant de cavallerie au régiment de Bissy :

D'argent, à un chevron de gueules, accompagné en chef de deux croissans de même, et en pointe d'une tête de more de sable, tortillée d'argent.

138. — MINARD, Jacques, ancien capitaine de cavallerie au régiment de Joffreville :

D'azur, à un chevron d'or, accompagné en chef de deux palmes adossées de même et en pointe d'un croissant d'argent.

139. — DE RIOLLET fils, Jean-Baptiste, écuier :

De gueules, à un chevron d'or, accompagné de trois étoiles de même, deux en chef et une en pointe.

140. — DE ROCHECHOUARD, Claude-Charles, abbé commandataire de l'abbaye royale de Moustier-Saint-Jean :

De gueules, à trois fasces ondées d'argent.

141. — CHAMPION, Claude, conseiller du Roy, maire perpétuel de la ville d'Avallon :

D'azur, à un homme de profil armé et tenant dans sa main dextre un sabre levé, et dans sa senestre un bouclier, le tout d'or.

GÉNÉRALITÉ DE BOURGOGNE

142. — Vallon, François, greffier du baillage d'Avallon :

D'azur, à une fasce d'or, accompagnée en chef d'une étoille de même, et en pointe d'une gerbe aussy d'or, posée dans un vallon de même.

143. — Gueneau, Philibert, châtelain royal et procureur au baillage et siége présidial de Semur-en-Auxois :

D'azur, à un chevron abaissé d'or, accompagné de trois étoilles d'argent, posées une et deux, et en pointe d'une rose de même, tigée et feuillée aussy d'argent.

144. — Varenne, Jacques, procureur au baillage et siége présidial de Semur-en-Auxois :

D'azur, à une javelle d'or, accompagnée de trois demis-vols d'argent, posez deux en chef et un en pointe.

145. — Dareau, Jean, avocat en Parlement :

D'azur, à deux chevrons d'or, accompagnez en chef de deux étoiles d'argent, et en pointe d'un croissant de même.

146. — Girardot, Nicolas, avocat en Parlement :

D'azur, à trois soleils d'or, posez deux et un.

147. — Guillot, Jacques, conseiller du Roy, lieutenant général des baillage et chancellerie de Saulieu :

D'azur, à un massacre de cerf d'or, et un chef d'argent, chargé de trois grains de guy de gueules.

148. — De Jaucourt, Louis, écuier, seigneur de Nau-les-Avallon :

De sable, à deux léopards posez l'un sur l'autre ; écartelé de bandé d'or et d'azur de six pièces, à une bordure de gueules.

149. — A expliquer plus amplement.

150. — Simon, Alexandre, prestre :

De gueules, à une tour d'argent.

151. — Guenynard, Etienne, conseiller du Roy, receveur au grenier à sel de Viteaux :

D'or, à trois pommes de pin au naturel, posées deux et une.

152. — Simon, Anne, veuve de Pierre de Repas, conseiller du Roy, grenetier au grenier à sel de Pouilly :

De gueules, à une tour d'argent.

153. — De Jarry de la Jarie, Joseph, écuier :

Tiercé en fasce, au premier d'azur, à trois étoiles d'or, au second d'argent, et au troisième de gueules, à une tête et col de levrier d'argent, acollée et bouclée de sable.

154. — Le Clerc, Louis, juge, prévost et chastelain de la ville de Mombard :

D'argent, à une bande de gueules, chargée d'une étoille d'or.

155. — Du Bled, Philibert, conseiller et avocat du Roy au baillage de Saulieu :

D'azur, à un chevron d'or, accompagné de trois épis de bled de même, posez deux en chef et un en pointe, celuy-cy surmonté d'une étoille d'argent.

156. — Feu Barbuot, Simon, bourgeois de Flavigny, suivant la déclaration de Philiberte Humblot, sa veuve :

D'azur, à trois épis de bled d'or, les tiges pointées, mouvantes d'un croissant d'argent, et deux étoilles de même, posées en chef.

157. — A expliquer plus amplement.

158. — Morizot, N., prestre, docteur en théologie et théologal en l'église collégialle de Saint-Andoche de Saulieux :

D'or, à un mûrier de sinople, acosté de deux épis de bled de même.

159. — Salier, Guy, avocat en Parlement, receveur des deniers royaux au baillage d'Auxerre :

D'azur, à un chevron d'or, accompagné en chef de deux étoiles de même, et en pointe d'un vase aussy d'or.

160. — Le Mulier, Jacob-Charles, avocat en Parlement :

D'azur, à un casque d'or, soutenu de deux cigognes affrontées de même, ayant chacune un pied posé sur un besan d'or, et un autre besan de même posé en pointe.

161. — Barbuot, Pierre, avocat en Parlement :

D'azur, à trois épis de bled barbés d'or, posés deux et un.

162. — A expliquer plus amplement.

163. — De Saint-Phal, Lucie, fille majeure, damoiselle :

De sinople, à une croix ancrée d'or.

164. — Pelletier, Léger, sieur de Chambures, conseiller du Roy au grenier à sel de Saulieux :

D'argent, à une ancre de sable.

165. — A expliquer plus amplement.

166. — Dubois, Claude, femme de Jacques Thoisy, écuyer, conseigneur de Torcy :

D'azur, à une fasce d'argent, accompagnée en chef d'une étoile de même, acostée de deux fleurs de lis aussy d'argent, et en pointe d'un porc-épy de même.

167. — A expliquer plus amplement.

168, 169. — Feu DE SORET, Charles, escuyer, seigneur de Grandchamp, suivant la déclaration de Jeanne GUILLEMINOT, sa veuve :

D'argent, à trois merlettes de sable, posées deux et une ; acolé de gueules, à un chevron d'or, chargé de trois roses de gueules et accompagné de trois coquilles d'or, posées deux en chef et une en pointe.

170. — A expliquer plus amplement.

171. — PINARD, Pierre, conseiller du Roy et son procureur en la maîtrise des eaux et forêts d'Avallon :

D'azur, à un chevron d'or, accompagné de trois morlettes d'argent, posées deux en chef et une en pointe.

172. — ESPIARD, François, écuier :

D'azur, à trois épis de bled d'or, posés deux et un, et un chef emmanché d'or.

173. — A expliquer plus amplement.

174. — JAQUIN, Louis, conseiller du Roy au baillage, chancellerie et présidial de Semur-en-Auxois :

D'azur, à une fasce d'or, chargée à dextre d'un griffon de sinople, et à sénestre de cinq lettres capitales P. R. G. I. S. de sable, le G. séparé des autres par deux points de même, et accompagné en chef de trois étoilles d'or, et en pointe d'un croissant d'argent.

175. — BRESSE, Pierre, conseiller du Roy, maître particulier des eaux et forêts d'Auxois, siége d'Avalon :

D'azur, à un cigne d'argent, nageant dans une rivière de même, et en chef de gueules, chargé de trois étoiles d'or.

176. — MORISOT, Jean, conseiller du Roy, controlleur au grenier à sel d'Avalon :

D'argent, à un chevron de gueules, accompagné de trois têtes de more, posées de profil deux en chef et une en pointe.

177. — GAUDOT, Nicolas, conseiller du Roy, contrôleur au grenier à sel d'Avalon :

D'azur, à un chiffre d'or, lampassé des lettres N. et G.

178. — BETHERY, Nicolas, conseiller du Roy, grenetier au grenier à sel d'Avalon :

D'azur, à une morlette d'argent sur une montagne de même

179. — Prévost, Simon, conseiller du Roy, grenetier au grenier à sel d'Avalon :

D'azur, à un chevron d'or, accompagné de trois trefiles d'argent, posez deux en chef et un en pointe.

180. — Gueneau, Jean, notaire royal à Toutry :

De gueules, à une rose d'argent, soutenue d'un croissant de même, et trois glands de même, posez en chef.

181. — Forestier, François-Estienne, chanoine en l'église collégialle de Saint-Lazare d'Avalon :

Comme cy-devant, article 122.

182. — Bassonnier, Madeleine, femme de Jacques du Bouchet, escuier, seigneur en partie de Thoisy-le-Désert :

D'azur, à un chevron d'or, accompagné de trois étoilles de même, posées deux en chef et une en pointe, celle-cy soutenue d'un croissant d'argent.

183. — Bastonnier, Philiberte, femme de Hugues Darcy le Vauger, écuyer :

De même.

184, 185. — A expliquer plus amplement.

186. — Tribollet, Jaques, docteur de Sorbonne, abbé de Saint-Estienne :

D'or, à trois trefiles de sinople, posez deux et un.

187. — Robert, Claude, notaire royal à Montréal :

De gueules, à un lion léopardé d'or, et un chef de vair.

188, 189, 190, 191. — A expliquer plus amplement.

192. — Beniquet, Jean-Baptiste, conseiller et procureur du Roy aux baillage et siége présidial de Semur-en-Auxois :

D'azur, à un chevron d'or, accompagné en chef de deux roses d'argent, et en pointe d'un arbre d'or, soutenu d'un croissant d'argent, et un chef de gueules.

193, 194. — A expliquer plus amplement.

195. — Henry, Antoinette, veuve de Jean Manin, écuyer, conseiller secrétaire du Roy, maison et couronne de France, audiencier en la chancelerie de Bourgogne :

D'azur, à un chevron d'or, accompagné en chef de deux demy-lozanges d'argent, et en pointe d'une lozange de même.

196, 197, 198. — A expliquer plus amplement.

GÉNÉRALITÉ DE BOURGOGNE

199. — Jacob, Hugues, avocat en Parlement :
De gueules, à un massacre d'or.

200. — Le Mulier, Pierre, avocat en Parlement, ancien maire de la ville de Semur-en-Auxois :
D'azur, à un casque d'or, soutenu de deux cigognes affrontées de même.

201. — Cureau, Lazarre, notaire royal à Châtelgirard :
D'argent, à un cœur enflammé de gueules, et deux étoiles de même, posées en chef.

202. — Mambré, Edme, prêtre au mépart de l'église paroissialle de Semur-en-Auxois :
D'or, à un homme de carnation, couché au pied d'un arbre de sinople, la tête sur une besace et tenant une écuelle dans sa main dextre avec cette devise autour : *Sub illice Mambre.*

203, 204, 205, 206. — A expliquer plus amplement.

207, 208. — Deschamps, Prix, conseiller du Roy, receveur des impositions au baillage d'Avalon, et Louise Lemuet, sa femme :
D'azur, à un chevron d'or, surmonté d'une étoile d'argent et accompagné en chef de deux roses de même, et en pointe d'un gland d'or; acolé d'azur, à un cigne d'argent, le col lié d'une écharpe voltigeante d'or, et un chef de même, chargé de trois roses de gueules.

209. — D'Haranguier, Anne-Josephe, femme de François Regnier, écuyer, seigneur de Bussière, Chassey et Mouilleron :
D'azur, à une fasce d'or, accompagnée de trois croix à huit pointes de même, et deux besans d'argent, posés entre les croix, et en pointe de trois fers de lance de même, posez en pal, deux et un.

210. — Gauthier, Jacque, prêtre, chanoine d'Epoisses :
D'or (*), à un chevron d'or, accompagné en chef de deux pigeons d'argent, et en pointe d'une gerbe d'or.

211. — A expliquer plus amplement.

212. — La Voignat, François, notaire royal à Montigny-sur-Armanson :
D'azur, à trois épis d'avoine d'or, posez deux et un.

213. — A expliquer plus amplement.

214. — Doublot, François, notaire royal à Santigny :
D'azur, aux deux lettres capitales O. O. enlassées d'or.

(*) D'*azur*.

215, 216. — A expliquer plus amplement.

217. — GUENIN, Bénigne, notaire royal et châtelain de Montréal :

De gueules, à un chevron d'argent, accompagné en chef de deux étoiles de même, et en pointe d'un croissant aussy d'argent.

218. — BILLOT, Nicolas, prêtre, chanoine de l'église collégialle de Saint-Symphorien d'Espoisses :

De gueules, à un chesne d'or et un sep de vigne de même enlassez, accompagnez de trois tourteaux d'argent, posez deux en chef et un en pointe.

219. — A expliquer plus amplement.

220. — ROBIN, Pierre, prestre, vicaire perpétuel de la paroisse de Noyers :

D'azur, à un mouton passant d'argent, et une étoile de même, posée en chef.

221, 222, 223, 224. — A expliquer plus amplement.

225. — SIMON, Pierre, procureur au baillage et siége présidial de Semur-en-Auxois :

De gueules, à un massacre de cerf d'or, avec cette inscription autour de l'écu : *Petit à Petit.*

226. — LABBÉ, Claude, veuve de Jean-François D'AVOUT, écuyer :

D'azur, à une croix patriarchalle.

227. — CHALLON, Didier, conseiller du Roy, lieutenant en la mareschaussée d'Auxois :

D'or, à un char au naturel, et deux renards aussi au naturel, posez un en chef et un en pointe, les renards acostez de deux étoiles de gueules.

228. — NAVIER, Claude, prestre, sociétaire de l'église Saint-Genest de Flavigny :

De gueules, à une croix haussée, le pied peronné de trois marches d'or, avec cette inscription autour de l'écu (*).

229, 230, 231. — A expliquer plus amplement.

232. — MANIN, Claude-Françoise, femme de Jean DE LA LOGE, écuyer, conseiller secrétaire du Roy, maison et couronne de France, audiencier en la chancelerie de Bourgogne, vétéran :

D'azur, à un chevron d'or, accompagné en chef de deux gerbes de même, et en pointe d'une rose d'argent.

(*) L'inscription manque dans les manuscrits.

233 jusques et y compris 244. — A expliquer plus amplement.

245. — DE BEAU, Claude, chanoine en l'église collégialle de Saint-Simphorien d'Espoisses :

De gueules, à un chevron d'argent, accompagné en chef de deux croissans de même, et en pointe d'un lion aussy d'or.

246, 247, 248, 249, 250. — A expliquer plus amplement.

251. — NICAT, Nicolas, conseiller et procureur du Roy en la châtelenie de Montréal :

D'azur, à un saint Nicolas d'or.

252. — LÉGER, Claude, notaire royal à Montréal :

De gueules, à trois roitelets volans d'argent, posez deux et un.

253. — DE CENSEY, Anne-Raymonde, fille majeure :

D'argent, à trois roses de gueules, posées deux et une.

254. — A expliquer plus amplement.

255. — DE FRESNE, Anne, veuve de Roger DE HUMES, chevalier, seigneur de Cherisy et autres lieux :

D'azur, à trois coquilles d'argent, posées deux et une, et un chef d'or, chargé d'un lion passant de sable, lampassé et armé de gueules, et soutenu d'argent.

256. — PRÉVOST DE LA CROIX, Jeanne-Thérèse, femme de Jaques BLANOT, conseiller vétéran au Parlement de Dijon, seigneur de Prejailly :

D'argent, à trois hures de sanglier de sable, les deffenses de gueules, posées deux et une.

257. — A expliquer plus amplement.

258. — BOUCARD, Jacques, avocat en Parlement, premier échevin de la ville de Semur-en-Auxois :

D'azur, à un lion d'or, tenant dans sa patte senestre une croix de Lorraine de même, surmonté d'une étoile d'argent, et soutenu d'un croissant de même.

259, 260, 261, 262, 263. — A expliquer plus amplement.

264. — PATTOT, Jean, avocat en Parlement :

D'azur, à trois poteaux de mer d'or, posez deux et un.

265. — A expliquer plus amplement.

266. — MANIN DE SONNOTTE, Jaques, avocat en Parlement :

D'azur, à un chevron d'or, accompagné en chef de deux molettes d'argent, et en pointe d'une quintefeuille de même.

267, 268. — A expliquer plus amplement.

269. — GODARD, Jean, conseiller du Roy, garde-sel au baillage et siége présidial de Semur-en-Auxois :
D'or, à une bande d'azur, chargée de trois deffenses de sanglier d'argent.

270. — DE CLAIRAMBAULT, Margueritte, femme de Nicolas DE BUDIER, écuier :
D'or, à un chesne de sinople.

271, 272, 273, 274. — A expliquer plus amplement.

275. — DE GUYON, Margueritte, veuve d'Estienne CHAMPION, conseiller du Roy, lieutenant particulier au baillage et chancelerie d'Avalon :
D'argent, à trois têtes d'ours au naturel arrachées de même et posées deux et une.

276. — MOREAU, Georges, avocat en Parlement :
D'or, à une tête de more de sable, posée de profil et tortillée d'argent.

277. — A expliquer plus amplement.

278. — PICHENOT, Jaques, notaire royal, procureur, greffier des rolles et secrétaire de l'hostel de ville d'Avalon :
D'azur, à deux gerbes d'or, posées en chef, et un épy de bled de même, issant d'un croissant d'argent, posé en pointe.

279. — A expliquer plus amplement.

280. — ROUSSEAU, Philibert, notaire royal et procureur au baillage d'Avalon :
De gueules, à un agneau pascal d'argent, accompagné en chef à dextre de la lettre capitalle F. et à senestre de la lettre capitalle R., ces deux lettres aussi d'argent, et en pointe d'une foy de même.

281. — LE TORET, Jean, conseiller du Roy au baillage et chancelerie d'Avalon :
D'azur, à un chevron d'or, accompagné en chef de deux croissants d'argent, et en pointe d'une étoile de même.

282. — VALLON, Jacob, conseiller et avocat du Roy au baillage et chancelerie d'Avalon :
D'azur, à une fasce en devise d'or, accompagnée en chef d'un soleil de même, et en pointe d'une gerbe aussi d'or, posée dans un vallon de même.

283. — REGNARD, André, chanoine de l'église collégiale d'Avallon :
De gueules, à un renard passant d'or, la queüe levée et accompagnée en chef de trois étoiles de même, et en pointe d'un croissant aussi d'or.

284. — Bouesnel, Pierre, docteur en médecine à Avalon :

D'azur, à un chevron d'or, accompagné de trois étoiles d'argent, posées deux en chef et une en pointe, celle-ci soutenue de deux pigeons affrontez de même, et un chef d'or, chargé de trois croisettes de gueules.

285. — A expliquer plus amplement.

286. — De Nesvre, Edme-Etienne, conseiller du Roy au baillage et chancellerie d'Avalon :

D'argent, à un genévrier de sinople, et deux croisettes de gueules, posées en chef.

287. — A expliquer plus amplement.

288. — De Nesvre, Lazare, chanoine de l'église collégialle d'Avalon :

D'argent, à un genévrier de sinople, accompagné en chef de deux croix de gueules.

289. — De Nesvre, Jean-Claude, avocat en Parlement :

De même.

290. — Minard, François, conseiller du Roy au baillage et chancelerie d'Avalon :

D'azur, à une mine d'or ardente de gueules, et deux étoiles d'or, posées en chef.

291. — Bonnet, Jean-Baptiste, conseiller et procureur du Roy en la prévosté royalle d'Avalon :

D'argent, à une tour de sable, acostée de deux étoiles de gueules.

292. — Arthault, Joseph, conseiller du Roy, prévost royal d'Avalon :

D'azur, à un arc d'or, posé en pal et acosté de deux flèches de même, les pointes en haut.

293 — De la Chapelle, Bonaventure, femme de Nicolas de Branche, écuier :

De gueules, à sept roches d'argent, posées trois, trois et une.

294. — De Branches, Marie-Jaquette, femme de Jean de Vesons, écuier :

De gueules, à une fasce d'argent.

295. — De Soret, Jaquette-Léonor, femme de Claude Bien, écuier :

D'argent, à trois morettes de sable.

296. — Pinard, Caterine, femme de Claude Davoust, écuier :

D'azur, à un chevron d'or, acompagné de trois molettes d'argent, posées deux en chef et une en pointe.

297, 298. — A expliquer plus amplement.

299. — De Guijon, Marie, femme de Raphaël de Damoiseau, écuier :

Comme cy-devant, article 275.

300, 301. — A expliquer plus amplement.

302. — Laurent, Edme, notaire royal à Savigny en terre plaine :

D'argent, à un laurier de sinople, acompagné de trois croissans de gueules, posez deux en chef et un en pointe.

303. — Boucard, Louis, prestre, vicaire perpétuel de l'église paroissialle de Notre-Dame de Semur-en-Auxois :

D'azur, à un crucifix d'or, avec cette inscription autour de l'écu : *Cristo confixus sum Cruci.*

304. — Poncerot, Clément, prestre, confesseur des dames de la Visitation Sainte-Marie de Semur-en-Auxois :

D'azur, à un croissant d'or.

305. — Poussy, Bernard, bachelier en théologie et théologal de l'église Notre-Dame de Semur-en-Auxois :

De gueules, à un lion passant d'or, et trois étoilles d'argent, posées en chef.

306. — A expliquer plus amplement.

307. — Gagé, Jaques, chanoine de l'église collégialle de Thil-en-Auxois :

De gueules, semé de larmes d'argent.

308. — Baillyat, Pierre, doyen de l'église collégialle de Thil-en-Auxois :

D'azur, à un lion d'or, lampassé et armé de gueules, et un chef d'or.

309, 310. — A expliquer plus amplement.

311. — Picard, Claude-Pétronille, femme de François Espiard, écuier, seigneur de Grissé :

D'argent, à une croix ancrée de sable.

312, 313, 314. — A expliquer plus amplement.

315. — Champion, Léonard, bachelier en théologie, archiprêtre, curé d'Avalon et prieur de Saint-Pierre-d'Avon, diocèze de Troyes :

D'azur, à un champion armé d'or.

316. — Caillot, Michel, notaire royal et procureur au baillage et chancelerie d'Avalon :

D'or, à trois cailles au naturel, posées deux et une.

317. — Poussy, Bernard, chanoine de l'église collégialle de Saint-Andoche de Saulieux :

Comme cy-devant, article 305.

318. — Espiard, Claude, avocat en Parlement :

D'azur, à trois épis de bled d'or, posez deux et un, et un chef emmanché d'argent.

319. — Larmier, François, notaire royal et procureur aux Cours royales de Saulieux :

De gueules, à un chevron d'or, accompagné de deux larmes d'argent, et en pointe d'un lis de même.

320. — Feuchot, Estienne, notaire royal et procureur au baillage et chancelerie de Saulieux :

D'azur, à un aigle d'or, accompagné en chef de deux étoiles d'argent, et en pointe d'un croissant de même.

321. — Bouillotte, Jean, procureur au baillage et chancelerie de Saulieux :

De sinople, à trois treffles d'argent, posez deux et un.

322. — Bayard, Pierre, procureur au baillage et chancelerie de Saulieux :

De gueules, à un cheval d'or.

323. — A expliquer plus amplement.

324. — Le Queux, François, procureur au baillage et chancelerie de Saulieux :

D'azur, à un lion d'or, et un chef de gueules, chargé de deux fusils d'argent, passez en sautoir.

325, 326, 327, 328, 329. — A expliquer plus amplement.

330. — Chausson, Lazarre, procureur au baillage et chancelerie d'Avalon :

D'azur, à un chausson d'argent.

331. — MERLE, Andoche, avocat en Parlement :
D'argent, à trois merles de sable, posez deux et un.

332, 333, 334, 335, 336. — A expliquer plus amplement.

337. — PELLETIER, Pierre, conseiller clerc au baillage de Saulieux :
D'argent, à une ancre de sable.

338. — HUILLIER, Jean, notaire royal et conseiller du Roy, receveur des consignations et commissaire aux saisies réelles du baillage de Saulieux :
D'or, à un guy de chesne de sinople, surmonté d'un lierre de même.

339. — GAILLARDET, Nicolas, procureur au baillage de Saulieux :
D'argent, à deux corbeaux affrontez de sable, posez sur une montagne de trois coupeaux de gueules.

340. — COLIN, Nicolas, notaire royal à Saulieux :
De gueules, à un chevron d'argent, chargé de trois croisettes de pourpre.

341. — PONCEROT, Bonaventure, procureur au baillage de Saulieux :
D'azur, à une croix pattée d'or, cantonnée de quatre étoilles d'argent.

342. — GAILLARDET, Marie-Anne, veuve de Jean GUILLON, conseiller du Roy, grenetier au grenier à sel de Saulieux :
Comme cy-devant, article 339.

343. — TISSIER, Pierre, chanoine de l'église collégialle de Saulieux :
D'or, à une croix haussée de sable, le pied peronné de quatre degrés de même, le sommet passé dans une couronne d'épines d'azur et percée de trois clouds d'or.

344. — A expliquer plus amplement.

345. — BEAUPÈRE, Pierre, notaire royal et scindic de la ville d'Arnay-le-Duc :
D'azur, à une fasce d'or, acompagnée de deux croisettes de même, posées une en chef et une en pointe, et deux palmes adossées d'argent, brochantes sur le tout.

346. — MACHEREAU, N., receveur au grenier à sel de Pouilly :
De sable, à trois roses d'argent, posées deux et une.

347. — A expliquer plus amplement.

348. — Thibault, François, conseiller et procureur du Roy à Moutier-Saint-Jean :

De sinople, à trois vannets d'argent, posées deux et un.

349. — Couthier, Marie-Anne, femme séparée de biens de Louis de Damas, chevalier, comte de Crux :

De gueules, à une fasce d'or, accompagnée de trois têtes de léopards de même, posées deux en chef et une en pointe.

350 jusques et compris 358. — A expliquer plus amplement.

359. — Languet, Marie, femme de Philibert-Claude Baylliat, conseiller du Roy, lieutenant particulier au baillage, chancelerie et présidial de Semur-en-Auxois :

De gueules, à une triangle cleché et renversé d'or, chargé de trois molettes de sable sur les angles.

360, 361, 362, 363, 364. — A expliquer plus amplement.

365. — Piget, François, conseiller du Roy, grenetier au grenier à sel de Viteaux et notaire royal :

De pourpre, à un soleil d'or.

366. — De Houdry, Françoise, femme de Charles de Rommecourt, escuyer, seigneur de Villiers-lez-Hautz et de Mereville, lieutenant-colonel d'un régiment d'infanterie :

D'azur, à un paon rouan d'or, et un chef de gueules, chargé de deux roses d'argent et soutenu de même.

367 jusques et compris 382. — A expliquer plus amplement.

383. — Guilleminot, François, conseiller du Roy, grenetier au grenier à sel de Mombard :

D'or, à une colombe portant dans son bec un rameau d'olivier de sinople, et entourée d'une couleuvre de même, pliée en cercle et mordant sa queue.

384, 385. — Guilleminot, Eléonor, conseiller du Roy au baillage et siége présidial de Semur-en-Auxois, et Madeleine Vincenot, sa femme :

De même ; acolé d'argent, à un chef d'azur, chargé de deux étoiles d'argent.

366, 367, 368, 369, 370. — A expliquer plus amplement.

391. — Champeau, Pierrette, femme d'Andoche de la Loge, écuier :

D'azur, à un cœur d'argent, acompagné de trois étoiles d'or, posées deux en chef et une en pointe.

392, 393, 394, 395, 396. — A expliquer plus amplement.

397. — Durey, Pierre, procureur au baillage et siége présidial de Semur-en-Auxois :

D'azur, à un oiseau d'argent, posé sur une branche de même et accompagné en chef de deux étoiles d'or, et en pointe d'un croissant d'argent.

398. — Perier, Paul, avocat en Parlement :

De gueules, à un rocher d'argent, et un chef d'or, chargé d'un cœur de gueules.

399, 400. — A expliquer plus amplement.

SUIVANT L'ORDRE DU REGISTRE 2°.

1. — Feu Blavot, Charles, conseiller au Parlement de Bourgogne, commissaire aux requêtes du Palais à Dijon, suivant la déclaration d'Eugène Drouas, dame de Velogny, sa veuve :

D'azur, à trois épy de bled d'or, mouvans d'une seule racine de même, soutenue d'un croissant d'argent.

2. — A expliquer plus amplement.

3. — Langes, Julien, notaire royal à Viteaux :

De gueules, à un ange joignant les mains d'or.

4. — Brocot, René, notaire royal à Lucenay-le-Duc :

D'argent, à une besace de gueules, acompagnée de trois croisettes de sable, posées deux en chef et une en pointe.

5. — Fouquet, Anne, femme d'Antoine Guillaume, écuier, seigneur d'Orbigny, ancien conseiller du Roy, lieutenant criminel au baillage d'Avalon :

D'argent, à un écureuil rampant de gueules.

6. — A expliquer plus amplement.

7. — Drouas, Claude, chanoine de l'église collégialle de Saint-Etienne de Dijon :

D'argent, à un chevron d'or, acompagné de trois fers de lance de même, posez deux en chef et un en pointe, et un chef d'argent, chargé de trois molettes de sable.

8, 9, 10, 11, 12. — A expliquer plus amplement.

13. — Gueneau, Jean-Edme, chantre et chanoine de l'église collégialle de Saint-Andoche de Saulieux :

De gueules, à cinq besans d'argent, posez deux et un.

14. — CHAMEROY, Jean-Prudent, prestre, chanoine de l'église collégialle Saint-Andoche de Saulieux :

D'azur, à un chameau d'or, acompagné de trois marmittes de même, posées deux en chef et une en pointe.

15. — A expliquer plus amplement.

16. — CHAMOREAU, Jaques, notaire royal à Flavigny :

D'argent, à un chameau d'azur.

17, 18. — A expliquer plus amplement.

19. — BOUILLETTE, Margueritte, femme de Jean DE COUROY :

D'argent, à trois roses de gueules, posées deux et une.

20 jusques et compris 35. — A expliquer plus amplement.

36. — PESCHEUR, Lazare, chanoine de l'église collégialle de Saint-Lazarre d'Avalon :

De pourpre, à un chiffre d'or, composé d'une L. et d'un P.

37 jusques et compris 49. — A expliquer plus amplement.

50. — NADANT, Jean, conseiller du Roy, maire perpétuel de Mombard :

D'or, à trois pals de gueules, et un chef d'azur, chargé de trois fers de lance d'argent, posés en pal.

51. — CLAVIN, Jean, avocat en Parlement :

D'azur, à une clef en pal d'or, la pointe en haut.

52. — BEAUDENOT, Jean, seigneur en partie d'Aunoux, baillage d'Avalon :

De gueules, à une fasce d'or, acompagnée en chef de deux croissans d'argent, et en pointe d'un lion léopardé de même.

53, 54. — DE BALATHIER, Jean-Roger, chevalier, seigneur de Villargeois et autres lieux, suivant la déclaration de Bénigne DE TORCY, sa veuve :

De sable, à une fasce d'argent ; acolé de gueules, à une bande d'argent.

55. — BOURÉE, Marie, femme de Pierre LEAUTRE, conseiller du Roy au baillage et siége présidial de Semur-en-Auxois :

D'azur, à trois gerbes de bled d'or, deux et une (*).

56. — A expliquer plus amplement.

(*) Le manuscrit ne donne pas cette armoirie.

57. — SIMON, Charles, avocat en Parlement :

De gueules, à une rencontre de cerf d'or, avec cette devise autour de l'ecu : *Petit à Petit*.

58. — BLANOT, Charles, procureur au baillage et siége présidial de Semur-en-Auxois :

D'azur, à trois épis de bled d'or, mouvans d'une seule racine de même, soutenue d'un croissant d'argent.

59. — BRETON, Anne, veuve de Jaques SEGUENOT, avocat en Parlement, a présenté l'armoirie :

D'argent, à trois tau de sable, posez deux et un.

60. — A expliquer plus amplement.

61. — BOUCARD, Caterine-Françoise, femme de Claude DE FAUTRIÈRE-LABOTIÈRE, écuier :

D'azur, à un lion d'or, tenant dans sa patte senestre une croix de Lorraine de même, et une étoille d'argent posée en chef, et un croissant de même en pointe.

62. — A expliquer plus amplement.

63. — BAUCARD, Claude, procureur au baillage et siége présidial de Semur-en-Auxois :

Comme cy-devant, article 61.

64. — GUENYOT, Claude, procureur au baillage et siége présidial de Semur-en-Auxois :

D'azur, à un agneau pascal d'argent.

65. — A expliquer plus amplement.

66. — SEGUENOT, Marie, femme de Jacob LE MULIER, conseiller du Roy, lieutenant général de la chancelerie présidialle d'Auxois :

D'argent, à trois taux de sable.

67, 68. — A expliquer plus amplement.

69. — TOURREAU, François, notaire royal à Mombard :

D'azur, a trois tours d'argent, posées deux et une, chargée chacune d'un croissant de sinople.

70 jusques et compris 80. — A expliquer plus amplement.

GÉNÉRALITÉ DE BOURGOGNE

SUIVANT L'ORDRE DU REGISTRE 1ᵉʳ DES COMMUNAUTEZ.

18. — A expliquer plus amplement.

19. — La communauté des religieux de l'abbaye de Fontmois, ordre de Cîteaux :

De gueules, à trois bandes d'or, et deux barbeaux adossez au naturel, brochant sur le tout, et une fleur de lis d'or, posée en chef.

20. — La communauté des religieux Bénédictins de l'abbaye de Saint-Pierre de Flavigny :

D'azur, à trois tours d'argent, posées deux et une.

21, 22, 23, 24. — A expliquer plus amplement.

25. — L'abbaye royalle de Moustier-Saint-Jean, ordre de Saint-Benoist :

D'azur, semé de fleurs de lis d'or.

26. — La ville de Semur-en-Auxois :

D'azur, à une tour d'argent, chargée d'un écusson bandé d'or et d'azur de six pièces, et une bordure de gueules.

27. — La ville d'Avalon :

D'azur, à une tour d'argent, massonnée de sable, avec cette inscription autour de l'écu : *Esto nobis, Domine, turris fortitudinis.*

28. — Le couvent des religieuses Jacobines de la ville de Semur-en-Auxois :

D'azur, à un sainte Catherine de Sienne d'or, avec ces mots autour de l'écu : *Sainte Catherine de Sienne de Semur.*

29. — A expliquer plus amplement.

30. — Le corps des officiers du grenier à sel d'Avalon :

D'azur, à trois fleurs de lis d'or, posées deux et une.

31. — Le prieuré de Valcroissant, ordre du Val-des-Choux :

De gueules, à une Notre-Dame de l'Assomption d'or, et quatre croissans de même, cantonnés, avec cette inscription autour de l'écu : *Prieuré de Valcroissant.*

32, 33, 34, 35, 36, 37, 38. — A expliquer plus amplement.

39. — La communauté des tissiers en toile de la ville de Semur-en-Auxois :

De gueules, à une navette d'or, posée en fasce et accompagnée de trois étoiles d'argent, posées deux en chef et une en pointe.

40. — La communauté des serruriers de la ville de Semur-en-Auxois :

D'azur, à une clef d'argent, posée en pal.

41, 42, 43, 44, 45, 46, 47. — A expliquer plus amplement.

48. — La communauté des prêtres mépartistes de Saint-Genest de Flavigny :

D'azur, à un saint Genest d'or.

49 jusques et compris 64. — A expliquer plus amplement.

65. — La communauté des prieur, religieux, prêtres mépartistes et sociétaires de l'église paroissialle Nostre-Dame de Semur-en-Auxois :

D'azur, à une Notre-Dame de l'Assomption d'or.

66. — A expliquer plus amplement.

67. — Le corps des officiers du baillage et chancelerie d'Avalon :

D'azur, à trois fleurs de lis d'or, posées deux et une, avec cette inscription autour : *Scel d'Avalon*.

68. — Le corps des officiers de la prévosté royale d'Avalon :

D'azur, à une tour d'argent, massonnée de gueules et acompagnée de trois fleurs de lis d'or, posées deux en chef et une en pointe.

69 jusques et compris 103. — A expliquer plus amplement.

104. — Le corps des officiers du grenier à sel de Saulieux :

D'or, à une fleur de lis d'azur.

105. — La ville d'Arnay-le-Duc :

D'azur, à trois tours d'argent, donjonnées de sable et posées deux et une.

106. — Le corps des officiers du grenier à sel d'Arnay-le-Duc :

D'azur, à une fleur de lis d'argent.

107 jusques et compris 126. — A expliquer plus amplement.

127. — La communauté des prêtres mépartistes de l'église paroissialle de Saint-Urse de Mombard :

D'azur, à un saint Urse d'or.

128 jusques et compris 187. — A expliquer plus amplement.

Arrêt d'enregistrement du 20 décembre 1703.

Signé : SENDRAS.

GÉNÉRALITÉ DE BOURGOGNE

SUIVANT L'ORDRE DU REGISTRE 1er.

165. — RALEY, Simon, prêtre, curé de Saint-Eufraisne, près Semeur-en-Auxois :

D'or, à une rose de gueules, acostée de deux branches d'épines au naturel.

170. — NICOLLE, Jean, prêtre, curé de Braux, baillage d'Auxois :

De gueules, à une main d'argent, posée en fasce et tenant une flèche en pal de même.

184. — PASQUIAUT, François, prestre, curé de Thoisy-le-Désert :

Cet article n'est icy employé que pour mémoire, attendu la restitution qui a été faitte du droit, par ordonnance de M. l'Intendant du 3 décembre 1701.

185. — TAUPIN, Simon, prêtre, curé d'Estay, baillage d'Auxois :

D'or, à un pin de sinople, et deux taupes de sable, posées en chef.

189. — CERNAISOT, Joseph, prêtre, curé de Saint-Léger-de-Fourches, baillage de Saulieux :

Cet article n'est icy employé que pour mémoire, attendu la restitution qui a été faite du droit, par ordonnance de M. l'Intendant du 17 décembre 1699.

190. — BRECHOT, Simon, prêtre, prieur, curé de Cours, proche Noyers :

D'argent, à un chevron de gueules, acompagné de trois cors de chasse de même, posez deux en chef et un en pointe.

203. — REGNARD, Bernard-Bénigne, prêtre, curé de Châtel-Girard, baillage d'Avalon :

D'azur, à un renard passant d'or, et un chef d'azur, chargé de trois étoilles d'argent.

204. — BIDAULT, Claude, prêtre, curé d'Estivey :

D'or, à une croix de gueules, cantonnée de quatre cœurs enflammés de même.

205. — BACHELOT, Charles, prestre, curé de Fresney, baillage d'Auxois :

D'or, à une nacelle armée de sable.

211. — BETHERY, Etienne, prêtre, curé de Savigny-en-Terre-Plaine, baillage d'Avalon :

D'azur, à deux épis de bled d'or, les tiges à pointes mouvantes d'un croissant de même, et une étoile d'argent, posée en chef.

215. — Dugay, Jean-Jaques, prêtre, curé de Corps-Saint, baillage d'Auxois :

De gueules, à une custode du Saint-Sacrement d'or, avec cette inscription autour de l'écu : *Corpus Sanctum*.

216. — Thuot, Jean, prêtre, curé de Couromble, baillage d'Auxois :

D'or, à un nom de JESUS MARIA de gueules.

221. — Durand, Jean, prêtre, curé de Santigny, baillage d'Avalon :

Cet article n'est icy employé que pour mémoire, attendu la restitution qui a été faitte du droit, par ordonnance de M. l'Intendant du 3 décembre 1701.

222. — Rongeot, Joseph, prêtre, curé de Marineau, baillage d'Avalon (?) :

De pourpre, à un chiffre d'or, composé des lettres J. et R., acompagné de trois étoilles de même, posées deux en chef et une en pointe.

224. — Regnaudin, Louis, prêtre, curé de Tisy, baillage d'Avalon :

D'azur, à un cœur d'or, percé de deux flèches d'argent, passées en sautoir à travers le cœur, les pointes en bas.

233. — Rebourg, Lazare, prêtre, curé de Moux, baillage de Saulieu :

D'azur, à un porc-épy d'or, surmonté d'un soleil de même; écartelé d'argent, à une moucheture d'hermines, et une croix d'or, brochant sur tout l'écu.

234. — Guillier, Edme, prêtre, curé d'Attigny, baillage de Saulieu :

D'or, à un guy de chesne de sinople, surmonté d'un lierre de même.

250. — Boisleau, Jean, prêtre, curé de Tanlay :

De pourpre, à un saint Jean-Baptiste d'or.

263. — Peutat, Joachim, prêtre, curé de Sainte-Colombe, baillage d'Auxerre :

D'azur, à trois croisettes d'or, posées deux et une.

265. — Henry, Noël, prêtre habitué au mépart de l'église paroissialle Notre-Dame de Semur-en-Auxois :

D'or, semé de croisettes de gueules.

273. — Angely, Philibert, prêtre, curé de Chassey, baillage d'Auxois :

De gueules, à un ange d'or, couronné de même, et tenant dans sa main dextre un lis d'argent.

GÉNÉRALITÉ DE BOURGOGNE

287. — Clavin, Jean, prêtre, curé de Courcelle-lès-Semur :

De gueules, à une croix haussée et alaizée d'or, posée sur une montagne de même.

298. — Thiersot, N., prêtre, curé de Vic-soub-Thil :

Cet article n'est icy employé que pour mémoire, attendu la restitution qui a été faitte du droit, par ordonnance de M. l'Intendant du 11 septembre 1699.

306. — Cominet, Charles, prêtre, curé de Saint-Pierre, faubourg d'Avalon :

De pourpre, à un coq d'or, surmonté d'un soleil de même.

309. — Jolliard, Etienne, docteur de Sorbonne, prêtre, curé d'Allize-Sainte-Reine :

D'azur, à un lis d'argent, senestré d'un coq d'or, et un arc d'argent, posé en pointe.

310. — Courtot, Joseph, prêtre, vicaire d'Avalon :

Cet article n'est icy employé que pour mémoire, attendu la restitution qui a été faitte du droit, par ordonnance de M. l'Intendant du 30 septembre 1699.

325. — Beuthot, François, prêtre, curé de Pouillenay, baillage d'Auxois :

Cet article n'est employé que pour mémoire, attendu la restitution qui a été faite du droit, par ordonnnace de M. l'Intendant du 29 juin 1700.

332. — De la Loge, Claude, prêtre, curé de Villaines-lès-Prévôtes :

D'or, à une loge de sinople.

336. — Cugnois, N., prêtre, curé de Molphé :

De gueules, à un chevron d'or, surmonté d'un lion passant d'argent, et acompagné de trois étoiles de même, posées deux en chef et une en pointe.

344. — Bergeret, N., prêtre, curé de Saulieux :

D'azur, à une brebis paissante d'argent, acompagnée de trois roses d'or, posées deux en chef et une en pointe.

347. — Voisenet, Jean, prêtre, curé de Châtellenot :

Cet article n'est icy employé que pour mémoire, attendu la restitution qui a été faitte du droit, par ordonnance de M. l'Intendant du 22 août 1701.

350. — Labigant, N., prêtre, curé de Villargois :

De gueules, à un cerf rampant d'argent, acosté de quatre bars de même, posez deux en chef et deux en pointe adossez

351. — Naveau, Paul, prêtre, curé de Grosbois, baillage d'Auxois :

D'azur, à deux javelots d'or, passez en sautoir, les pointes en haut.

352. — LECLERC, Dominique, prêtre, curé de Soussey, baillage d'Arnay-le-Duc :

Cet article n'est icy emploié que pour mémoire, attendu la restitution qui a été faitte du droit, par ordonnance de M. l'Intendant du 10 juillet 1700.

353. — MARTELLE, Emiliand, prêtre, curé de Sombernon :

D'or, à trois marteaux de sable, posez deux et un.

358. — COFFINET, Antoine, prêtre, curé de Savoisy, baillage d'Auxois :

De pourpre, à un aigle d'or, acosté à dextre de la lettre capitale A., et à senestre de la lettre capitale C., ces deux lettres aussy d'or.

360. — MARTIN, Edme, prêtre, curé de Nogent, baillage d'Auxois :

De gueules, à une colombe d'argent, acompagnée de trois roses de même, posées deux en chef et une en pointe.

361. — BERTHAULT, André, prêtre, curé de Créancey, baillage d'Arnay-le-Duc, archiprestré de Pouilly :

De gueules, à un chevron d'or, acompagné en chef de deux étoiles d'argent, et en pointe d'un croissant de même.

362. — VOILLOT, Jean, prêtre, curé de Semarey, baillage d'Arnay-le-Duc, archiprestré de Pouilly-en-Auxois :

Cet article n'est icy emploié que pour mémoire, attendu la restitution qui a été faitte du droit, par ordonnance de M. l'Intendant du 17 aoust 1700.

363. — JOUFFROY, N., prêtre, curé de Saint-Pierre-en-Vaux, baillage d'Arnay-le-Duc :

Cet article n'est icy emploié que pour mémoire, attendu la restitution qui a été faitte du droit, par ordonnance de M. l'Intendant du 6 décembre 1700.

364. — LANGUET, Georges, prêtre habitué au mépart de l'église paroissialle de Saint-Germain de Vittéaux :

De gueules, à un triangle cleché et renversé d'or, chargé de trois molettes de sable, une sur chaque angle.

367. — DRAP, Sébastien, prêtre, curé de Touillon, baillage d'Auxois :

Cet article n'est icy emploié que pour mémoire, attendu la restitution qui a été faitte du droit, par ordonnance de M. l'Intendant du 12 juin 1701.

368. — BERNARD, François, prêtre à Marigny :

De gueules, à un massacre de cerf d'or.

369. — Millot, N., prêtre, curé de Verdonne, baillage d'Auxois :

D'or, à un nom de JESUS MARIA de gueules.

371. — Guichot, Lazare, prêtre, curé de Blancey, baillage d'Auxois :

Cet article n'est icy employé que pour mémoire, attendu la restitution qui a été faitte du droit, par ordonnance de M. l'Intendant du 8 février 1701.

374. — Moreau, Jean, prêtre, vicaire de l'église Notre-Dame de Noyers :

D'or, à une teste de more de sable, posée de profil, tortillée d'argent.

376. — Verpeau, Pierre, prêtre, curé de Clomot :

De sinople, à une croix d'or.

378. — Rémond, Nicolas, prêtre habitué au mépart de l'église paroissialle de Montbart :

D'or, à une croix alaizée de gueules, entourée d'une couronne d'épines de sinople.

382. — Guilleminot, François, prêtre à Montbart :

D'or, à une colombe d'azur, portant dans son bec un rameau d'olivier de sinople, et entourée d'une couleuvre de même, pliée en cercle et mordant sa queue.

386. — Baudry, André, prêtre, curé de Saint-Thibaut :

De gueules, à un chevron d'or, accompagné en chef de deux quintefeuilles d'argent, et en pointe d'un croissant de même.

387. — Nicolle, Charles, prêtre, curé de Saint-Beury, baillage d'Auxois :

Cet article n'est icy employé que pour mémoire, attendu la restitution qui a été faitte du droit, par ordonnance de M. l'Intendant du 3 février 1702.

395. — Forestier, Antoine, prêtre, curé d'Athye-sous-Montréal :

De gueules, à un triangle renversé et cleché d'or, chargé sur les angles de trois molettes de sable, un lionceau d'argent mis en abîme, et un croissant de même en pointe.

400. — Le Beuf, Jacque, prêtre, curé de Courcelles-sous-Grignon :

D'azur, à un bœuf passant d'or, acorné et clariné d'argent.

SUIVANT L'ORDRE DU REGISTRE 2ᵉ.

2. — BOUARD, Antoine, prêtre, curé de Velogny :

Cet article n'est icy employé que pour mémoire, attendu la restitution qui a été faite du droit, par ordonnance de M. l'Intendant du 5 aoust 1701.

8. — VACHER, Nicolas, docteur ez droits, curé de Saint-Germain de Viteaux :

D'or, à une vache de sable, clarinée d'argent.

9. — COMEAU, Nicolas, prêtre, curé de Marcilly-les-Viteaux, baillage d'Auxois :

Cet article n'est icy employé que pour mémoire, attendu la restitution qui a été faite du droit, par ordonnance de M. l'Intendant du 5 février 1701.

12. — AGUILLON, Jean, prêtre, curé de Chevannay :

De sable, à un sautoir d'or, et une palme de même, posée en chef.

18. — BOIRE, Lazare, prêtre, curé de La Mothe :

D'argent, à trois grapes de raisin de sable, posées deux et une.

21. — PASQUIER, Jaque, prêtre, curé de Fain-lez-Montbart :

D'azur, à un cerf passant d'or, et un chef de gueules, chargé d'une rose d'argent, acostée de trois étoiles de même.

27. — ROBIN, Guy, prêtre, curé de Grignon, baillage d'Auxois :

Cet article n'est icy employé que pour mémoire, attendu la restitution qui a été faite du droit, par ordonnance de M. l'Intendant du 28 octobre 1700.

29. — MARCHAND, Etienne, prêtre, curé de Seigny :

Cet article n'est icy employé que pour mémoire, attendu la restitution qui a été faite du droit, par ordonnance de M. l'Intendant du 18 octobre 1700.

32. — TEUREAU, Gaspard, prêtre, curé de Missery :

D'azur, à un taureau passant d'or, et trois étoiles d'argent, posées en chef.

38. — REGNAUDOT, Crestien, prêtre, curé de Taley :

D'azur, semé d'étoiles d'argent.

Arrêt d'enregistrement du 20 décembre 1703.

Signé : SENDRAS.

GÉNÉRALITÉ DE BOURGOGNE

SUIVANT L'ORDRE DU REGISTRE 1ᵉʳ.

De l'état du 3 janvier 1698.

55. — D'ANSTRUDE, Claude, écuier :
Coupé, emmanché d'argent et de gueules de trois pièces.

De l'état du..... 1703.

162. — DE LEVISTAN, Caterine, fille majeure, damoiselle :
D'or, à trois carreaux de gueules, posez deux en chef, et un lambel de trois pendans de même. posé en chef.

257. — LAUREAU, François, conseiller du Roy, président au grenier à sel d'Avalon :
D'argent, à un laurier de sinople, acosté à dextre de la lettre F., et à senestre de la lettre L. de sable, acompagné en chef de deux étoiles d'azur.

277. — RAUDOT, Joseph, médecin juré du Roy à Avalon :
D'argent, à une main de carnation posée en fasce, et tenant une rose de gueules.

SUIVANT L'ORDRE DU REGISTRE 2ᵉ.

33. — DE SOIROT, Claire, femme de Denis DE DESPENCE, écuyer, sieur de Railly :
Parti au premier de gueules, à un demy-chevron d'or, accompagné de deux lis d'argent, tigés et feuillés de sinople, posés un en chef et un en pointe, et un chef d'azur, chargé d'un demy-soleil d'or, le tout mouvant de la partition ; et au deuxième d'argent, à une croix fleuronnée en forme de coquille de gueules, mouvante de la partition et cantonnée en chef d'une étoile d'azur, et en pointe d'une rose de gueules.

SUIVANT L'ORDRE DU REGISTRE 1ᵉʳ DES COMMUNAUTEZ.

28. — Le couvent des religieuses Ursulines d'Avalon :
De gueules, à un nom de JESUS MARIA d'or.

21. — Le couvent des religieuses Ursulines de la ville de Saulieux :
D'argent, à un nom de JESUS MARIA de sable.

22. — Les Pères de la doctrine chrétienne de la ville de Noyers :
D'argent, à une croix de la Passion avec tous ses instruments, le tout de sable, et cette inscription autour de l'écu : *Rector collegii Nuseriensis doctrinæ christianæ.*

23. — Le couvent des religieuses Ursulines de la ville de Flavigny :
D'or, à un nom de JESUS MARIA de sable.

24. — Le couvent des religieuses Ursulines de la ville de Noyers :

De gueules, à une sainte Ursule d'or, avec cette inscription autour de l'écu : *Du monastère de Sainte Ursule de Noyers.*

29. — L'abbaye de Flavigny :

D'azur, à un saint Étienne d'or.

Arrêt du 20 décembre 1703.

Signé : SENDRAS.

SUIVANT L'ORDRE DU REGISTRE 1ᵉʳ.

167. — BERNUSSET, Jacques, prêtre, curé de la paroisse de Torcy, baillage d'Auxois :

D'argent, à un nom de JESUS MARIA de sable, entouré d'une couronne d'épines de même.

Arrêt d'enregistrement du 20 décembre 1703.

Signé : SENDRAS.

SUIVANT L'ORDRE DU REGISTRE 1ᵉʳ.

173. — BEGUIN, Nicolas, prêtre, curé de la paroisse de Montigny-Montfort :

De gueules, à un béguin d'enfant d'argent.

188. — GENOT, Philippe, prêtre, curé de la paroisse de Thoigny-la-Berchère :

D'or, à deux chevrons d'azur.

197. — DROUHIN, N., prêtre, curé de la paroisse de Vignes :

D'azur, à deux triangles vuidés et entrelassez d'or, l'un renversé.

198. — BERTRAND, Claude, prêtre, curé de la paroisse Saint-Anthot :

De gueules, à un franc quartier d'or, chargé d'une fasce d'azur.

213. — MARTENNE, Charles, prêtre, curé de Fautangy :

D'azur, à un marteau d'or, posé en bande.

219. — DUREY, François, prêtre, vicaire perpétuel de la paroisse d'Espoisse, baillage d'Auxois :

De gueules, à un rocher d'argent.

GÉNÉRALITÉ DE BOURGOGNE

230. — BIGARUE, Simon, prêtre, curé de Saint-Remy et Buffon :

Cet article n'est icy employé que pour mémoire, attendu la restitution qui a esté faitte du droit, par ordonnance de M. l'Intendant du 1ᵉʳ octobre 1700.

235. — GRENAN, N., prêtre, curé de la paroisse de Molay :

De sable, à une fasce crénelée de trois pièces d'or.

254. — BELIN, Alexis, prêtre, curé de Saint-André-en-Terre-Pleine :

D'or, à un tronc écoté de gueules, posé en bande.

259. — COLLOT, Bartélemy, prêtre, curé de la paroisse de Massingy-lez-Semeur :

D'azur, à une colonne d'or.

297. — SAVOT, Thomas, prêtre, curé de la paroisse de Monlay :

De gueules, à un sabot d'argent.

314. — N..., prêtre, curé de la paroisse de Basoches :

De sable, à un pal d'or, cotoyé de deux vergettes d'argent.

356. — MAUGRAS, François, prêtre, curé de la paroisse de Thorey-sous-Charny :

D'azur, à un chevron d'or, coupé de gueules.

357. — LORIN, François, prêtre, bachelier en théologie, curé de la paroisse de Montbart :

D'azur, coupé d'or, à une bande ondée de gueules.

370. — GUENEAU, François, prêtre, curé de la paroisse de Bierry :

D'or, à une barre d'azur, et une macle de gueules, posée en chef.

373. — GAUTHIER, N., prêtre, curé de la paroisse d'Irroir (*) :

De sable, à un coq d'or.

375 — LARCHER, François, prêtre, curé de Fontaines-les-Seiches et de Planay et dépendances :

D'argent, à un arc de gueules.

377. — VETU, Claude, prêtre, curé de la paroisse de Brazay :

D'or, parti de gueules, vêtu de l'un en l'autre.

(*) Aujourd'hui Yrouere, arrondissement de Tonnerre.

379. — Bigarue, Charles-Léonor, prêtre habitué au mépart de l'église paroissialle de la ville de Montbard :

D'azur, à une licorne d'argent.

380. — Begas, Claude, prêtre habitué au mépart de l'église paroissialle de Montbard :

D'or, à une croix vuidée et alaizée d'azur.

381. — Raudot, Claude, prêtre, curé de la paroisse de Magny-les-Avalon :

D'argent, à un râteau de gueules.

388. — Gauthier, Jean, prêtre, curé de la paroisse de Sauvigny-le-Bois :

D'azur, à un coq contourné d'argent.

394. — Jacquin, François, prêtre, curé de la paroisse de Chailly :

De gueules, à une tasse d'or.

SUIVANT L'ORDRE DU REGISTRE 2ᵉ.

10. — Forestier, Jaque, prêtre à Viteaux :

D'argent, à une forest de sable.

23. — Giffard, Claude, prêtre, curé de la paroisse de Saint-Germain-lez-Senailly :

D'or, à deux aniles (?) d'azur, posées l'une sur l'autre.

26. — Benoist, Claude, prestre, curé de la paroisse de Millery :

De gueules, à un besan d'or, accompagné de quatre billettes cantonnées d'argent.

28. — Marchet, N., prêtre, curé de la paroisse d'Aubigny :

D'argent, à un pied humain de carnation.

30. — Mathey, Pierre, prêtre et curé de Vizernie et Achie :

De sable, à une bande d'or, et une fasce de gueules, brochant sur le tout.

31. — Mathey, Pierre, prêtre, curé de Vizernie et Achie :

De même.

34. — Lallemant, Pierre, prêtre, curé de la paroisse d'Arnay-sous-Viteau :

D'argent, à un sabre d'azur, posé en pal.

35. — Damisel, Jean, prêtre, vicaire de la paroisse de Bard :
D'or, à un franc quartier échiqueté d'argent et de sable de trois traits.

40. — Carterel, Bénigne, prêtre, curé de la paroisse de Guillon :
D'azur, à un pal d'or; écartelé de gueules, à deux fasces d'argent.

Arrêt du 20 décembre 1703.

Signé : SENDRAS.

SUIVANT L'ORDRE DU REGISTRE 1er.

134. — Jacob, Jeanne-Baptiste, veuve de François de Bretagne, écuier, conseiller du Roy, lieutenant général au baillage de Semur :
D'or, à une échelle de sinople.

149. — Nession, Pierre, conseiller du Roy, maire perpétuel de la ville de Noyers :
De gueules, à trois pals d'argent.

157. — Demanche, François, avocat en Parlement :
D'or, à un couteau de sable, emmanché d'azur.

191. — Chesne, Jaque, conseiller du Roy, grenetier au grenier à sel de Semur-en-Auxois :
De gueules, à trois fasces d'argent.

193. — De la Maison, Marie-Anne, veuve de Jaques de Verrey, conseiller du Roy, grenetier au grenier à sel de Semur-en-Auxois :
D'or, à une maison d'azur.

194. — Henry, Françoise, femme de Philippe Henry, écuyer, seigneur de Saux, conseiller du Roy, lieutenant général au baillage et siége présidial de Semur-en-Auxois :
De gueules, à trois bandes d'argent.

196. — Cromot, N., ancien chanoine au chapitre d'Avalon :
D'or, à un croq de batellier de gueules.

206. — Le Clerc, Jeanne-Françoise, de Ruffey, femme de Jean Forteau, conseiller du Roy, lieutenant général au baillage et siége présidial de Semur-en-Auxois :
De gueules, à trois barres d'argent.

223. — Chalant, Camille, greffier en la maréchaussée d'Auxois :
D'or, à un bateau de sinople couronné.

229. — VERPEAU, Jaque, prêtre, secrétaire de l'église de Saint-Genest de Flavigny :
De gueules, à trois chevrons d'argent.

231. — LABBÉ, Jaque, prêtre, chanoine de l'église collégialle d'Espoisse :
D'or, à une soutane d'abbé de sable.

236. — DU TOC, Marie-Elisabeth, femme d'Edme DE FEULCIÈRES, chevalier, seigneur et baron de Tanances :
De gueules, à quatre pals d'argent.

237. — ROARD, Jean, avocat en Parlement :
D'or, à une reine sainte Catherine d'argent.

238. — JODOT, Pierre, officier de la maison du Roy :
De gueules, à quatre fasces d'argent.

239. — JODOT, Denis, officier de la maison du Roy :
De même.

240. — GAUTHERIN, Jean, conseiller du Roy, grenetier au grenier à sel de Noyers :
D'or, à un coq de gueules.

241. — JODOT, René, conseiller du Roy, contrôleur au grenier à sel de Noyers :
Comme cy-devant, article 238.

242. — DUSSON, François, conseiller du Roy, contrôleur au grenier à sel de Noyers :
De gueules, à quatre bandes d'argent.

243. — MOUCHOU, Jean, conseiller du Roy, son procureur au grenier à sel de Noyers :
D'or, à une mouche à miel de sinople.

244. — ROARD, Jean, receveur au grenier à sel de Noyers :
De gueules, à quatre barres d'argent.

246. — GUILLEMINOT, Jeanne, veuve de Pierre CHARREAU, avocat en Parlement :
D'or, à un chat de sable.

247. — CHARREAU, Pierre, seigneur de l'Ecluse, bourgeois de Tanlay :
De gueules, à quatre chevrons d'argent.

248. — CHARREAU, Jean, seigneur de l'Ecluse, bourgeois de Tanlay :

De même.

249. — CHAVANSOT, Jean, avocat en Parlement :

D'argent, à une rencontre de cheval d'azur.

260. — DE VILLE, Andoche, conseiller du Roy, lieutenant criminel au baillage de Saulieux :

De sinople, à un chef d'or.

261. — ROUGE, Claude, notaire royal et greffier en la chancelerie de Saulieux :

D'argent, à un rouget de gueules.

262. — LASSERET, Hugues, conseiller du Roy au baillage et siége présidial de Semur-en-Auxois :

De sinople, à une croix d'or.

267. — NORMART, François, seigneur de Venoise, avocat en Parlement :

D'argent, à un pommier de sinople.

268. — BOUGARD, N., veuve de N. RENARD, conseiller du Roy, lieutenant particulier au baillage et chancelerie d'Avalon :

De sinople, à un sautoir d'or.

271. — MENETRIER, Michel, prêtre, chanoine du chapitre d'Espoisses :

D'argent, à une vielle de sable.

272. — GUILLOT, François-Simon, docteur en médecine à Semur-en-Auxois :

De sinople, à un pairle d'or.

274. — GOBARD, Jean, notaire royal et greffier commis de la prévosté d'Avalon :

D'argent, à une écrevisse d'azur.

279. — GAUDOT, François, notaire royal et procureur au baillage d'Avalon :

D'argent, à un godet de gueules.

285. — GAUDOT, Jean, propriétaire en partie des greffes des baillages et chancellerie d'Avalon :

De même.

300. — Perreau l'aisné, N., avocat en Parlement :
De sinople, à un pal d'or.

301. — Perreau puisné, N., avocat en Parlement :
Comme cy-devant, article 300.

312. — Lardery, Pierre, notaire royal à Avalon :
D'argent, à un lardoire de sinople.

313. — Garnier, Charles, notaire royal et procureur postulant au baillage et chancelerie d'Avalon :
De sinople, à une fasce d'or.

323. — Broard, Jaque, prêtre, principal du collége de Saulieux :
D'argent, à un broc de sable.

326. — Girardot, Bernard, docteur en médecine à Saulieux :
De sinople, à une bande (*).

327. — Briandet, Pierre, notaire royal et procureur aux Cours royalles de Saulieux :
D'argent, à un bras d'azur, posé en pal.

328. — Borot, Joseph, conseiller du Roy, receveur des consignations au baillage et chancellerie d'Avalon :
De sinople, à une barre d'or.

329. — Borot, Claude, procureur au baillage et chancelerie d'Avalon :
De même.

333. — Moilat, Blaise, procureur au baillage d'Avalon :
D'argent, à un parapluie de gueules.

334. — Raudot, Lazarre, docteur en médecine à Avalon :
De sinople, à un chevron d'or.

335. — Genevière, Antoine, notaire royal à Avalon :
D'argent, à une plante de chenevis de sinople.

354. — Crépy, Pierre, prêtre, chapelain de Saurisy :
De sinople, à deux pals d'or.

355. — Meusnier, François, notaire royal à Saurisy :
D'argent, à une meule de moulin de sable.

(*) La bande est d'or.

372. — Jodot, Jeanne, femme de François de Vesons, conseigneur d'Armaux :

Comme cy-devant, article 328.

389. — Bezave, Jeanne, femme d'André-François d'Anstrude, écuier, seigneur de Bierry :

De sinople, à deux fasces d'or.

390. — De Mongron, Jeanne, veuve de Denis Champeau, écuier, conseiller du Roy, contrôleur des augmentations de gages de la petite chancelerie de France :

D'argent, à un pigeon d'azur.

392. — Darie, Pierre, notaire royal de Rouvray :

De sinople, à deux bandes d'or.

393. — Queneau, Bénigne, notaire royal à Rouvray :

D'argent, à une raquette de gueules.

396. — Berthier, François, notaire royal à Rouvray :

De sinople, à deux barres d'or.

399. — Audinot, Antoinette, femme de Claude du Perreau, écuier, seigneur des Buissons :

D'argent, à un olivier de sinople.

SUIVANT L'ORDRE DU REGISTRE 2ᵉ.

6. — Le Mulier, François, conseiller du Roy, receveur en titre du grenier à sel de Semur-en-Auxois :

De sinople, à deux chevrons d'or.

11. — Baillet, Philibert, bourgeois du lieu de Courcelotte :

D'argent, à une cruche de sable.

15. — Couthier, Prudent, docteur en médecine à Viteaux :

De sinople, à trois pals d'or.

17. — Mazelier, Michel, procureur au baillage et siége présidial de Semur-en-Auxois :

D'argent, à un mat de navire d'azur.

20. — Potot, Jean, notaire royal à Villiers-les-Hauts :

De sinople, à trois fasces d'or.

22. — Savot, Pierre, notaire royal à Saint-Thibault :
D'argent, à un sabot de gueules.

24. — Laurent, Jean, notaire royal à Saint-Andheux :
De sinople, à trois bandes d'or.

25. — Briandet, Claude, prévost de l'église collégialle de Saint-Andoche de Saulieux :
D'argent, à une tortue de sinople.

37. — Lucas, Anne, veuve de Jean de Fromager, écuyer, seigneur de Grand-Précy :
De sinople, à trois barres d'or.

39. — Carteret, Nicolas, prieur de Varennes :
D'argent, écartelé de sable.

41. — Boquillot, Lazare-André, premier chanoine de l'église collégialle de Saint-Lazarre d'Avalon :
De sinople, à trois chevrons d'or.

42. — Barbette, François, chanoine de l'église collégialle de Montréal :
D'argent, à un canon monté sur un afust marin d'azur.

43. — Borot, Benjamin-Louis, chanoine de l'église de Montréal :
De sinople, à quatre pals d'or.

44. — Henry, Jean-Edme, chanoine de l'église collégialle de Montréal :
D'argent, à une couronne fermée de gueules.

45. — Hémery, Jean-Gaspard, chanoine de l'église collégialle de Montréal :
De sinople, à quatre fasces d'or.

46. — Normand, André, chanoine de l'église collégialle de Montréal :
D'argent, à un pommier de sinople.

47. — Marel, Lazarre, chanoine et curé de l'église de Montréal :
De sinople, à quatre bandes d'or.

48. — Hémery puisné, Philibert, chanoine de l'église collégialle de Montréal :
D'argent, à un émérillon de sable.

GÉNÉRALITÉ DE BOURGOGNE

49. — BROUCHIN, Philibert, chanoine de l'église collégialle de Montréal :

De sinople, à quatre barres d'or.

56. — CHAMPAGNE, Michelle, femme de Jacques BAUDENET D'ANOUX, conseiller et avocat du Roy au baillage de Semur-en-Auxois :

D'argent, à un champagne d'azur.

60. — JOUARD, Marie, femme d'Etienne DE BADIER, écuyer, conseiller du Roy, maire perpétuel de la ville de Flavigny :

De sinople, à quatre chevrons d'or.

62. — D'ARGILLY, Philibert, procureur au baillage et présidial de Semur-en-Auxois :

D'argent, à un dard de gueules.

65. — GAUTHERIN, Bénigne, procureur au baillage et siége présidial de Semur-en-Auxois :

De sinople, à un chef d'argent.

67. — BERTHEAU, François, conseiller du Roy, commissaire aux saisies réelles du baillage, chancelerie et présidial de Semur-en-Auxois :

D'or, à un ours de sinople.

68. — RÉMOND, Louis-François... (?) royal à Mombard :

De sinople, à une croix d'argent.

70. — MAGNIEN, Lazarre, procureur au baillage et siége présidial de Semur-en-Auxois :

D'or, à une manivelle d'argent.

71. — VINCENOT, Philiberte, femme de Louis JAQUIN, conseiller du Roy au baillage et siége présidial de Semur-en-Auxois :

De sinople, à un sautoir d'argent.

72. — HUOT, André, prieur de Précy-sur-Thil :

D'or, à une poulle hupée d'azur.

73. — SIMON, Jean-Baptiste, avocat en Parlement :

De sinople, à un pairle d'argent.

74. — MARCHAND, Catherine, veuve de Gabriel CLAIRON, écuyer, seigneur de Posange :

D'or, à un navire de gueules.

75. — BENOIST, Claude, notaire royal à Viteaux :

De sinople, à un pal d'argent.

76. — GAUTHIER, Jean, notaire royal :

D'or, à un gant de sinople.

77. — BAUDRY, Lazare, notaire royal à Grignon :

De sinople, à une fasce d'argent.

78. — PÉCARD, Philibert, notaire royal à Alise-Sainte-Reine :

D'or, à un fillet de pescheur de sable.

79. — CROMOT DE VASSY, Dominique, chanoine de l'église collégialle de Saint-Lazarre d'Avalon :

De sinople, à une bande d'argent.

80. — BONARDIN, François, conseiller du Roy, contrôleur au grenier à sel d'Arnay-le-Duc :

D'or, à un bonnet d'Albanois d'azur.

SUIVANT L'ORDRE DU REGISTRE 1ᵉʳ DES COMMUNAUTEZ.

32. — La communauté des maîtres chirurgiens de la ville de Semur-en-Auxois :

De sinople, à une barre d'argent.

33. — La communauté des maîtres perruquiers et barbiers de la ville de Semur-en-Auxois :

D'or, à un bassin à barbe de gueules.

34. — La communauté des drapiers drapans de la ville de Semur-en-Auxois :

De sinople, à un chevron d'argent.

35. — La communauté des maîtres cordiers de la ville de Semur-en-Auxois :

D'or, à un las d'amour cordé de sinople.

36. — La communauté des maîtres selliers et boureliers de la ville de Semur-en-Auxois :

De sinople, à deux pals d'argent.

37. — La communauté des maîtres chapeliers de la ville de Semur-en-Auxois :

D'or, à un chapeau de sable.

38. — La communauté des maîtres gantiers et mégissiers de la ville de Semur-en-Auxois :

De sinople, à deux fasces d'argent.

41. — La communauté des maîtres cordonniers de la ville de Semur-en-Auxois :

D'or, à une botte d'azur.

42. — La communauté des maîtres savetiers de la ville de Semur-en-Auxois :

De sinople, à deux bandes d'argent.

43. — La communauté des maîtres menuisiers de la ville de Semur-en-Auxois :

D'or, à un rabot de gueules.

44. — La communauté des maîtres chaudronniers de la ville de Semur-en-Auxois :

De sinople, à deux barres d'argent.

45. — La communauté des maîtres taillandiers de la ville de Semur-en-Auxois :

D'or, à une faux de sinople.

46. — La communauté des maîtres potiers d'étain de la ville de Semur-en-Auxois :

De sinople, à deux chevrons d'argent.

47. — La communauté des maîtres mareschaux de la ville de Semur-en-Auxois :

D'or, à une enclume de sable.

49. — La communauté des maîtres savetiers de la ville de Noyers :

De sinople, à trois pals d'argent.

50. — La communauté des maîtres cordonniers de la ville de Noyers :

D'or, à un soulier d'azur.

51. — La communauté des maîtres selliers et boureliers de la ville de Noyers :
De sinople, à trois fasces d'argent

52. — La communauté des marchands d'étoffes de la ville de Noyers :
D'or, à une aulne de gueules.

53. — La communauté des maîtres apoticaires de la ville de Noyers :
De sinople, à trois bandes d'argent.

54. — La communauté des maîtres tanneurs de la ville de Noyers :
D'or, à une tête de bœuf de sinople, posée de profil.

55. — La communauté des maîtres chirurgiens de la ville de Noyers :
De sinople, à trois barres d'argent.

56. — La communauté des maîtres boulangers de la ville de Noyers :
D'or, à une pelle de four de sable.

57. — La communauté des maîtres cabaretiers et hôteliers de la ville de Noyers :
De sinople, à trois chevrons d'argent.

58. — La communauté des maîtres merciers de la ville de Noyers :
D'or, à un nœud de ruban d'azur.

59. — La communauté des maîtres maréchaux de la ville de Noyers :
De sinople, à quatre pals d'argent.

60. — La communauté des maîtres seruriers de la ville de Noyers :
D'or, à un chef de gueules, le pennon en bas.

61. — Le corps des officiers du grenier à sel de Noyers :
De sinople, à quatre fasces d'argent.

62. — La communauté des bouchers de la ville de Noyers :
D'or, à un fusil de boucher de sinople.

63. — La communauté des maîtres boulangers de la ville de Semur-en-Auxois :
De sinople, à quatre bandes d'argent.

64. — La communauté des hôteliers et cabaretiers de la ville de Semur-en-Auxois :
D'or, à une grape de raisin de sable.

66. — Le couvent des Cordeliers d'Alize-Sainte-Reine :
De sinople, à quatre barres d'argent.

69. — La communauté des maîtres tanneurs de la ville de Semur-en-Auxois :
D'or, à deux cornes de bœuf appareillées d'azur.

70. — La communauté des maîtres chirurgiens de la ville d'Avalon :
De sinople, à quatre chevrons d'argent.

71. — La communauté des marchands d'Avalon :
D'or, à un pannier de gueules.

72. — La communauté des drapiers de la ville d'Avalon :
De sable, à un chef d'or.

73. — La communauté des merciers de la ville d'Avalon :
D'argent, à un nœud de rubans de sinople.

74. — La communauté des maîtres tissiers de toile de la ville d'Avalon :
De sable, à une croix d'or.

75. — La communauté des maîtres serruriers de la ville d'Avalon :
D'argent, à deux clefs de sable, passées en sautoir.

76. — La communauté des maîtres maréchaux de la ville d'Avalon :
De sable, à un sautoir d'or.

77. — La communauté des maîtres chapeliers de la ville d'Avalon :
D'argent, à un chapeau retroussé d'azur.

78. — La communauté des maîtres bouchers de la ville d'Avalon :
De sable, à un pairle d'or.

79. — La communanté des maîtres gantiers de la ville d'Avalon :
D'argent, à un gand à frange de gueules.

80. — La communauté des maîtres boulangers de la ville d'Avalon :
De sable, à un pal d'or.

81. — La communauté des maîtres menuisiers de la ville d'Avalon :

D'argent, à un équière d'or.

82. — La communauté des maîtres tanneurs de la ville d'Avalon :

De sable, à une fasce d'or.

83. — La communauté des maîtres cordonniers de la ville d'Avalon :

D'argent, à une botte renversée de sable.

84. — La communauté des maîtres savetiers de la ville d'Avalon :

De sable, à une bande d'or.

85. — La communauté des hôteliers et cabaretiers de la ville d'Avalon :

D'argent, à un flacon d'azur.

86. — La communauté des maîtres chirurgiens de la ville de Saulieu :

De sable, à une barre d'or.

87. — La communauté des maîtres apotiquaires de la ville de Saulieu :

D'argent, à une seringue d'azur.

88. — La communauté des maîtres tanneurs de la ville de Saulieu :

De sable, à un chevron d'or.

89. — La communauté des maîtres drapiers de la ville de Saulieu :

D'argent, à deux aulnes de sinople, posées en sautoir.

90. — La communauté des hôteliers et cabaretiers de la ville de Saulieu :

De sable, à deux pals d'or.

91. — La communauté des maîtres cordonniers de la ville de Saulieu :

D'argent, à un soulier de femme de sable.

92. — La communauté des tisseurs en toille de Saulieu :

De sable, à deux fasces d'argent.

93. — La communauté des bouchers de la ville de Saulieu :

D'argent, à un couperet d'azur.

94. — La communauté des maîtres merciers de la ville de Saulieu :

De sable, à deux bandes d'or.

95. — La communauté des maîtres boulangers de la ville de Saulieu :

D'argent, à une pelle de four renversée de gueules.

96. — La communauté des couvreurs et massons de la ville de Saulieu :

De sable, à deux barres d'or.

97. — La communauté des maîtres charpentiers de la ville de Saulieu :

D'argent, à une hache de sinople, posée en bande.

98. — La communauté des maîtres maréchaux de la ville de Saulieu :

De sable, à deux chevrons d'or.

99. — La communauté des maîtres chapeliers :

D'argent, à un chapeau pointu de sable.

100. — La communauté des maîtres savetiers de la ville de Saulieu :

De sable, à trois pals d'or.

101. — La communauté des maîtres selliers et bourreliers de la ville de Saulieu :

D'argent, à une selle de cheval d'azur.

102. — La communauté des maîtres serruriers et épronniers de la ville de Saulieu :

De sable, à trois fasces d'or.

103. — La communauté des maîtres tailleurs d'habits de la ville de Saulieu :

D'argent, à une paire de ciseaux ouverts de gueules.

107. — La communauté des maîtres charpentiers de la ville d'Arnay-le-Duc :

De sable, à trois bandes d'or.

108. — La communauté des maîtres couvreurs et blanchisseurs de la ville d'Arnay-le-Duc :

D'argent, à une échelle de sinople.

109. — La communauté des maîtres menuisiers de la ville d'Arnay-le-Duc :

De sable, à trois barres d'or.

110. — La communauté des maîtres pelletiers et gantiers de la ville d'Arnay-le-Duc :

D'argent, à un gand renversé de sable.

111. — La communauté des maîtres charpentiers de la ville d'Arnay-le-Duc :

De sable, à trois chevrons d'argent.

112. — La communauté des maîtres selliers et boureliers de la ville d'Arnay-le-Duc :

D'argent, à trois molettes d'azur, passées en pal.

113. — La communauté des maîtres maréchaux de la ville d'Arnay-le-Duc :

De sable, à quatre pals d'or.

114. — La communauté des maîtres serruriers de la ville d'Arnay-le-Duc :

D'argent, à une lime de sable, emmanchée de gueules.

115. — La communauté des maîtres tissiers en toille de la ville d'Arnay-le-Duc :

De sable, à quatre fasces d'or.

116. — La communauté des maîtres pâticiers de la ville d'Arnay-le-Duc :

D'argent, à trois tourteaux de sable, posez un et deux.

117. — La communauté des marchands de la ville d'Arnay-le-Duc :

De sable, à quatre bandes d'or.

118. — La communauté des maîtres tanneurs de la ville d'Arnay-le-Duc :

D'argent, à un cuir de bœuf d'azur.

119. — La communauté des maîtres cordonniers de la ville d'Arnay-le-Duc :

De sable, à quatre barres d'or.

120. — La communauté des maîtres drapiers de la ville d'Arnay-le-Duc :

D'argent, à un ballot de gueules.

121. — La communauté des maîtres chapeliers et cabaretiers de la ville d'Arnay-le-Duc :

De sable, à quatre chevrons d'or.

122. — La communauté des chirurgiens de la ville d'Arnay-le-Duc :

D'argent, à une boete couverte de sinople.

123. — La communauté des apotiquaires de la ville d'Arnay-le-Duc :

De sable, à un chef d'argent.

124. — La communauté des maîtres cordonniers de la ville de Viteaux :

D'or, à un soulier contourné de sable.

125. — La communauté des maîtres savetiers de la ville de Viteaux :

De sable, à une croix d'argent.

126. — La communauté des maîtres tanneurs de la ville de Viteaux :

D'or, à une corne de bœuf d'azur.

128. — La communauté des marchands de la ville de Viteaux :

De sable, à un sautoir d'argent.

129. — La communauté des maîtres tissiers en toille de la ville de Viteaux :

D'or, à une navette de tisseran de gueules.

130. — La communauté des maîtres bouchers de la ville de Semur-en-Auxois :

De sable, à un pairle d'argent.

131. — La communauté des maîtres boulangers de la ville de Viteaux :

D'or, à huit tourteaux de sinople, posés en orle.

132. — Le corps des officiers du grenier à sel de Montbard :

De sable, à un pal d'argent.

133. — La communauté des hosteliers et cabaretiers de la ville de Flavigny :

D'or, à un tonneau de sable.

134. — La communauté des maîtres boulangers de la ville de Flavigny :

De sable, à une fasce d'argent.

135. — La communauté des maîtres cordonniers de la ville de Flavigny :

D'or, à un compas de cordonnier d'azur.

136. — La communauté des maîtres chirurgiens de la ville de Flavigny :

De sable, à une bande d'argent.

137. — La communauté des maîtres bouchers de la ville de Flavigny :

D'or, à un bœuf de gueules.

138. — La communauté des marchans de la ville de Flavigny :

De sable, à une barre d'argent.

139. — La communauté des maîtres tanneurs de la ville de Flavigny :

D'or, à une vache contournée de sinople.

140. — Le corps des officiers du grenier à sel de Semur-en-Auxois :

De sable, à un chevron d'argent.

141. — La communauté des bouchers de la ville de Viteaux :

D'or, à une rencontre de bœuf renversée de sable.

142. — La communauté des hosteliers et cabaretiers de la ville de Viteaux :

De sable, à deux pals d'argent.

143. — La communauté des Pères de la doctrine chrétienne de la ville d'Avalon :

D'or, à un livre ouvert d'azur.

144. — La communauté des selliers de la ville d'Avalon :
De sable, à deux fasces d'argent.

145. — La communauté des maîtres couroyeurs de la ville d'Avalon :
D'or, à une lunette de corroyeur de gueules.

146. — La communauté des charpentiers de la ville d'Avalon :
De sable, à deux bandes d'argent.

147. — La communauté des maîtres massons et couvreurs de la ville d'Avalon :
D'or, à une truelle de sinople.

148. — La communauté des maîtres apotiquaires de la ville d'Avalon :
De sable, à deux barres d'argent.

149. — La communauté des maîtres tailleurs d'habits de la ville d'Avalon :
D'or, à une paire de ciseaux ouverte de sable.

150. — Le corps des officiers du baillage et présidial de Semur-en-Auxois :
De sable, à deux chevrons d'argent.

151. — La communauté des marchands de la ville de Saulieu :
D'or, à un navire d'azur.

152. — La communauté des maîtres corroyeurs de la ville de Saulieu :
De sable, à trois pals d'argent.

153. — La communauté des marchands de fer de la ville de Saulieu :
D'or, à une ancre de gueules.

154. — La communauté des pelletiers et mégissiers de la ville de Saulieu :
De sable, à trois fasces d'argent.

155. — La communauté des maîtres épiciers de la ville de Saulieu :
D'or, à un pain de sucre couvert de son papier d'azur.

156. — La communauté des potiers d'étain de la ville de Saulieu :

De sable, à trois bandes d'argent.

157. — La communauté des maîtres menuisiers et charrons de la ville de Saulieu :

D'or, à un compas ouvert en chevron et renversé de sable.

158. — La communauté des maîtres chaudronniers de la ville de Saulieu :

De sable, à trois barres d'argent.

159. — La communauté des maîtres cloutiers de la ville de Saulieu :

D'or, à trois clouds d'azur, posez deux et un.

160. — La communauté des maîtres chirurgiens de la ville de Viteaux :

De sable, à trois chevrons d'argent.

161. — La communauté des apotiquaires de la ville de Viteaux :

D'or, à un mortier d'apotiquaire de gueules.

162. — La communauté des maîtres merciers de la ville de Viteaux :

De sable, à quatre pals d'argent.

163. — La communauté des gantiers de la ville de Viteaux :

D'or, à un gand de sinople.

164. — La communauté des drapiers drapans de la ville de Viteaux :

De sable, à une fasce d'argent.

165. — La communauté des maîtres serruriers de la ville de Viteaux :

D'or, à une paire de tenaille de sable.

166. — La communauté des maîtres taillandiers de la ville de Viteaux :

De sable, à quatre barres d'argent.

167. — La communauté des maîtres maréchaux de la ville de Viteaux :

D'or, à un fer de cheval d'azur.

168. — La communauté des maîtres selliers et bourelliers de la ville de Viteaux :

De sable, à quatre barres d'argent.

169. — La communauté des maîtres pâticiers de la ville d'Avalon :

D'or, à un four de gueules.

170. — La communauté des apotiquaires de la ville de Montbard :

De sable, à quatre chevrons d'argent.

171. — La communauté des chirurgiens de la ville de Montbard :

D'or, à un rasoir d'azur, le manche de sable.

172. — La communauté des marchands de la ville de Montbard :

D'argent, à une balance de gueules.

173. — La communauté des merciers et mégissieurs de la ville de Montbard :

D'azur, à une aulne d'or, posée en bande.

174. — La communauté des gantiers de la ville de Montbard :

De gueules, à un gand d'argent, posé en fasce.

175. — La communauté des maîtres tanneurs de la ville de Montbard :

De sinople, à une mouche appellée *taon*.

176. — La communauté des maîtres bouchers de la ville de Montbard :

De sable, à un bœuf naissant d'argent.

177. — La communauté des maîtres cordonniers de la ville de Montbard :

D'or, à une botte d'azur, posée en bande.

178. — La communauté des maîtres savetiers de la ville de Montbard :

D'argent, à un soulier de sable, posé en pal.

179. — La communauté des hosteliers et cabaretiers de la ville de Montbard :

D'or, à un verre de gueules.

180. — La communauté des maîtres boulangers de la ville de Montbard :

D'argent, à une gerbe de sinople.

181. — La communauté des maîtres maréchaux de la ville de Montbar :

D'azur, à deux marteaux d'or, passés en sautoir.

182. — La communauté des maîtres serruriers de la ville de Montbar :

De gueules, à une clef d'argent, couchée en fasce.

183. — La communauté des maîtres charons de la ville de Montbar :

De sinople, à un moyeu de roue d'or.

184. — La communauté des selliers et boureliers de la ville de Montbar :

De sable, à trois molettes d'argent, posées en bar.

185. — La communauté des tissiers en toille de la ville de Montbard :

D'or, à trois navettes de tisseran de gueules, posées en bande.

186. — La communauté des drapiers de la ville de Montbard :

D'argent, à une pièce d'étoffe pliée d'azur.

187. — Le prieuré de Glanot :

D'or, à un gland de sinople.

Arrêt d'enregistrement du 20 décembre 1703

Signé : SENDRAS.

CHATILLON-SUR-SEINE

SUIVANT L'ORDRE DU REGISTRE 1er.

1. — LESNET, Henry, abbé commandataire de l'abbaye de Notre-Dame de Chastillon-sur-Seine :

D'azur, à une fasce ondée d'argent, accompagnée de trois quintefeuilles d'or, deux en chef et l'autre en pointe.

2. — Expliqué et employé au registre des communautés, article 1er.

3. — LEGRAND, Charles, écuier :

Vairé d'or et de gueules.

4. — MICHELINOT, Jean, huissier du bureau de la deffunte Reyne :

De gueules, à une fasce d'argent, chargée d'un fer de moulin de sable.

5, 6. — DE VILLERS-LA-FAYE, Madelaine, veuve de Rolland DE MESSEY, seigneur de Mauvilly, dame dudit lieu :

D'azur, à un sautoir d'or ; accolé d'or, à une fasce de gueules.

7. — RÉMOND, Henry, écuier, ancien receveur des Estats au bailliage de la Montagne :

De gueules, à trois roses d'argent, deux en chef et une en pointe.

8, 9. — RÉMOND, Daniel, écuier, receveur des Etats au bailliage de la Montagne, et Huguette JOLY, sa femme :

De gueules, à trois roses d'argent, deux et une ; accolé d'azur, à une plante de lis au naturel, fleurie d'argent et garnie de boutons de même.

10. — VIESSE, Nicolas, écuier, conseiller du Roy, prévost des mareschaux au bailliage de la Montagne et comté de Bar-sur-Seyne :

D'azur, à une croix à double traverse et pattée d'or ; party de gueules, à une main de carnation, sortante d'une nuée d'argent, mouvante de la partition, et tenant une épée flamboyante d'argent.

11. — VERDIN, N., conseiller au présidial de Chastillon :

De gueules, à un chevron d'or et un chef cousu d'azur, chargé d'un croissant d'argent, accosté de deux étoiles d'or.

12, 13. — VERDIN, François, conseiller du Roy, lieutenant général criminel au baillage de la Montagne, et Elisabeth-Thérèse JOLLY, sa femme :

D'azur, à un rosier arraché au naturel, fleuri de trois roses d'argent et garni de boutons de même, accompagné en chef de deux étoiles d'or ; accolé d'azur, à une plante de lis au naturel, fleurie et boutonnée d'argent.

14. — RÉMOND, Joseph-François, écuier, lieutenant général au bailliage de la Montagne :

De gueules, à trois roses d'argent, deux en chef et une en pointe.

15. — FÈVRE, Jean-Baptiste, conseiller du Roy et receveur en titre au grenier à sel de Chastillon-sur-Seyne :

D'or, à un chef de gueules et une bande componnée d'argent et de sable, brochante sur le tout.

16, 17. — VERDIN, Jeanne, relicte de feu Charles DE NOGENT, écuyer, sieur du Breuil et du château de Brion :

De gueules, à un chevron d'argent ; accolé de gueules, à un chevron d'or, et un chef cousu d'azur, chargé d'un croissant d'argent, acosté de deux étoiles d'or.

18. — VAILLANT, Charles, écuyer, bailly et lieutenant général au duché de Langres :

D'azur, à un chevron d'or, acompagné de trois tourterelles de même, deux en chef et une en pointe.

19, 20. — JOLLY, Marc-Antoine, conseiller du Roy, lieutenant particulier au baillage et chancellerie de la Montagne, et Caterine SIRREDEY, sa femme :

D'azur, à une plante de lis au naturel, ses fleurs et ses boutons d'argent ; accolé d'argent, à trois arbres rangez en pal de sinople, terrassez de même.

21. — JOUARD, Jean-François, maire perpétuel de la ville de Chastillon-sur-Seine :

D'or, à un chef de gueules et une bande componnée d'argent et de sable, brochante sur le tout.

22. — JOUARD, Alexandre, prestre, vicaire de l'église Saint-Jean de Chastillon-sur-Seyne :

De même.

23. — Morel, Nicolas, procureur du Roy en la mairie de Chastillon-sur-Seine :

D'argent, à un chevron d'azur, accompagné de trois testes de more de sable, bandées, allumées et perlées d'argent, posées de profil, deux en chef et une en pointe.

24, 25. — Le Chapt, Pierre-Bernard, conseiller du Roy, ancien prévost roial de la ville de Chastillon-sur-Seine, et Huguette Sirredey, sa femme :

D'azur, à un léopard lionné ou léopardé, rampant, contourné d'argent; accolé d'argent, à trois chevrons (*) de sinople arrachez et posez en pal, celuy du milieu un peu plus élevé que les deux des côtés.

26. — Dumeix, Marie, veuve de N. Vaillant, secrétaire du Roy et de ses finances :

D'azur, à un chevron d'or, accompagné de trois tourterelles de même, deux en chef et une en pointe.

27. — Verdin, Edme, avocat en Parlement :

De gueules, à un chevron d'or, et un chef cousu d'azur, chargé d'un croissant d'argent, accosté de deux étoiles d'or.

28. — De Marconnay, Vorle, conseiller du Roy et assesseur criminel au bailliage de la Montagne :

De gueules, à deux roses d'argent, posées en chef, un croissant d'argent en pointe, et une étoile d'or en abîme.

29. — Personne, Bernard, assesseur de l'hostel de la ville de Chastillon-sur-Seine :

D'azur, à un chevron d'or, accompagné en chef de deux étoiles de même, et en pointe de deux rinceaux de laurier aussy d'or, mouvans d'un croissant d'argent, et entourans un cœur d'or, posé audessous du chevron.

30. — Expliqué et employé au registre des communautés de Chastillon, article 2.

31. — Bourguignet, Adrien, prestre, curé de la ville de Chastillon-sur-Seyne :

D'azur, à deux fasces d'or, et un chef d'argent, chargé de trois trefles de sable.

32. — Rémond, Marie, veuve de Marc-Antoine Lafont, lieutenant général au bailliage de la Montagne :

De gueules, à trois roses d'argent, deux en chef et l'autre en pointe.

(*) Chesnes en correction paraît seul plausible.

33. — Poulain, Guillaume, écuyer, seigneur de la Coutancière :

De sable, à un sautoir d'or, chargé en cœur d'une étoile de gueules.

34. — Morel, Sébastien, lieutenant de la milice de la rue de Chaumont de la ville de Chastillon-sur-Seine :

D'argent, à un chevron d'azur, accompagné de trois testes de more de sable, bandées d'argent et posées de profil, deux en chef et une en pointe.

35. — Viesse, Simon, écuier, conseiller du Roy, prévost des mareschaux de France au bailliage de la Montagne et comté de Bar-sur-Seine :

D'azur, à une croix double et pattée d'or, parti de gueules, à une main senestre de carnation, sortante d'une nuée d'argent, mouvante de la partition et tenante une épée flamboyante aussy d'argent.

Arrêt d'enregistrement du 14 février 1698.

Signé : SENDRAS.

SUIVANT L'ORDRE DU REGISTRE 1ᵉʳ DES COMMUNAUTEZ.

2. — A expliquer plus amplement (*).

SUIVANT L'ORDRE DU REGISTRE 1ᵉʳ DES CORPS ET COMMUNAUTEZ.

De l'état dudit jour 14 mars 1698.

2. — L'abbaye royalle du Puis-d'Orbe :

D'azur, semé de fleurs de lis d'or, à une bordure componnée d'argent et d'azur de six pièces, et une bordure de gueules.

Arrêt d'enregistrement du 24 juillet 1699.

Signé : SENDRAS.

SUIVANT L'ORDRE DU REGISTRE 1ᵉʳ.

36. — Beguin, Nicolas, avocat au baillage et siége présidial de Châtillon-sur-Seine :

D'azur, à une oye d'argent, le col passé dans une couronne d'or, et un croissant d'argent posé en chef, acosté de deux roses de même.

37, 38. — Morel, Antoine, marchand de fer et bourgeois de la ville de Châtillon-sur-Seine, et Margueritte Flobert, sa femme :

D'argent, à un chevron d'azur, acompagné de trois têtes de more de sable, tortillées d'argent, posées deux en chef et une en pointe ; acolé d'azur, à un chevron d'argent,

(*) Cahier du 14 mars 1698.

acompagné en chef de deux flames d'or, et en pointe d'un lis d'argent, tigé et feuillé de même et soutenu d'un croissant aussi d'argent, et un chef de gueules, chargé de trois étoiles d'argent.

39. — Feu DE SAIN, Alexandre, écuier, suivant la déclaration d'Anne CHABOT, sa veuve :

D'azur, à un chevron d'or, acompagné de deux coquilles de même en chef, et en pointe d'une rose aussy d'or, et un chef de gueules chargé d'un grillet d'or, acosté de deux croissants d'argent.

40. — BOUVOT, Pierre, conseiller du Roy au baillage et siége présidial de Châtillon-sur-Seine :

D'azur, à trois têtes de bœuf d'or, couronnées de même et posées deux et une.

41. — MOREL, Vivant, conseiller du Roy au grenier à sel de Châtillon-sur-Seine :

Comme cy-devant, article 37.

42. — DE MÉDARD, Bernard, écuier, seigneur de Villiers-sur-Suize :

D'azur, à une fasce d'argent, acompagnée de cinq roses, passées deux en chef et trois en pointe, celles-cy deux et une.

43. — Feu DE SIREDEY DE GRANDBOIS, Pierre, conseiller du Roy, commissaire aux reveues de Chastillon-sur-Seine, suivant la déclaration de Catherine, sa veuve :

D'argent, à trois arbres de sinople, posées deux et un.

44, 45. — DE SOMMIÈVRE, Félicien, chevalier, seigneur d'Empilly, et Catherine DE CHOISEUIL-BEAUPREY, sa femme :

D'azur, à deux massacres de cerf d'or, posez l'un sur l'autre ; acolé d'azur, à une croix d'or, cantonnée de dix-huit billettes de même, posées deux, une et deux au premier et deuxième canton, et deux et deux au troisième et quatrième canton.

46. — LE GASTELLIER, Gaspard, chevallier, seigneur des Courbons, Mousson et Massingé :

Ecartelé au premier et quatrième d'or, à trois tourteaux de gueules ; au deuxième et troisième d'azur, à un chevron d'or, acompagné de trois grillets de même, posez deux en chef et un en pointe.

47. — DE JACOP, Marie-Françoise, veuve de Charles DE SENEVRY :

De gueules, à une bande d'argent, acompagnée de deux pigeons de même, posez deux en chef et un en pointe.

48. — SIREDEY, Gaspard, conseiller du Roy, lieutenant général en la chancelerie de Châtillon-sur-Seine :

Comme cy-devant, article 43.

49. — De Saintphale, Georges, chevalier, seigneur de Magnoire :

D'or, à une croix ancrée de sinople.

50, 51. — De Chastenay, Antoine-Maurice, chevalier, seigneur de Bricon, et Blanche de Bard, sa femme :

D'argent, à un cocq de sinople, couronné, cresté, bequé, barbé et membré de gueules ; acolé d'argent, à une fasce de sable, et trois lozanges de gueules, posées en chef.

52, 53. — De Rabutin, Nicolas-Amé, comte de Bussy, seigneur de Forléans, Villars, Changy et autres lieux, et Marie-Charlotte de Sommevoy-Ballot, sa femme :

Cinq pointes d'or équipolez à quatre de gueules ; écartelé d'azur, à une croix engrelée d'or ; acolé de gueules, à un bande d'or et un chef d'argent.

54. — Feu Fleutelot, Jean, écuier, seigneur de Deneuvre et Romprey, suivant la déclaration de Jeanne Clopin, sa veuve :

D'argent, à trois trefiles d'azur, posez deux et un.

55 jusques et compris 63. — A expliquer plus amplement.

64. — Rémond, Jeanne, femme de Charles Legrand, écuier :

De gueules, à trois roses d'argent, posées deux et une.

65, 66. — A expliquer plus amplement.

67. — De Clugny, N., baron de Darcey :

D'azur, à deux clefs d'or, posées en pal, les anneaux en lozanges enlassez et pommetez de même.

68 jusques et compris 95. — A expliquer plus amplement.

96. — De Champeau, Jeanne, damoiselle :

D'or, à une bande de sable, chargée de trois besans d'or, et accompagnée de deux croisettes de gueules, posées une en chef et une en pointe.

97, 98, 99. — A expliquer plus amplement.

100. — D'Orzan père, Jean-Baptiste, écuier :

D'argent, à un sautoir de gueules.

101. — D'Orzan, Claude-Bernard, écuier, seigneur du fief de la Tour-de-Boux :

De même.

102, 103, 104, 105, 106, 107, 108. — A expliquer plus amplement.

GÉNÉRALITÉ DE BOURGOGNE

109. — FOURNIER, Jean, conseiller du Roy, grenetier au grenier à sel de Chastillon :

D'or, à une bande de gueules, chargée de deux étoiles d'argent, et un croissant de sable, posé en pointe.

110 jusques et compris 117. — A expliquer plus amplement.

SUIVANT L'ORDRE DU REGISTRE 1ᵉʳ DES COMMUNAUTEZ.

3 jusques et compris 17. — A expliquer plus amplement.

Arrêt du 20 décembre 1703.

Signé : SENDRAS.

SUIVANT L'ORDRE DU REGISTRE 1ᵉʳ.

59. — PETIT, N., curé de Latrecy :

D'argent, à un lion passant de sable, et une bande d'azur, brochante sur le tout, chargée en cœur d'un soleil d'or et de deux étoiles d'argent, posées une en chef et une en pointe.

60. — GAMET, N., curé de Champigny :

Cet article n'est icy employé que pour mémoire, attendu la restitution qui a été faitte du droit, par ordonnance de M. l'Inteudant du.....

61. — BOILLOT, Etienne, curé de la paroisse du Mont-Saint-Martin :

Cet article n'est icy employé que pour mémoire, attendu la restitution qui a esté faitte du droit, par ordonnance de M. l'Intendant du 4 juillet 1700.

65. — CRESSON, N., curé de Baigneux-les-Juifs :

Cet article n'est icy employé que pour mémoire, attendu la restitution qui a été faitte du droit par ordonnance.

66. — VAILLANT, Pierre, prêtre, curé de Poinsson et Larrey :

D'azur, à un chevron rompu d'or, accompagné de trois tourterelles de même, posées deux en chef et une en pointe.

68. — LASNIER, François, prêtre, curé d'Arcey :

Cet article n'est icy employé que pour mémoire, attendu la restitution qui a été faitte du droit, par ordonnance de M. l'Intendant du 29 may 1700.

70. — ORIESME, N., prêtre, curé de Joussy :

Cet article n'est icy employé que pour mémoire, attendu la restitution qui a été faitte du droit, par ordonnance de M. l'Intendant du 25 janvier 1701.

72. — Bereul, Nicolas, curé de Chamerois :

D'argent, à un calice d'azur, sommé d'une croix haussée d'or.

76. — De Bruère, Jean, prêtre, curé de la paroisse de Quemigny :

Cet article n'est icy employé que pour mémoire, attendu la restitution qui a été faitte du droit, par ordonnance de M. l'Intendant du.....

79. — Tissier, François, prêtre, curé de la paroisse. de Villeneuve-les-Couvertes :

Cet article n'est icy employé que pour mémoire, attendu la restitution qui a été faite du droit, par ordonnance de M. l'Intendant du 30 juin 1700.

83. — Jean, Antoine, curé de Ballenot :

Cet article n'est icy employé que pour mémoire, attendu la restitution qui a été faite du droit, par ordonnance de M. l'Intendant du 31 may 1700.

87. — Cardinal, Simon, curé de Beuneuvre :

Cet article n'est icy employé que pour mémoire, attendu la restitution qui a été faite du droit, par ordonnance de M. l'Intendant du 17 aous 1700.

88. — Rémond de Bonnefons, Joseph, prêtre, curé de Poïseul-la-Ville :

Cet article n'est icy employé que pour mémoire, attendu la restitution qui a été faite du droit, par ordonnance de M.....

89. — Roche, Humbert, prêtre, curé d'Estromet :

Cet article n'est icy employé que pour mémoire, attendu la restitution qui a été faite du droit, par ordonnance de M. l'Intendant du 30 juin 1700.

91. — Lamiral, François, prêtre, curé de Frossois :

Cet article n'est icy employé que pour mémoire, attendu la restitution qui a été faitte du droit, par ordonnance de M. l'Intendant du 25 aoust 1700.

205. — Guidot, N., prêtre, curé de Villiers-sur-Suize :

Cet article n'est icy employé que pour mémoire, attendu la restitution qui a été faitte du droit, par ordonnance de M. l'Intendant du.....

206. — Richard, prêtre, curé de Grey-sur-Avion :

Cet article n'est icy employé que pour mémoire, attendu la restitution qui a été faitte du droit, par ordonnance de M. l'Intendant du.....

207. — Pioche, Nicolas, curé de la paroisse de Mignot :

D'azur, à deux pioches d'argent, emmanchées d'or, passées en sautoir et accompagnées d'un croissant d'argent, posé en chef, et de trois étoiles d'or, posées deux aux flancs et une en pointe.

208. — Raillard, N., prêtre, curé de la paroisse de Bricon :

D'azur, à un chevron d'or, accompagné en chef de deux roses de même, et en pointe d'une étoille aussy d'or.

Arrêt du 20 décembre 1703. *Signé* : SENDRAS.

SUIVANT L'ORDRE DU REGISTRE 1ᵉʳ.

57. — MAURICE, Daniel, secrétaire de la Mairie de Baigneux-les-Juifs :

D'azur, à un lion de gueules, tenant de sa patte dextre un faisceau de javelots de sable, et de sa senestre une épée de même et regardant un nuage d'azur, mouvant de l'angle dextre du chef de l'écu, et chargé d'un tau d'or, avec cette inscription autour de l'écu : *Fecit magna qui potens est.*

SUIVANT L'ORDRE DU REGISTRE 1ᵉʳ DES COMMUNAUTEZ.

De l'état du 14 mars 1698.

1. — L'abbaye de Nostre-Dame de Châtillon-sur-Seine :

D'azur, à une Notre-Dame d'argent, acostée de deux tours crénelées de même.

De l'état du..... 1703.

3. — La communauté des maistres tisserans de la ville de Châtillon-sur-Seine :

D'argent, à une navette de tisseran de gueules, posée en fasce.

8. — La communauté des religieux de l'abbaye Notre-Dame-d'Oigny :

Bandé d'or et d'azur de six pièces, à une bordure de gueules et un écusson d'azur, à une Notre-Dame d'argent, posée en cœur et brochant sur le tout.

9. — Le couvent des Feuillans de la ville de Châtillon-sur-Seine :

De gueules, à une Notre-Dame d'argent, senestrée d'un saint Bernard de même, à genoux à ses pieds, avec cette inscription autour de l'écu : *Monstra te esse matrem.*

Arrêt du 20 décembre 1703.

Signé : SENDRAS.

SUIVANT L'ORDRE DU REGISTRE 1ᵉʳ.

58. — LE NORMAND, N., prêtre, curé de la Margol :

D'or, à une fasce de gueules, chargée de deux croissans d'argent.

62. — GAUDOT, N., prêtre, curé de la paroisse de Fresnois :

De gueules, à un godet d'or.

71. — NOIRET, Bénigne, prêtre, curé de la paroisse de Saint-Mars :

De sable, à un chef d'argent, chargé d'une teste de maure de sable.

73. — ALEXANDRE, Clément, prêtre, curé de la paroisse de Vollaine :
D'azur, à deux pals aiguisés vers le chef d'or.

74. — RAUDOT, Nicolas, prêtre, curé de la paroisse de Bussy-le-Grand :
D'argent, à une bombe de sable.

75. — COUTURIER, Michel, prêtre, curé de la paroisse de Nos :
D'argent, à un dez à coudre de sable, acosté de deux aiguilles d'azur, posées en pal.

77. — ROHIER, N., prestre, curé de la paroisse de Duenne :
De gueules, à une fasce ondée d'argent, surmontée d'une croisette d'or.

80. — RIEL, Pierre, doyen de Châtillon et curé de la paroisse d'Ayzele (*) :
De sable, à une barre d'or, chargée de trois billettes d'azur,

81. — MAMIOT, Nicolas, curé de la paroisse de Pellerey et Poncey-son-Secours :
De gueules, à une main apaumée d'argent.

82. — DE LA MOTTE, curé de la paroisse de Breureuré, Origny et Vauray :
D'azur, à une croix ancrée d'or.

85. — MIGNEREY, Edme, curé de la paroisse de Vanney :
D'azur, à un sautoir engreslé d'or.

86. — DEGUET, Jaque, prestre, curé de la paroisse d'Autricour :
D'argent, à une teste d'aigle arrachée de sable, bequée d'or.

90. — GREVYE, Jean-François, prestre, vicaire de la paroisse d'Ampilly-les-Bordes :
D'azur, à une grue d'argent.

93. — GODON, N , prestre, curé de la paroisse de Richebourg :
De sable, à un godet d'argent.

94. — AUBRY, N., prestre, curé de la paroisse de Chaumont-le-Bois :
De gueules, à une palme d'or.

99. — RENAUDOT, N., prêtre, curé de la paroisse de Courlévesque :
De sinople, à un renard d'or.

(*) Aisey (?).

GÉNÉRALITÉ DE BOURGOGNE

104. — Foué, N., prêtre, curé de la paroisse de Créancey :
D'argent, à un fouet de sable, le manche de gueules.

110. — Guyot, Elye, prestre, curé de la paroisse d'Estalantes :
De sinople, à un guy de chesne d'or.

Arrêt du 20 décembre 1703.

Signé : SENDRAS.

SUIVANT L'ORDRE DU REGISTRE 1er.

55. — Chevaldin, Nicolas, conseiller du Roy, maire perpétuel de Tressé :
De sable, à un cheval d'or.

56. — Guenebaut, N., conseiller du Roy, son procureur en la mairie de Baigneux :
D'or, à une bande vivrée de sable.

63. — Louis, Nicolas, secrétaire de la mairie royalle de Trecy :
De sinople, à cinq besans d'or, posés en croix.

69. — De Gissey, Claude, prévost royal à Clignay-le-Duc :
D'azur, à un geay d'or.

78. — Rosier, Jean, notaire royal à Clignay-le-Duc :
D'argent, à une roue écartelée de gueules et d'or.

80. — Hallée, Jean, notaire royal à Colliers-le-Secq :
D'argent, à six arbres de sinople, posez en pal, trois et trois.

92. — Guerepin, Daniel, conseiller du Roy, maire perpétuel de Bagneux-les-Juifs :
D'or, à une branche d'épine de sinople.

95. — Héliot, Prudent, seigneur en partie de Salviers :
D'azur, mantelé d'argent.

97. — Jaquesson, N., receveur du grenier à sel d'Arc-en-Barroux :
De gueules, à une coquille d'or.

98. — N..., femme de N. de Villiers-sur-Suize :
De sable, à une ville d'argent.

102. — N.., femme de Claude-Bernard d'Orsan, écuyer, seigneur du fief de la Tour-de-Boux :

D'or, à un chevron vuidé d'azur.

103. — N..., femme de Jean-Baptiste d'Orsan, écuier :

De sable, coupé d'or, à un pal de gueules.

111. — De Chatenay, François, chevalier, seigneur comte de Rochefort :

D'or, à un chat de gueules.

112. — N..., femme de François Chatenay, chevalier, seigneur comte de Rochefort :

D'azur, à une rose d'argent.

113. — Parisot, Jean-François, conseiller du Roy, son procureur en la mairie de Châtillon :

D'argent, à un pairle ondé de gueules.

114. — Viard, Philippe, garde-marteau en la maîtrise particulière des eaux et forest de Châtillon :

D'or, à un violon de gueules.

115. — Bequet, Antoine, conseiller et procureur en la mairie d'Arc-le-Barrois :

D'argent, à un coq de sable, bequé de gueules.

116. — Chosey, N., sieur de Barjon :

D'or, à un choux de sinople.

117. — N..., femme de N. Chosey, sieur de Barjon :

De gueules, à un lion naissant d'argent.

SUIVANT L'ORDRE DU REGISTRE Ier DES COMMUNAUTÉS.

4. — La communauté des maîtres drapiers de la ville de Châtillon-sur-Seyne :

D'azur, à un pal componné d'or et de gueules, d'argent et de sable de huit pièces.

5. — La communauté des maîtres savetiers de la ville de Châtillon-sur-Seine :

D'argent, à une pantoufle de sable.

6. — La communauté des maîtres tanneurs de la ville de Châtillon-sur-Seyne :

De gueules, à une motte à brosser d'or.

7. — L'abbaye d'Oigny :

De sinople, à un agnon (?) d'argent.

10. — Le prieuré de Monterot :

D'or, à une montagne de sable.

11. — Le prieuré de Saint-Brouin :

D'azur, à un broc d'argent.

12. — Le couvent des religieuses Ursulines d'Arc-en-Barrois :

De sable, à une croix double d'argent.

13. — La ville de Châtillon-sur-Seine :

De gueules, à un château d'argent.

14. — Le corps des officiers de la prévôté d'Aignay et Salives :

D'or, à un chef de gueules, chargé d'une fleur de lis d'argent.

15. — La communauté des bouchers de la ville de Châtillon-sur-Seine :

De sable, à un bœuf bandé d'or et de gueules de six pièces.

16. — Le prieuré de Vauclerc :

De gueules, à un soleil d'argent.

17. — Le prieuré de Salmaise :

D'azur, à un saumon d'or.

Arrêt d'enregistrement du 20 décembre 1703.

Signé : SENDRAS.

BAR-SUR-SEINE

SUIVANT L'ORDRE DU REGISTRE 1er.

1. — A expliquer plus amplement.

2. — BAILLY, François, receveur des tailles au comté et eslection de Bar-sur-Seine :

D'azur, à un chevron d'or, accompagné en chef de deux roses, et en pointe d'une pomme de pin de même.

3. — DE VIENNE, Antoine, escuyer, seigneur de Plancy :

D'argent, à un aigle de sable.

4. — DE VIENNE, Nicolas-François, escuyer, seigneur de Monceaux, Noës, baron de Fontette, conseiller du Roy, président et lieutenant général, civil et criminel, commissaire enquesteur et examinateur au bailliage et siége royal de Bar-sur-Seine :

D'argent, à un aigle de sable.

5. — DE LAUSSOIRRAIS, Jean, prévost royal :

D'azur, à une tête de léopard d'or, surmontée de deux croissans d'argent, et un chef d'or.

6. — BELIN, Nicolas, advocat au Parlement, conseiller du Roy, esleu en l'eslection de Bar-sur-Seine :

D'azur, à un chevron d'or, accompagné de trois rencontres de bélier de même, deux en chef et une en pointe.

7. — A expliquer plus amplement.

8. — HEROULT DE LA CLOSTURE, Laurens, conseiller du Roy, assesseur esleu en l'élection de Bar-sur-Seine :

De gueules, à un lyon d'argent.

9. — BOURBONNE, Estienne, conseiller du Roy et son procureur au bailliage et autres jurisdictions ordinaires de Bar-sur-Seine :

D'azur, à deux palmes d'or, passées en sautoir, surmontées de deux coquilles d'argent, et un chef cousu de gueules, chargé à dextre d'un sautoir d'or, et à senestre d'un croissant d'argent.

10. — CHARLOT, Jean, conseiller du Roy au bailliage de Bar-sur-Seine :

D'argent, à un chevron de gueules, accompagné de trois estoiles d'azur, deux en chef et une en pointe.

11. — CHARLOT, Jacques, conseiller du Roy audit bailliage :
De même.

12. — A expliquer plus amplement.

13. — LE TEXIER, Nicolas, greffier en chef en l'élection de Bar-sur-Seine :

D'azur, à un chevron d'or, accompagné en chef de deux étoiles d'argent, et en pointe d'un dauphin d'or, surmonté d'un croissant d'argent.

14. — A expliquer plus amplement.

15. — MENESTRIER DE LIBOIS, Jacques-François, nottaire royal et procureur aux juridictions royalles de Bar-sur-Seine :

D'or, à trois croix jointes ensemble de gueules, coupé d'azur, à un dragon d'or sur un mont ou tertre d'argent.

16. — MOUTON, Edme, conseiller du Roy et docteur en médecine :

D'azur, à deux espées, l'une en bande et l'autre en barre, les pointes en bas, aboutissantes à un croissant aussy d'or, à une estoile de même, posée en chef entre les deux épées.

17. — DE MAUCLERC, Marie, veuve de Gabriel DE VIENNE, chevalier, seigneur de Busserolles, bailly d'épée des ville et comté de Bar-sur-Seine :

D'azur, à un verroux d'argent, accompagné de trois treffles d'or, deux en chef et une en pointe, les tiges en haut.

18. — DE MALLEROIS, Jean-Baptiste, advocat en la Cour, conseiller du Roy, président en l'élection de Bar-sur-Seine :

D'azur, à un chevron d'or, accompagné de trois tourterelles d'argent, membrées de gueules et couronnées d'or, deux en chef et une en pointe.

19. — BOULANGER, Claude, enfant de cuizine chez le Roy, au grand commun :

D'azur, à un chevron d'or, accompagné en chef de trois étoiles mal ordonnez d'argent, et en pointe d'un croissant aussy d'argent.

20. — BOURBONNE, Estienne, advocat à la Cour, conseiller du Roy et son procureur en l'élection :

D'azur, à chevron d'or, surmonté d'un croissant de gueules, accompagné en chef de deux croix d'or et en pointe d'une coquille d'argent.

21. — De Bourbonne, Estienne, conseiller du Roy, esleu en l'eslection de Bar-sur-Seine :

D'azur, à un chevron d'or, surmonté d'un croissant de gueules, accompagné en chef d'une estoile à dextre d'or, et d'une croix de même à senestre, et en pointe d'une coquille d'argent.

22. — Bonnemain, Pierre, conseiller du Roy, receveur des gabelles au grenier à sel de Bar-sur-Seine :

D'azur, à un cœur d'or, enflamé de gueules, suporté par deux bras d'argent, mouvant des deux angles de la pointe.

23. — Hennequin, Nicolas, avocat en la Cour :

Vairé d'or et d'azur, à un chef de gueules, chargé de trois aiglettes d'argent.

24. — Mouchotte, Antoine, nottaire royal et procureur au bailliage de Bar-sur-Seine, et greffier des rolles des tailles de ladite ville :

D'azur, à un chevron d'or, accompagné de trois mouches de même.

25. — A expliquer plus amplement.

26. — Poupot, François, maître particulier des eaux et forests du comté de Bar-sur-Seine :

D'azur, à un lièvre s'élançant d'or, entre deux levriers affrontés d'argent, s'élançant contre le lièvre.

27. — Blanchard, Marie-Emée, veuve en premier lit d'Estienne Thienot, et en secondes noces de Jean Gombault :

De gueules, à un griffon d'argent, langué et onglé de sinople.

28. — Le Malorat, Pierre, prêtre, chanoine de la chapelle royalle Saint-Georges de Bar-sur-Seine :

D'azur, à une croix recroisetée d'or.

29. — Poupot, Georges, marchand :

D'argent, à un chevron de gueules, sur lequel est posé une hupe s'essorant d'argent, accompagné en chef de deux estoiles de gueules, et en pointe d'un croissant de sable.

Arrêt d'enregistrement du 24 janvier 1798.

Signé : SENDRAS.

GÉNÉRALITÉ DE BOURGOGNE

SUIVANT L'ORDRE DU REGISTRE 1er.

De l'état du 29 janvier 1698.

25. — GRILLARD, Charles, lieutenant de l'élection de Bar-sur-Seine :

D'azur, à un arc d'or, posé en fasce et accompagné de deux lézards de même, rampant aussy en fasce, celui de la pointe contourné.

Arrêt d'enregistrement du 19 février 1700.

Signé : SENDRAS.

De l'estat dudit jour 24 janvier 1698.

1. — COQUELEY, Claude, advocat en la Cour, conseiller du Roy, éleu en l'élection de Bar-sur-Seine :

Écartelé au premier et quatrième de sable, une croix dentelée d'argent; au deuxième et troisième d'azur, à un chevron d'or, accompagné de trois bezans d'argent, deux en chef et un en pointe.

7. — COCQUELEY, Madeleine, veuve de Me Jean BERNAUDAT, président en l'élection de Bar-sur-Seine :

Comme à l'article 1er.

12. — COCQUELEY, Pierre, vicaire perpétuel de Bar-sur-Seine :

Comme à l'article 1er.

14. — POUPOT, Estienne, commis au greffe de l'élection de Bar-sur-Seine :

D'azur, à un chevron d'or, accompagné en chef de deux poupées ou poignées de filasses d'argent, mises en pals, et en pointe d'un marc d'or.

Arrêt d'enregistrement du 19 février 1700

Signé : SENDRAS.

SUIVANT L'ORDRE DU REGISTRE 1er.

30 jusques et compris 76. — A expliquer plus amplement.

31. — SINGET, Pierre, prêtre, curé de la paroisse de Polizot :

De sable, à un singe d'or.

34. — REIGLEY, N., prêtre, curé de la paroisse de Ricey-Haute-rive :

D'or, à une règle de gueules, couchée en fasce.

35. — Prudhon, Etienne, prêtre, curé de la paroisse de Bourguignon :
D'azur, à une étoile d'or, surmontée d'un croissant d'argent.

39. — De Bourbonne, N., prêtre, curé de la paroisse de Bunot :
De gueules, à une fleur de lis d'argent.

40. — Chapotel, Edme, prêtre, curé de Buxeuil :
D'argent, à un chapeau de sinople.

41. — Chapotel, Edme, prêtre, curé de la paroisse de Choiseuil :
De même.

42. — Clément, François, prêtre, curé de la paroisse d'Arelle :
D'argent, à une clef d'azur.

45. — Cristofle, François, prêtre, curé de la paroisse de Villy-sur-Arre :
D'azur, à une gerbe d'argent.

51. — Simonot, Pierre, prêtre, curé de la paroisse de Mérey :
De gueules, à une montagne de six coupeaux d'or.

56. — Gombault, Nicolas, prêtre, curé de la paroisse d'Aviray :
D'argent, à une concombre de sinople.

57. — Chamerois, N., prêtre, curé de la paroisse de Loches :
D'or, à un soc de charrue d'azur.

Arrêt d'enregistrement du 20 décembre 1703.
Signé : SENDRAS.

SUIVANT L'ORDRE DU REGISTRE 1ᵉʳ.

30. — Breton, Richard, conseiller du Roy, maire perpétuel de la ville de Bar-sur-Seine :
De sable, chargé d'hermines.

32. — Poupot, Jean, avocat en Parlement :
De gueules, à une poupée d'enfant d'argent.

33. — Thibault, Françoise, veuve d'Etienne Poupot, conseiller du Roy, son procureur au grenier à sel de Bar-sur-Seine :
D'or, à un tau d'azur.

36. — Champagne, Edme, prêtre, chapelain de Saint-Etienne de Bar-sur-Seine :

D'hermines, à une champagne d'azur.

37. — Le chapitre de l'église collégialle de Bar-sur-Seine :

De gueules, à un dragon d'or.

38. — Le Fauchier, Guillaume, prêtre, chanoine de l'église collégialle de Saint-Georges de Bar-sur-Seine :

D'or, à une faux de sable.

43. — Morille, Elisabeth, femme de Nicolas-François Le Viane, écuier, seigneur de Monceau, conseiller du Roy, lieutenant général au baillage de Bar-sur-Seine :

De sinople, à une morille d'argent.

44. — Le couvent des religieuses Ursulines de la ville de Bar-sur-Seine :

D'azur, à une croix haussée d'or.

46. — De Comingan, François, écuier, seigneur en partie d'Aviray et Lingé :

D'argent, à un lapin de sable.

47. — N..., femme de François de Coningan, écuier, seigneur en partie d'Aviray et Lingé :

De gueules, à cinq billettes d'argent, posées trois et deux.

48. — De Chambre, Edme, habitant du..... :

D'or, à un plante de chanvre de sinople.

49. — Butord de Montigny, Jean-Baptiste, écuier :

De sable, à une montagne de six coupeaux d'or.

50. — Longueville, Françoise, femme de Jean-Baptiste Butord de Montigny, écuyer :

D'or, à une ville d'argent.

52. — Salomon, Edme, notaire royal à Bar-sur-Seine :

De gueules, à un serpent d'or, posé en pal.

53. — De Chantreau, François, seigneur en partie de la justice de Balnot :

D'argent, à une sauterelle de sinople.

54. — De Chambre, Marie, femme de François de Chantreau, seigneur en partie de la justice de Balnot :

Comme cy-devant, article 48.

55. — La communauté des religieux de la Baye-de-More :

D'or, à une tête de more de sable, posée de profil.

57. — Rasle, Pierre-Nicolas, notaire royal à Bar-sur-Seine :

D'argent, à un rat de sable.

58. — De Crombière, N., dame de la paroisse de Loches, veuve de N. de Tagny, écuier :

D'azur, à une ancre renversée d'or.

59. — Charlot, André, conseiller du Roy, éleu en l'élection de Bar-sur-Seine :

De gueules, à un grillet d'argent.

60. — Valpin, Charles, avocat en Parlement, prévost d'Essoys et président au grenier à sel de Mussy :

D'or, à deux pins de sinople, posez chacun sur une monticule de même.

61. — Le couvent des religieux Mathurins de la ville de Bar-sur-Seine :

De gueules, à une croix pattée, le montant d'azur et le travers de gueules.

62. — Le Lièvre, Antoine, seigneur de Fosset, capitaine de cavalerie :

De sinople, à un lièvre courant d'or.

63. — De Longueville, Françoise, femme d'Antoine Le Lièvre, seigneur de Fosset, capitaine de cavallerie :

Comme cy-devant, article 50.

64. — De la Croix, Pierre, chapelain de Saint-Etienne de Bar-sur-Seine :

D'or, à une croix ancrée de sable.

65. — De la Nuelle, Claude, prêtre, chapelain de Saint-Etienne de Bar-sur-Seine :

De gueules, à un chef pastillé(?) de trois pièces d'or.

66. — Mare, N., conseiller du Roy, son avocat à Bar-sur-Seine :

D'argent, à une mer de sinople, mouvante de la pointe.

67. — Simon, Jacque, procureur fiscal de la seigneurie de Loches :

D'argent, à une montagne à six coupeaux d'azur.

68. — Barsin, François, greffier au baillage de Bar-sur-Seine :

D'or, à une barre bretessée de gueules.

69. — Belleveue, Jaque, greffier, commis des eaux et forests en la maîtrise de Bar-sur-Seine :

D'argent, à une lunette d'approche de sable, posée en bande.

70. — Clément, Charles, bailly de Ricey :

D'or, à un pal de gueules, chargé d'une clef d'argent.

71. — Clément, Nicolas, advocat à Ricey :

De même.

72. — Viard, Edme, greffier des Ricey :

D'azur, à un violon d'or.

73. — Carteron, Pierre, advocat à Riceys :

D'argent, écartelé de gueules.

74. — Viard, Jean, notaire royal aux Riceys :

Comme cy-devant, article 72.

75. — Gautherot, Nicolas, procureur fiscal aux Riceys :

D'or, coupé d'azur, à un treffle d'argent, brochant sur le tout.

Arrêt du 20 décembre 1703.

Signé : SENDRAS.

Présenté par ledit Vanier à Nosseigneurs les commissaires généraux du Conseil, à ce qu'il leur plaise à recevoir lesdites armoiries et ordonner qu'elles seront enregistrées à l'*Armorial général*, conformément audit édit et arrests rendus en conséquence.

Fait à Paris, etc.....

Signé : Accault, l'une des cautions de Vanier.

Soit monstré au procureur général de la commission, ensemble les feuilles de présentation d'armoiries, ses conclusions, veu estre ordonné ce qu'il appartiendra pour raison.

Fait à Paris, etc..... *Signé* : Breteuil.

Les commissaires généraux du Conseil députés par le Roy, par arrest du Conseil des 4 décembre 1696 et 24 janvier 1697, pour l'exécution de l'édit du mois de novembre précédent sur le fait des armoiries ;

Veu l'Estat cy-dessus des armoiries envoyées aux bureaux établis dans le département de Besançon, en exécution de l'édit du mois de novembre 1696, à nous présenté par Mᵉ Adrien Vanier, chargé de l'exécution dudit édit, à ce qu'il nous plaise, ordonne que les armoiries expliquées audit Etat seront receues et ensuite enregistrées à l'*Armorial général* des feuilles jointes audit Estat contenant l'empreinte ou l'explication desdites armoiries, nostre ordonnance du...... de ce mois portant que ledit Estat et les feuilles seroient montrées au procureur général de Sa Majesté, conclusions dudit sieur procureur général ; Ouy le rapport du sieur de Breteuil, conseiller ordinaire du Roy et en son Conseil d'Etat, intendant des finances,

Nous commissaires susdits, en vertu du pouvoir à nous donné par Sa Majesté, avons receu et recevons les armoiries mentionnées audit Estat, et en conséquence ordonne qu'elles seront enregistrées, peintes et blasonnées à l'*Armorial général*, et les brevets d'icelles délivrés, conformément audit édit et arrests rendus en conséquence, et à cet effet les feuilles des armoiries jointes audit Estat et une expédition de la présente ordonnance seront remises au sieur D'Hozier, conseiller du Roy et garde dudit *Armorial général*, sauf à estre cy-après pourveu à la réception de celles des armoiries qui se trouvent surcises par quelques articles de cet Estat.

Fait en l'assemblée desdits sieurs commissaires, tenue à Paris ce, etc..... (*).

SENDRAS.

Nous soussignés, intéressés au traitté des armoiries, nommés par délibération de la Compagnie du 29 août 1697, reconnoissons que Monsieur D'Hozier nous a ce jourdhuy remis ceux mentionnez au présent Etat, au nombre de..... armoiries, la finance desquelles montant à....., promettons payer au Trésor royal, conformément au traitté que nous avons fait avec Sa Majesté.

Fait à Paris, ce douzième jour de février mil six cent quatre-vingt-dix-huit.

CARQUEVILLE.

(*) La date extrême est du 15 février 1709. (N. de l'éditeur.)

TABLE DES MATIÈRES

Nous avons dans cette table conservé les différentes orthographes du même nom; nous prévenons donc les personnes qui la consulteront de ne point s'étonner d'y rencontrer Bouhier et Boyer, Burteur et Bureteur, Canabilin et Canabelin, Gauterot et Gautherot. Dans l'impossibilité où nous étions de constater d'une manière sûre si ces noms appartiennent à une même famille ou à des maisons différentes, nous avons dû donner ce que nous rencontrions dans le manuscrit, au risque de doubler les noms dans notre table.

Nous croyons utile aussi de parler d'un fait très fréquent, c'est la réunion de la *particule* au nom propre : Delamare, Davoust, Demorey, Desbarres, etc. Il est nécessaire de chercher ailleurs si l'on ne trouve pas d'abord à sa place un nom de cette catégorie.

Enfin nous ne saurions trop insister sur la manière déplorable dont ces noms sont donnés par le manuscrit. Il y en a de si absolument méconnaissables que nous comptons sur l'obligeance et la sagacité des personnes qui consulteront l'*Armorial* pour nous donner avis de l'orthographe véritable, ce qui nous permettra de rectifier une bonne partie des erreurs dans notre table définitive de l'ouvrage complet.

A

ACHEY (d'). 45.
Aguenier. 204.
Aguillon. 258.
Aimery. 19.
Alexandre. 168. 292.
Amyot. 113.
André. 163.
Angely. 254.
Anlezy (d'). 233.
Anstrude (d'). 229. 259. 267.
Arcelot. 65. 120. 129. 145.
Archault. 145.
Arlay (d'). 4. 73.
Armedy. 151.
Armet. 33.
Arnoulph. 76.
Artault. 139. 205.
Arthault. 243.
Arvisenet. 37.
Arvisnet. 144.
Arviset. 30. 57. 133.
Argent (d'). 116.
Argilly (d'). 269.
Aubenton (d'). 189.
Aubert. 196.
Aubry. 292.
Anchemant (d'). 52.
Audinot. 267.
Audoulx. 48.
Autecloche (d'). 99. 196.
Autheman. 190.
Avout (d'). 240.

B

BACHELOT. 253.
Bachey. 162.
Bachez. 85.
Badier (de). 40. 269. 221.
Badoux. 14.
Baillet. 8. 14. 40. 267.
Baillot. 97.
Bailly. 296.
Baillyat. 223. 244.
Balathier (de). 249.
Ballois. 29.
Bannelier. 187.
Baquare (de). 92.
Barault. 177.
Barrault (de). 49. 189.

Barbette. 268.
Barbier. 14. 106.
Barbis. 8. 10.
Barbotte. 113.
Barbuot. 131. 236.
Bard (de). 288.
Bardet. 188.
Bardin. 114.
Barre (de La). 116.
Barres (des). 23.
Barette. 192.
Barillon (de). 48.
Barolles. 106.
Barollet. 42. 162.
Barsin. 303.
Basquaux. 148.
Bastide. 170.
Bastien. 173.
Bastonnier. 238.
Bataille. 104. 111.
Baucard. 250.
Bauce. 199.
Baudenet. 135. 182. 220.
Baudenet d'Annoux. 269.
Baudinot. 5.
Baudinot du Breuil. 127.
Baudinot-Selorre. 12.
Baudot. 17. 37. 102. 148. 201.
Baudry. 257. 270.
Baule (Le). 116.
Bauyn. 6.
Bayard. 245.
Baylliat. 247.
Bazin. 5. 115.
Beau (de). 241.
Beaubois. 95.
Beauclerc (de). 196.
Beaudenot. 249.
Beauffremont (de). 196.
Beaufort (de). 197.
Beaupère. 246.
Beaupin. 229.
Beauvalot. 161.
Bedey. 101. 203.
Begas. 262.
Begin. 187.
Beguin. 260. 286.
Beleurget. 54.
Bellevene. 303.
Bellevonne (de). 103.
Belin. 40. 52. 81. 83. 198. 261. 296.

Belin (Le). 6. 8. 14. 31. 49. 63. 107. 116. 124. 178. 190.
Belin (de). 25. 40. 73. 100.
Beniquet. 288.
Benoist. 112. 262. 270.
Bequet. 294.
Bérard. 144.
Berardier. 45. 67. 72. 136. 162. 163. 172.
Berbis. 7. 23. 32. 42. 45. 55. 64. 76. 81. 118. 129.
Berbis-Desmailly. 83.
Berbisey. 3. 34.
Berbisey (de). 2. 6.
Bereul. 290.
Bergeret. 183. 188. 255.
Bergerot. 115.
Bergine. 184.
Bernard. 2. 3. 21. 30. 34. 35. 58. 104. 118. 144. 170. 193. 256.
Bernardon. 14. 62. 88. 167.
Bernier. 98.
Bernot. 136.
Bernusset. 260.
Berrault. 142.
Berteau. 192.
Berthault. 256.
Bertheau. 269.
Berthelay. 96. 126.
Bertheley. 95.
Berthelier. 136.
Berthet. 185.
Berthier. 21. 28. 48. 52. 267.
Berthon. 137.
Bertin. 188.
Bertrand. 260.
Bethery. 237. 253.
Beuchot. 165.
Beuf (Le). 257.
Beuthot. 255.
Bezave. 267.
Bezuchet. 168.
Bichet-Morel. 132 (*).
Bichot. 26. 68. 92.
Bichot-Morel. 61.
Bidault. 253.
Bien. 243.
Bien (de). 220.
Bigarue. 261. 262.
Billard. 44.
Billot. 240.

Bizouard. 32. 76. 104.
Blanc (Le). 40. 80.
Blanchard. 163. 298.
Blanche. 33. 193.
Blanchet. 197.
Blancheton. 22. 103. 105.
Blanchot. 200.
Blanot (de). 39. 58. 119. 221. 241. 248 (**). 250.
Blanville (de). 174.
Bled (du). 236.
Bligny (de). 70.
Blin (Le). 101.
Blondeau. 87.
Blondel. 207.
Bodevin. 181.
Bodey. 148.
Boillaud. 42.
Boillaud. 54. 163.
Boillot. 75. 102. 109. 186. 198. 289.
Boileau. 66. 194.
Boire. 258.
Bois (du). 104. 141.
Bois (Le). 184.
Boisleau. 254.
Boison. 58.
Boisot. 51.
Boisset. 202.
Boiteux. 136.
Bonamour. 128.
Bonardin. 270.
Bonnarcq. 151.
Bonnard. 228. 229.
Bonnemain. 298.
Bonnel. 243.
Bonniard. 108.
Boquillot. 268.
Borot. 266. 268.
Borthon. 80. 193.
Borton. 143. 169.
Botte (La). 181.
Bouard. 258.
Boucard. 187. 241. 244. 250.
Bouchard. 59.
Boucheron. 83.
Bouchet (du). 232. 233. 238.
Bouchin. 38. 47. 67. 108. 163.
Bouchu. 1.
Boudier. 41. 119.
Bouesnel. 243.
Bougard. 265.

(*) Voir plus bas Bichot-Morel.
(**) Il y a par erreur Blavot dans le texte.

Bougot. 44.
Boubier. 1. 6. 31. 32. 33.
Bouhier de Lentenay. 12. 73.
Bouhin. 192.
Bouille (de). 183.
Bouillet. 35. 60. 138.
Bouillette. 249.
Bouillotte. 245.
Boulanger. 202. 297.
Boulier. 23.
Boullée. 164.
Bounnard. 125.
Bouquinet. 206.
Bourbonne. 296.
Bourbonne (de). 297. 298. 300.
Bourdier. 31.
Bourée. 33. 39. 50. 67. 249.
Bourelier. 31. 205.
Bourg (Le). 204.
Bourguignet. 285.
Bourguignon. 74. 205.
Bourrée. 31. 38. 64. 98. 111. 134.
Bourse. 122.
Bouscaut. 22.
Bouscault. 142.
Bouseau. 64.
Bousquet (du). 125.
Boussard. 70.
Boussemy. 71.
Bout (de). 161.
Bouthier. 206.
Bouvard. 103.
Bouvière. 172.
Bouvot. 287.
Bouvot de Lisle. 166.
Bouzereau. 180. 181.
Boyer. 1.
Branches (de). 220. 243.
Brechot. 253.
Brenot. 131.
Bresse. 237.
Bresson. 173.
Bret. 140.
Bret (Le). 117. 161.
Bretagne. 6. 63. 95. 99. 144. 222. 227.
Bretagne (de). 2. 5. 33. 40. 58. 59. 198.
Breton. 118. 147. 200. 250. 300.
Briandet. 178. 266. 268.
Bricard. 98. 199.
Briffault. 150.

Broard. 266.
Brocard. 87.
Brocot. 248.
Broudeau. 48.
Broüost. 49.
Brosses (de). 5.
Brouchin. 269.
Broudeault. 18.
Bruchot. 193.
Brun. 179.
Brun (Le). 226.
Brunel. 139.
Brunet. 19. 33. 43. 69. 72. 74. 85. 99.
Brusson. 33.
Bruère (de). 206. 290.
Buatier. 95.
Buatier de Réal. 41.
Budier (de). 242.
Buisson. 70. 144. 162. 164. 167. 169. 206.
Burée. 164.
Bureteur. 104.
Burgat. 62. 69. 115. 133.
Burteur. 9. 11. 31. 56. 106.
Butord de Montigny. 301.
Buttard. 198.
Buvée. 182.

C

CAGNOIS. 121.
Caillet. 21. 39. 124.
Caillot. 245.
Calon. 77.
Callon. 195.
Camus. 206.
Camusel. 140.
Canabelin. 105. 143.
Canabellon. 65.
Canabilin. 17.
Canablin. 11. 99. 110. 129.
Canet. 13. 28. 116.
Canquoin. 69.
Carbonnel (de). 146.
Carbonnes (de). 84.
Cardinal. 290.
Carme du Chalioux. 167.
Carnot. 19. 109. 186.
Caron. 169.
Caron (de). 97.
Carrelet. 17. 63. 69. 74. 108. 120. 133. 146. 192. 205.
Carrillon. 83.

Carron. 201.
Carterel. 263.
Carteret. 268.
Carteron. 303.
Cartigny (de). 71.
Cartois. 16.
Casotte. 198.
Cassard. 176.
Cassolle. 113.
Catherine. 96.
Catherinet. 38.
Cattin. 86. 126.
Cavilloux. 111.
Cazenée. 59.
Cazotte. 147.
Cencey (de). 241.
Cernaisot. 253.
Chabot. 176. 287.
Chaiget. 184.
Chaillet. 164.
Chalant. 263.
Challon. 240.
Chamaroux. 70.
Chambin. 108.
Chambre. 302.
Chambre (de). 301.
Chamereau. 227.
Chamerois. 300.
Chameroy. 249.
Chamoreau. 249.
Champagne. 116. 175. 234. 269. 301.
Champagne (de). 73.
Champeau. 167. 181. 234. 247. 267.
Champeau (de). 288.
Champeaux (de). 100.
Champinot. 199.
Champion. 225. 234. 242. 245.
Champot (de). 39.
Champtot. 144.
Changenet. 62. 151.
Chanrenault (de). 16. 119.
Chanrenaut (de). 27.
Chanteret. 76.
Chantier. 149.
Chantreau. 301. 302.
Chantrier. 188.
Chanut. 113.
Chapeau. 51.
Chapelle (de La). 243.
Chapot. 206.
Chapotel. 300.
Chapotot. 17. 124. 133. 143.

310   TABLE DES MATIÈRES

Chappeau. 39.
Chapt (Le). 285.
Charge (du). 171.
Charles. 188.
Charlot. 297. 302.
Charmelieu (de). 20.
Charne (du). 136.
Charolois. 134.
Charpentier. 188.
Charpy. 41. 42. 47. 54.
Charreau. 264. 265.
Chartraire. 7. 11. 60. 61.
Chastenay (de). 76. 189. 288.
Chatelus (de). 199.
Chatelux (de). 48.
Chatenay (de). 294.
Chaudelet. 204.
Chaugi (de). 6.
Chaugy (de). 221. 227.
Chaume (de La). 33.
Chaumelis. 8. 29.
Chaumonnet. 205.
Chausson. 245.
Chauveau. 11. 179. 192. 220.
Chauvelot. 39. 71. 81.
Chauvenet. 162.
Chavannon. 35.
Chavansol. 131. 192.
Chavansot. 265.
Chazan (de). 166.
Chazot. 100.
Chenut. 186.
Chesne. 49. 50. 53. 120. 263.
Chevaldin. 18. 298.
Chevallier. 101.
Chevanot. 30.
Chevignard. 26. 27. 32. 57. 67. 143.
Chevillard (Chevignard ?). 60.
Chevreau. 204.
Chevrot. 69. 196. 198.
Chifflot. 20. 182.
Chintré (de). 6.
Chiporey. 203.
Chiquet. 146.
Chisseret. 55. 120.
Choiseuil (de). 99.
Choiseul. 49.
Choiseul (de). 78.
Choiseul-Beauprey (de). 287.

Choisson. 5.
Chosey. 294.
Chotard. 65.
Chottard. 123.
Cinq-Fonds. 201.
Cirey. 65.
Cirey (de). 64.
Clairambault (de). 242.
Clamenel. 102. 200.
Clavin. 249. 255.
Clémandot. 47.
Clémencet. 85.
Clément. 174. 193. 300. 303.
Clérambourg (de). 142.
Clerc. 128.
Clerc (Le). 136. 203. 227. 233. 236. 256. 263.
Clerget. 45.
Clerguet. 102.
Clermont-Tonnerre (de). 121.
Cléron-Saffre (de). 92.
Clinchamp (de). 94.
Clopin. 69. 109.
Clugny (de). 6. 24. 68. 163. 288.
Cluny (de). 7.
Clume (de). 86. 191.
Cochard. 57.
Cochet. 98.
Cochon. 101.
Cœurderoy. 10. 16. 20. 36. 63. 71. 108. 227.
Coffinet. 256.
Cointot. 26. 45. 55.
Colin. 107. 111. 189. 246.
Colinet. 203.
Collet. 176.
Collinet. 137. 197.
Collombet (de). 222. 223.
Collot. 261.
Colombet-Gissey (de). 100.
Combevert (de). 26.
Combuert (de). 105.
Comeau. 20. 31. 34. 36. 56. 88. 99. 258.
Comeau (de). 75.
Comeaux. 114.
Cominet. 93. 255.
Comingan (de). 301 (*).
Compasseur (Le). 4. 12. 35. 43. 75. 116. 124.

Compasseur de Courtivron (Le). 2. 121.
Compasseur de Tersut (Le). 47.
Compoint. 100.
Condau. 67.
Conigant (de). 224.
Conroy (du). 221. 227. 249.
Constantin. 150.
Coq (Le). 125.
Coqueley. 299.
Coquet. 57. 67. 133.
Cornot. 184.
Cortelet. 99.
Cortelot. 146.
Cortel. 129.
Cortot. 8. 129.
Cosquinot (Le). 221.
Coste (de La). 29.
Cotherel. 94.
Cotheret. 205.
Cottin. 12. 13. 102. 131. 145.
Conclays (de). 227.
Couchet. 25. 108. 114.
Couchon. 163.
Coulombel. 137.
Courcelles (de). 9.
Courtot. 180. 188. 255.
Courvaut (de). 24.
Couthier. 169. 221. 247. 267.
Couturier. 150. 292.
Coustin du Manadau (de). 226.
Crépy. 266.
Creuseault (de). 195.
Creusevault. 86.
Creusevrault. 198.
Cresson. 289.
Cristofle. 300.
Croisier (du). 219. 229.
Croix (de La). 75. 140.
Croix (La). 113. 302.
Crombière (de). 302.
Cromot. 232. 263.
Cromot de Vassy. 270.
Cronambourg (de). 102.
Crosinot. 225.
Cugnois. 108. 255.
Cureau. 239.
Curne (La). 81.
Curty. 145.

(*) voir De Conigant. L'erreur est ici manifeste, grâce à l'armoirie parlante.

TABLE DES MATIÈRES

D

Dagonneau de Sachau. 106.
Damas. 221. 233.
Damas (de). 61. 247.
Damisel. 263.
Damoiseau. 219.
Damoiseau (de). 244.
Dampnicolas. 130.
Dannicolas. 166.
Dangost. 184.
Daragon. 204.
Darcy-le-Vanges. 224.
Darcy-le-Vauger. 238 (*).
Dareau. 235.
Darie. 267.
Darthault. 188.
Daubenton. 66. 117.
Daumont. 176.
David. 5. 23. 27. 31. 34. 56. 61. 109. 112. 125. 141. 150. 170. 226.
David de Beaufort. 75.
Davot. 196. 205.
Davout. 222. 223.
Davoust. 244.
Darzeine. 83.
Debadier. 222.
Defleury. 4.
Degand. 175.
Degestes. 71.
Degon. 190.
Deguet. 292.
Delacroix. 207.
Delamare. 2. 72. 106.
Delettre. 41.
Demanche. 220. 221. 263.
Demorey. 58.
Denapt. 104. 111.
Denesvre. 225.
Denis. 162.
Denisot. 18. 53.
Dercy. 201.
Derepas. 220
Derepaus. 172. 182.
Deresse. 191.
Derge. 187.
Deslandes. 34.
Desharres. 28. 57. 106. 107. 196.
Desbois. 184.

Desbois de Mercty. 55.
Desbordes. 190.
Deschamps. 239.
Desgranges. 50.
Deslandes. 70. 101. 115.
Desmartins. 224.
Despense (de). 220. 259.
Despingles. 29.
Detouches. 64.
Deuil (Le). 183.
Didier. 203.
Dijot. 182.
Dodun. 39.
Domino. 85. 106.
Doprel. 106.
Dorey. 161. 189.
Doriant. 60.
Dortan (de). 97. 103.
Doublot. 239.
Douhin. 51.
Douinet. 225.
Douze (de La). 94.
Drap. 256.
Droas. 58.
Driollay. 121.
Drouas. 248.
Drouhin. 260.
Drouot. 99. 125.
Druot. 170.
Dubois. 112. 224. 236.
Dumai. 12.
Dumay. 2.
Dumeix. 285.
Duperreau. 220.
Duprey. 133. 166. 192.
Durand. 27. 39. 53. 66. 91. 93. 131. 134. 137. 142. 254.
Durand de Fontenay. 151.
Durande. 187.
Durey. 36. 248. 260.
Duset. 110.
Dusson. 264.
Dugay. 94. 254.
Dugué. 94.

E

Echarnier (L'). 171.
Edouard (d'). 68.
Ecaillet. 164.
Eloy. 206.
Emonin. 23.

Espagnol. 201.
Espiard. 5. 7. 57. 237. 244. 245.
Espiard de La Cour. 126.
Espingle (d'). 104.
Estienne. 55. 70.
Estiennot (d'). 227.
Eusenée. 25.

F

Fabarel. 167. 203.
Factet. 229.
Fage (de La). 42.
Falavier. 97.
Fauchier (Le). 301.
Faur de Pibrac (du). 10. 222.
Faure-Ferriées. 46.
Faure (de). 93.
Fausse (de La). 225.
Fautrières de la Bottière (de). 224. 250.
Fay. 204.
Febvre (Le). 203.
Febvret. 129.
Ferrière (de La). 75.
Ferry. 42. 84.
Feuchot. 245.
Feuillans (de). 146.
Feulcières (de). 264.
Feuret (Fevret). 63.
Fèvre. 284.
Fèvre (Le). 71.
Fevret. 2. 3. 57. 144.
Figuelmont (de). 127.
Fijan. 4. 207.
Fillotte. 105.
Filsjean. 35. 39. 41. 59. 119. 132. 139. 195. 223.
Filsjean Sainte-Colombe (de). 15.
Filsjean de Mimande. 15.
Filsjean de Presle. 21.
Fisjean. 118.
Fisjean de Mimaud. 118.
Finet. 18. 129.
Fiot. 2. 3. 9. 10. 34.
Fleury. 36.
Fleury (de). 73.
Fleutelot. 202. 288.
Fleutot. 44.
Floriet. 146.

(*) Ce personnage est le même que celui dont le nom précède : exemple frappant des divergences d'orthographe chez les scribes.

TABLE DES MATIÈRES

Floris de Fleury. 60.
Flutelot. 36. 57. 105. 117. 197.
Flutelot de Larson. 71.
Foignot. 201.
Foissey. 202.
Folie. 97.
Folie (de La). 190. 191.
Folin. 202.
Fontez. 183.
Fontrière (de). 93.
Forest. 165. 182. 194.
Forest (de La). 40. 136.
Forestier. 142. 144. 238. 257. 262.
Forey. 110.
Former. 122.
Forneret. 44.
Forrestier. 233.
Forteau. 219. 263.
Fortune. 149.
Fosse (La). 93.
Fosse (de La). 165.
Foué. 293.
Foul (Le). 24.
Fourneret. 25. 97. 106. 171.
Fourney. 207.
Fournier. 65. 133. 147. 289.
Foussier. 161.
Fouquet. 248.
France (de). 218.
Frasans (de). 37. 65.
Frassan (de). 104.
Frazans (de). 24. 133.
Frazant (Le). 140.
Frémiet. 116.
Fresne (de). 221. 222. 241.
Fresneau. 111.
Fresnoy (de). 150.
Frollois. 39.
Fromaget. 174.
Fromageot. 97. 189.
Fuligny-Damas (de). 60.
Fussey (de). 62. 145.
Futelot. 33.
Fyot. 196.

G

GAGE. 244.
Gagne. 11. 12. 15. 120.
Gaillard. 80. 129.
Gaillardet. 246.
Gallois. 99. 198.

Galoche. 23. 137.
Galloche. 109.
Gamet. 289.
Ganay (de). 70.
Gand (de). 63. 224.
Garache. 188.
Garnier. 26. 40. 50. 52. 86. 122. 128. 266.
Gast. 136.
Gasteau. 167.
Gastellier (Le). 287.
Gaudelet. 18. 36. 66. 82. 119. 128.
Gaudot. 291. 237. 265.
Gaudrillet. 190.
Gault. 27.
Gaumet. 191.
Gauterot. 103.
Gautheret. 40.
Gautherin. 264. 269.
Gautherot. 123. 171. 303.
Gauthier. 7. 8. 18. 167. 191. 192. 199. 239. 261. 262. 270.
Gautier. 44. 132.
Gauvain. 38. 60.
Gauvin. 104.
Gavinel. 123.
Gavinet. 127.
Gayet. 104.
Gélinotte. 122.
Gendrot. 205.
Geneviève. 266.
Genguyot. 168.
Genot. 39. 161. 260.
Genreau. 163. 171. 175.
Gentot. 38.
Georges (de). 224.
Gerauld-Garcelon. 37.
Gerbays (de). 145.
Gevalois. 76.
Gevallois. 43. 64.
Gévaudan. 56.
Gevreau. 21. 22. 103. 117. 124. 141.
Giffard. 262.
Gillet. 68. 75. 204.
Gillot. 193. 200.
Girard. 132. 183. 193. 194. 197.
Girardeau. 52.
Girardet. 200.
Girardot. 49. 235. 266.
Girault. 63.

Gissey (de). 13. 34. 293.
Givoiset. 200.
Glace (de La). 42. 150.
Glaud. 60.
Glotton. 53.
Gobard. 265.
Godard. 135. 162. 242.
Godon. 292.
Godran. 30.
Gombault. 48. 298. 300.
Gontier. 4. 6. 13. 47. 58. 67. 188.
Goton. 138.
Goujet. 180.
Goujet du Val. 93. 96. 121. 148. 185.
Goujon. 69. 133. 141. 166. 169. 196. 197.
Goust (Le). 11.
Gous-Maillard. 21.
Goux-Morin (Le). 10.
Gonz (Le). 7.
Grand (de). 233.
Grange (de La). 165.
Granger. 8. 204.
Granger-Bertraud. 207.
Gravier. 26. 103.
Grenan. 261.
Grévye. 292.
Gridefeuille (de). 190.
Grignet. 108.
Grignon (de). 229.
Grillard. 299.
Grillot. 16. 32. 35. 59. 195.
Grosellier. 67.
Grossolier. 67.
Grozelier. 50. 74.
Gruet. 128.
Grusot. 197.
Gruyé. 220.
Gruyer. 96. 185.
Gruzot. 205.
Gualtain. 185.
Guaynaut (de). 50.
Guéland. 95. 143.
Guélans. 66.
Guélot. 105. 202. 138.
Guénard. 82.
Guéneau. 235. 238. 248. 261.
Guénebault. 189. 206.
Guenebaut. 293.
Guenichol. 112.
Guenin. 204. 240.
Guénynard. 235.

Guenyot. 250.
Guérepin. 293.
Guérinet. 12.
Guéritet. 45.
Ouiard. 49. 124.
Guibaudet. 20. 27. 93. 117. 144.
Guichard. 44.
Guichardet. 109.
Guichot. 257.
Guidot. 290.
Guiennot. 180.
Guignaud. 186.
Guijon (de). 244 (*).
Guilbert. 201.
Guillaume. 5. 32. 60. 66. 106. 191. 225. 248.
Guillardet. 101. 206.
Guilleminot. 237. 247. 257. 264.
Guillier. 188. 254.
Guilliers. 73.
Guillot. 235. 265.
Guiot. 206.
Goiraud. 199.
Guiton. 138.
Gurard. 128.
Guy. 41. 190.
Guy de Lesval. 85.
Guyard. 57.
Guye. 4. 36. 62. 197.
Guyet. 11. 24. 29.
Guylbert. 203.
Guyou (de). 228. 242.
Guyot. 117. 146. 293.
Guyot-Desarennes. 56.
Guyton. 99.

H

HABIGANT. 118.
Haguenier. 66.
Hallée. 293.
Haranguier (d'). 231. 239.
Harbet. 94.
Héliot. 98. 99. 131. 192. 293.
Hemery. 112. 125. 129. 268.
Hénault. 25.
Henrion. 26.
Henriot. 93. 125. 139.
Henry. 170. 226. 238. 254. 263. 268.

Hennequin. 298.
Héroult de la Closture. 296.
Hernoux. 228.
Herny (d'). 229.
Hesnin (de). 56.
Heudelot. 191.
Houard. 52.
Houdaille. 181.
Houdry.
Housse. 203.
Hucherot. 146.
Huier. 192.
Huillier. 246.
Huissier (d'). 232.
Humbert. 23. 130. 147.
Humblot. 236.
Humes (de). 241.
Huot. 269.
Hutet. 201.

J

JACHIA 100.
Jachiet. 14. 119.
Jacob. 2 16. 56 59. 239. 263.
Jacobe. 222.
Jacob (de). 287.
Jacquemin. 98.
Jacques. 52.
Jacquin. 262.
Jacquinot. 47. 54. 138. 148.
Jactet. 228 (**).
Jain. 141.
Jamin. 107. 133.
Jannel. 46.
Janniard. 162.
Jannon. 150.
Janon. 125. 175. 205.
Jaquelenet. 202.
Jaquemin. 94.
Jaquesson. 293.
Jaquin. 237. 269.
Jaquinet. 140.
Jaquotot. 93.
Jarry (de). 223.
Jarry de la Jarrye (de). 52. 235.
Jaucourt (de). 98. 233. 235.
Jaunon 24.
Jazut. 234.
Jean. 290.
Jeant (de). 36.
Jeannel. 57.

Jeannon. 61. 64. 74.
Jehannin. 3. 4. 25. 57.
Jeune (Le). 144.
Jodot. 264. 267.
Joigneau. 164.
Joliclerc. 51.
Jolin. 36.
Jolliard. 253.
Joly. 11. 15. 16. 17. 18. 20. 25. 31. 33. 49. 52. 59. 74. 86. 102. 103. 109. 114. 116. 120. 121. 125. 126. 143. 148. 198. 203.
Joly de la Borde. 10.
Jolly. 4. 29. 34. 36. 62. 284.
Jolyot. 20.
Jomard. 17. 190.
Jornot. 131.
Jouanet. 180.
Jouard. 269. 284.
Jouffroy. 197. 256.
Julien. 85. 74. 141.
Jullien. 44.
Junon. 53.
Jurain. 19. 106.
Jurain (de). 175.

L

LABARRE (DE). 80.
Labbé. 240. 264.
Labigant. 255.
Ladmiral (de). 195.
Lafont. 285.
Laglantier. 50.
Laguille. 124.
Laillet. 169.
Lallemant. 184. 262.
Lamare (de). 104.
Lambelin. 132.
Lambert. 23. 24. 49. 61. 114. 118. 120. 166. 204.
Lambry. 190.
Lamiral. 290.
Lamotte (de). 149.
Lamy. 19.
Langes. 248.
Languet. 30. 46. 53. 86. 120. 130. 222. 227. 228. 247. 256.
Languet-Robelin. 4.

(*) Ainsi écrit pour Guyon (voir ce nom).
(**) Le texte de d'Hozier donne ainsi ce nom pour Factot (voir ce nom).

TABLE DES MATIÈRES

Lantin. 39. 53. 104. 121. 126. 138.
Lapie. 51.
Laplace. 198.
Larcher. 29. 69. 147. 164. 261.
Lardery. 266.
Lardillon. 83.
Larmier. 245.
Lasnier. 191. 289.
Lasseret. 265.
Laurain. 199.
Laureau. 28. 259.
Laurenchet. 22. 103. 120.
Laurens. 84.
Laurent. 98. 123. 188. 244. 268.
Laurier. 109.
Laurier (du). 185.
Laussoirrais (de). 296.
Lauzorrois. 184.
Léaulté. 13. 50. 131. 222. 227.
Léautre. 249.
Lebeau. 11.
Lebelin. 17.
Lebert. 40.
Leblanc. 70.
Lebœuf. 22. 45.
Léger. 241.
Legoix. 134.
Legoux. 104.
Legoux-Morin. 58. 143.
Legrand. 100. 119. 283. 288.
Lejeune. 111.
Lemoyne. 84.
Lenet. 55. 112. 120. 127.
Lescharnier. 178.
Leschenault. 108.
Lescot. 60.
Lesnet. 283.
Lessore. 201.
Lesval (de). 195.
Letellier. 228.
Lettre (de). 43. 145.
Lévesque. 178.
Levet (Lenet?). 8. 12.
Levistan (de). 259.
Lhomme. 143. 187. 207.
Lhuguenot. 170.
Lhuillier. 171. 184.
Liard. 148.
Lièvre (Le). 302.
Ligier. 122.
Ligier (de Saint-). 38.
Lobot. 54. 81. 82.

Loge (de La). 37. 46. 97. 131. 142. 144. 219. 226. 234. 240. 247. 255.
Loison. 122. 124.
Lombard. 82. 166.
Longueville (de). 301. 302.
Lopin. 47. 143. 190. 192.
Loppin. 11. 44. 61. 75. 143. 144. 170.
Loranchet. 48. 81. 83.
Lordelot. 200.
Lorenchet. 39. 75.
Lorin. 261.
Louis. 298.
Loup (Le). 110.
Loy (La). 175.
Loyson. 14.
Lucas. 268.
Lucenay (de). 110.
Lucot. 13. 16. 69. 130. 163.
Lucotte. 46. 76.
Lugneot. 165.
Lyon. 143.
Lyon (de). 69.

M

MACHAU. 141.
Macheco. 127.
Macheco (de). 3.
Machecot. 125.
Machereau. 246.
Macheron. 199.
Magnien. 73. 120. 173. 200. 269.
Maguin. 24. 36.
Maillard. 206.
Maillard (de). 10. 65. 94. 132. 134. 135. 141.
Maillet. 193.
Mailly. 117. 148.
Maire. 58. 112. 130.
Mairetet. 12. 124.
Maison (La). 263.
Maistrise. 68.
Malechat. 96.
Maleschard. 126. 127. 185.
Maleteste. 55. 82. 218.
Malfin. 135.
Malgras. 132.
Mallerois (de). 297.
Mallet. 218.
Mallot (de). 53.
Mallot du Bousquet (de). 65.

Malorat (Le). 298.
Malot (de). 125.
Malpey. 115.
Malpoix. 62. 99. 146.
Malpoy. 84.
Malteste. 14. 64. 151.
Mambré. 239.
Mamiot. 292.
Mange (de). 150.
Manier. 102.
Manin. 137. 238. 240.
Manin de Sonnotte. 241.
Marbois (de). 54.
Marc. 30. 54. 101.
Marchand. 185. 258. 270.
Marché (du). 52.
Marchet. 262.
Marconnay. 285.
Mare. 302.
Mare (de La). 2. 8. 56. 68. 190.
Maréchal. 95.
Mareschal. 184.
Marel. 268.
Margot. 183.
Marie. 83. 165.
Marion (de). 64.
Marle (de La). 72.
Marlot. 162.
Marloud. 8.
Marmelet. 194.
Marot. 90.
Marre (de La). 7. 33. 84. 137. 139.
Mars (de Saint-). 115.
Marlelle. 256.
Martène. 45. 62. 121. 133. 151.
Martenne (de). 86. 260.
Martenot. 5. 28. 54.
Martin. 19. 51. 130. 256.
Martin (de Saint-). 75. 80.
Martin d'Agincourt (de). 199.
Martin de Choisey. 204.
Martincourt (de). 170.
Martinot. 138.
Massenot. 87.
Masset (de). 119.
Massol (de). 9. 15. 34. 46.
Mathey. 169. 262.
Mathieu. 181. 187. 195.
Mauclerc. 297.
Maugey. 205.
Mauguin. 146.

TABLE DES MATIÈRES

Maugras. 43. 261.
Maumenet. 54.
Maurice. 291.
May (du). 31.
Mayrot. 35.
Mazel (de). 90.
Mazelin. 267.
Mercier. 38. 71. 201.
Médard (de). 287.
Meillotet. 71.
Melenet. 25.
Melin (de). 12.
Menestrier de Libois. 297.
Ménetrier. 265.
Meney. 111. 187.
Merle. 129. 184. 246.
Merty (de). 62.
Meusnier. 286.
Micault. 84. 201.
Micaut. 73.
Michaudière (de La). 7. 10. 15. 23. 34. 66.
Michéa. 132.
Michel. 76. 80. 137. 145.
Michelinot. 283.
Miches. 68.
Michon. 101.
Midan. 43. 71. 124. 191. 202.
Mielle. 107.
Miette. 35.
Migieu (de). 12.
Mignerey. 292.
Mille. 118.
Millet. 54.
Millet (de). 7.
Milleton. 136.
Milletot. 13. 24. 28. 227.
Milley. 98.
Millière. 23. 34.
Millière de Saumoise. 8.
Millot. 45. 71. 122. 134. 257.
Millotet. 14. 36. 65.
Minard. 19. 71. 80. 120. 129. 130. 149. 234. 243.
Misserey. 181.
Misset. 189.
Mochot. 9.
Mochot-Coppin. 15. 24.
Moilat. 266.
Moine (Le). 181.
Moingeon. 224.
Mol. 65. 66. 68.
Molée. 51.
Molin. 125. 129.

Mollée. 150.
Momos. 182.
Monart. 184.
Moncheveire (*Mouchevaire*). 125.
Monot. 181.
Mongeot (de). 101.
Mongey (de). 4. 29. 51.
Mongin. 185.
Monginot (de). 85. 138.
Mongron (de). 267.
Monigeon. 189.
Monin. 92. 123. 142. 187. 192.
Monnet. 85. 116.
Monniot. 40.
Monnoye (de La). 21.
Monnoye (La). 125.
Montagu (de). 224.
Montèau. 115.
Montessut (de). 43. 73.
Montet (du). 147.
Montherot. 51.
Montherot (de). 46.
Montilly (de). 166.
Montjardet. 45.
Moreau. 31. 63. 65. 105. 108. 142. 197. 204. 242. 257.
Morel. 35. 37. 228. 285. 286. 287.
Morelet. 9. 18. 65. 66. 82. 128.
Morey (de). 59.
Morille. 301.
Morillon (de). 234.
Morillot. 55.
Morin. 187.
Morisot. 9. 32. 237.
Moriseau. 23. 34.
Morizot. 24. 60. 66. 67. 85. 139. 182. 192. 200. 236.
Morlet. 46. 61. 123. 125. 126. 181. 195. 204. 205.
Moron. 83.
Morot (de). 225.
Motte (de). 30.
Motte (de La). 58. 62. 183. 292.
Mottin. 229.
Mouchevaire. 27. 28. 33. 107. 193.
Mouchevère. 123.
Mouchinet. 200.
Mouchotte. 298.
Mouchou. 264.

Mougin. 96.
Mouillet. 189.
Moulin (du). 186.
Moulin. 186
Mouton. 297.
Mouy (de). 60.
Mucie (de). 2. 3. 8. 15. 22. 46. 57.
Mucye (de). 142. 176. 207.
Mugnier. 107. 169.
Mulier (Le). 108. 220. 236. 239. 250. 267.
Mutin. 162.
Mynard. 223.

N

Nadant. 249.
Naraud. 92.
Naveau. 255.
Navetier. 41. 50. 180. 189.
Navier. 240.
Nession. 263.
Nesvre (de). 243.
Nicat. 241.
Nicaise. 112. 114. 142.
Nicaize. 86.
Nicolardot. 59.
Nicolas. 100. 104. 124. 198.
Nicole. 47.
Nicolle. 103. 253. 257.
Niguet. 135. 198.
Noblet. 190.
Noël. 195.
Noiret. 291.
Noirot. 21. 55. 95. 193.
Normand. 86. 98. 268. 291.
Normant. 225.
Normart. 265.
Nouvelet. 44.
Nuelle (de La). 302.
Nyaud. 107.

O

Opinet. 183.
Oriesme. 289.
Orsan (d'). 294.
Orzan (d'). 288.
Oudin. 206. 234.
Ourche (d'). 40.

P

Pacard. 46.
Padoux. 118.
Page. 200.

Palluet. 194.
Panier. 206.
Pantoise. 95.
Papillon. 69. 80. 123. 138. 150. 164. 165.
Parent. 204.
Paresser. 206.
Paressot. 69.
Parigot. 48. 84. 107. 182.
Parise. 49.
Parisot. 25. 85. 163. 294.
Parizot. 84. 163.
Parrigot. 67.
Pasquiaut. 253.
Pasquier. 227. 258.
Pasquier de Prel. 10
Patichot. 207.
Pattot. 241.
Pauché. 168.
Payen. 83.
Pécard. 270.
Pellet. 100.
Pelletier. 13. 64. 67. 72. 121. 139. 151. 182. 194. 203. 236. 246.
Pélissier. 147. 176.
Pellissier. 49. 140.
Pellissier (de). 47. 121.
Pely. 72.
Pérard. 5. 11. 31. 33. 106. 175. 198.
Perdriset. 201.
Perdrizet. 167.
Pereault de la Serrée (de). 68.
Périer. 27. 195. 248.
Pernay. 15.
Pernel. 166.
Pernot. 95.
Pérot. 193.
Perrault de la Serrée (de). 196.
Perreau. 76. 266.
Perreau (du). 267.
Perreault. 96.
Perrenay. 62.
Perrenet. 9.
Perreney. 3. 47.
Perrey. 187.
Perrier. 73. 80. 189. 207.
Perrin. 107.
Perriquet. 132.
Perrot. 21. 29. 53. 97. 194.
Perruchot. 28. 203.
Personne. 285.
Personnier. 172.

Pertuiset. 183.
Pertuisot. 173.
Pesche (de La). 51. 86.
Pescheur. 249.
Petiot. 145. 195.
Petit. 22. 34. 38. 45. 59. 60. 62. 63. 72. 76. 83. 91. 93. 123. 127. 129. 137. 176. 186. 202. 289.
Petitjean. 19. 51. 86. 113.
Petilot. 181.
Peutot. 254.
Phal (de Saint-). 236.
Picard. 244.
Pichenot. 242.
Pidancier. 170.
Pidard. 190.
Pierre. 20. 45. 119. 148. 171.
Pigalleau. 93.
Piget. 61. 141. 247.
Pillot. 205.
Pinard. 116. 237. 244.
Ploche. 290.
Pion. 222.
Piron. 200.
Pise (de). 199.
Pitois. 38. 136.
Piton. 140.
Pittois. 91.
Pize (de). 17. 76.
Poillot. 197.
Poncerot. 244. 246.
Ponnelle. 238.
Ponsart. 105.
Pont (Le). 195.
Pontenel. 140.
Pontoux. 73.
Popelard. 135.
Porcheret. 170.
Pordriset (Perdriset). 113.
Poressot. 124.
Pot de Rochechouard (de). 60.
Potin. 198.
Potot. 226. 267.
Pouffer. 59.
Pouffier. 7. 57. 103.
Pouilly (de). 51.
Poulain. 286.
Poulin. 167.
Poullet. 93.
Poupot. 298. 299. 300.
Pourcher. 187. 196.
Poussis. 47. 191.
Poussy. 228. 244. 245.

Poutoux-Loppin (de). 134.
Poyen. 193.
Pras-Balaysseaux (de). 40.
Prat (de). 97.
Presle (de). 120.
Prévost. 75. 144. 238.
Prévost de la Croix. 98. 241.
Prey (du). 144.
Prienstet. 51.
Prieur. 200. 204.
Prinstet. 205.
Prodhon. 300.
Prot. 207.
Prouhin. 206.
Provin (?). 113.
Puylata. 102.

Q

QUANQUOIN. 196.
Quarré. 3. 4. 5. 19. 68. 105. 113. 196. 206.
Quarré d'Aligni ou d'Aligny. 6. 148.
Queneau. 267.
Quentin. 204.
Queux (Le). 245.
Quillardet. 54. 57. 134. 169.
Quillot. 124.
Quirot. 28. 146.

R

RABUTIN (DE). 288.
Rabyet. 194.
Racle. 168.
Raillard. 290.
Raimond. 142.
Rajaud. 74.
Rajault. 114.
Rajot. 106.
Raley. 253.
Ramaille. 51. 126.
Ramel. 182.
Ramisse (de La). 48. 68. 72. 106. 139. 150. 175. 190. 202. 204.
Rantier. 164.
Rapin. 108.
Rasle. 302.
Raudot. 228. 259. 262. 266. 292.
Ravely. 113.
Ravière (de La). 2.
Ravinet. 70. 81. 125.
Raviot. 140. 190.

TABLE DES MATIÈRES

Ravynet. 21.
Raymond. 40. 41.
Rebourd. 169.
Rebourg. 254.
Regnard. 242. 253.
Regnaudin. 254.
Regnaudot. 126. 258.
Regnault. 109. 110. 126. 205.
Regnier. 34. 72. 142.
Regnier de la Bussière. 117.
Reigley. 299.
Rémond. 15. 32. 108. 142. 207. 219. 257. 269. 283. 284. 285. 288.
Rémond de Bonnefons. 290.
Renaudot. 292.
Repas. 175.
Requelaine (de). 46. 119. 128.
Requeleyne. 43. 95.
Requeleyne (de). 14. 25. 39. 132. 171. 201.
Ressaire. 149.
Revelud. 182.
Revirard. 127.
Rey. 54. 106. 138. 165. 172.
Rey (du). 103. 141.
Reymond. 86.
Reyqueleine (de). 18.
Ricard. 51.
Ricard (de). 90.
Richard. 11. 13. 20. 22. 38. 59. 60. 67. 76. 81. 96. 119. 133. 136. 150. 173. 290.
Riel. 292.
Rielle. 106.
Rigolet. 183.
Rigoley. 3. 66. 68. 197.
Rigollet. 113.
Rigoloy. 118.
Rigoulet. 182.
Riolet (de). 81. 223.
Riollet (de). 234.
Riom. 167.
Rivière (de La). 99.
Roard. 264.
Robardet. 194.
Robelot. 45. 86.
Robert. 61. 114. 238.
Robin. 240. 258.
Roche. 100. 290.
Roche (de La). 221.

Rochechouard (de). 234.
Roger. 127.
Roger (de). 101.
Robier. 292.
Roile. 128.
Rolet. 172.
Rollet. 112. 179. 196.
Rollin. 202.
Romecourt (de). 224.
Rommecourt (de). 247.
Rondot. 43.
Rongeot. 254.
Roqueleine (de). 15.
Roqueleyne (de). 65. 104.
Roqueloyne (de). 105. 107.
Rosier. 293.
Roucher. 202.
Rouge. 265.
Rouget. 126.
Rouhier. 134.
Roullier. 193.
Roure (du) ?
Rousseau. 53. 55. 85. 141. 161. 165. 180. 242.
Rousselot. 42. 97. 143. 174.
Routy. 81. 180.
Rouvray (de). 82.
Roux (Le). 76. 81. 82.
Roy. 171. 182.
Royer. 191. 204.
Royer de Saint-Etienne (de). 111.
Rude (Pierre). 194 (*).
Rue (de La). 134. 180.
Ryauld. 168.

S

Sadier. 172.
Saffre (de). 127.
Saget. 74. 81. 105. 191. 197.
Sain (de). 287.
Saint. 226.
Saintphale (de). 288.
Salier. 22. 236.
Salins (de). 56.
Sallé. 166.
Salle (de La). 195.
Salomon. 301.
Salonnier du Pairon. 123.
Saine. 132.

Sarans. 194.
Sarazin. 187.
Sarcey (de). 145.
Sardet. 207.
Sarrans. 197.
Sarrazin. 201.
Saulcières. 233.
Saulx (de). 49. 64. 189.
Sauce. 150.
Saumaise (de). 38.
Sauzay (de). 123.
Savot. 144. 190. 261. 268.
Sayne. 60. 63.
Sayne (de). 61.
Segault. 82.
Ségoillet. 105.
Séguenot. 32. 48. 65. 250.
Sénevoy (de). 226.
Senevry (de). 287.
Sercey (de). 51.
Serrey. 136.
Serrey (de). 61.
Seugnot. 129.
Seurreau. 122.
Seurrot. 116.
Sigault. 92. 205.
Sillebon. 131.
Simon. 17. 32. 61. 68. 82. 123. 172. 235. 240. 250. 269. 303.
Simonot. 300.
Sire. 205.
Siredey. 287.
Siredey de Grandbois (de). 287.
Siredy. 105.
Siry (de). 74.
Sirop. 123. 139.
Soirot. 82. 143. 148.
Soirot (de). 259.
Soland. 168.
Sommevoy-Ballot (de). 288.
Sommièvre (de). 287.
Sonois. 97.
Sordaillet. 147.
Sordoillet. 43.
Soret (de). 237. 243.
Sousselier. 70. 132. 135.
Souvert (de). 63. 137.
Soyrot. 66. 74.
Surmain. 31. 72. 134.
Syrot. 70.

(*) Le manuscrit donne Rudepierre en un mot. D'après le recueil d'armoiries peintes le nom est Rude. Nous avons donc mis Pierre entre parenthèse, comme étant le produit de l'inadvertance du scribe.

TABLE DES MATIÈRES

T

Tabouret. 65. 130. 138. 145.
Tabourot. 30. 80. 114.
Tainturier. 139.
Taisand. 26. (V. *Térisand.*)
Taissand. 112. 128.
Taissard. 142.
Tapin. 36. 48. 58. 62. 74. 115. 130. 149.
Tappin. 44.
Tardy. 28. 131. 192.
Tassinet. 131.
Tassinot. 30.
Taupin. 253.
Tavault. 47.
Tellier (Le). 48.
Temare (de). 100.
Térisand. 27.
Terrion. 66. 87. 202.
Testot. 228. 229.
Teureau. 258.
Teurlot. 88.
Teuvenois. 168.
Texier (Le). 297.
Thérion. 197.
Thésut. 4. 11.
Thésut (de). 6. 45. 64. 110.
Theureau. 37.
Thézut (de). 58.
Thiard (de). 85. 97.
Thibault. 50. 247. 300.
Thibault de Jussey (de). 49.
Thibert. 20. 228.
Thielley. 175. 207.
Thienot. 298.
Thierry. 19. 114. 180.
Thiersot. 255.
Thoison. 114.
Thoisy (de). 219. 233.
Thomas. 4. 10. 16. 63. 110. 119. 123. 205. 219.
Thoreau. 108. 149.
Thorel (de). 118.
Thuot. 254.
Tisserand. 74. 204.
Tissier. 246. 290.
Tixerand. 117.
Tixerant. 206.
Toc (du). 264.
Toison (de La). 6. 10. 56. 59.
Topin de Serrigny. 5.
Torcy (de). 249.
Tordot. 173.
Toret (Le). 242.
Torion. 97.
Tors (Le). 225.
Tour-du-Pin (de La). 90.
Tourreau. 250.
Toussaint. 111.
Trapet. 202.
Traversier de La Pujade (de). 179.
Trémissot. 191. 200.
Trémolet. 94.
Tribolet. 36. 80.
Tribollet. 55. 207. 238.
Troctu (?). 23.
Trouillard. 185.
Trouvé. 118. 168.
Truchetet. 172.
Trulard. 95. 96. 97.
Trullard. 94.
Tureau. 225.
Turel. 104. 124.
Turlot. 199.
Turrel. 9. 18. 26. 105.

V

Vacher. 41. 75. 258.
Vacherot. 181.
Vacsorn (ou Vachorn[e]). 192.
Vactor (de). 32.
Vageot. 205.
Vaillant. 73. 104. 143. 284. 285. 289.
Vaivre (de La). 130.
Valadon. 199.
Valby. 84. 189.
Vallée. 183.
Vallet. 204.
Vallon. 235. 242.
Vallot. 36. 64. 71. 102. 121. 124. 140.
Vally. 121.
Valon. 33.
Valon de Mimeure. 8. 9.
Valot. 59.
Valpin. 302.
Vandenesse (de). 102.
Varenne. 32. 235.
Varenne (de). 148. 181.
Varennes (des). 175. 207.
Varignoles (de). 6.
Vaucherot. 47.
Vaudrey. 195.
Vaudroy. 48.
Vaudry. 112.
Vaulcoret. 180.
Vaussin. 50. 224. 225. 227.
Vautier. 27. 64. 147. 150.
Vauthier. 124.
Vella (de). 227.
Venot. 145.
Vennisy. 111.
Verdelet. 135.
Verdies. 284.
Verdin. 285.
Verne (de La). 28. 133.
Vernisy. 192.
Verpeau. 257. 264.
Verrey (de). 263.
Vesons (de). 267.
Vestu. 30.
Vétu. 32. 176. 261.
Vezons (de). 221. 223.
Viane (Le). 301.
Viard. 142. 193. 294. 303.
Viart. 229.
Vichi (de). 96.
Vichy (de). 229.
Vienne (de). 35. 84. 93. 296. 297.
Viennot. 95. 103. 110. 189.
Viennot. 84.
Viesse. 283. 386.
Vilain. 38.
Ville (de). 112. 265.
Villedieu. 174.
Villemot. 100.
Villers-La-Faye. 46. 100. 131. 226. 283.
Villiers-sur-Suize (de). 293.
Villot. 119.
Vincenot. 223. 247. 269.
Violet. 69. 147.
Vitier. 127.
Vitte. 16.
Vitte (de). 149.
Vittier. 35. 75. 88. 141. 142.
Vivier (du). 46. 123.
Voignat (Le). 239.
Voillot. 256.
Voisenet. 255.
Voruelle. 29. 50. 146.
Vorseville. 139.
Voye (de). 52. 147.

W

Willemain. 125.

TABLE DES MATIÈRES

DOMAINES, ABBAYES, COMMUNAUTÉS

Abergement-le-Duc (Prévôté de l'). 216.
Arc-en-Barrois (Prévôté d'). 295.
Aignay et Salives (Ursulines d'). 295.
Alize-Sainte-Reine (Cordeliers d'). 273.
Antoine de Morges (Maison de Saint-). 176.
Argilly (Officiers de la châtellenie d'). 21.
Arnay-le-Duc (Apothicaires d'). 277.
— (Boulangers d'). 159.
— (Charpentiers d'). 275. 276.
— (Chirurgiens d'). 277.
— (Cordonniers d'). 277.
— (Couvreurs d'). 276.
— (Drapiers d'). 277.
— (Grenier à sel d'). 252.
— (Hôteliers d'). 277 (*).
— (Maréchaux d'). 276.
— (Menuisiers d'). 276.
— (Officiers du bailliage d'). 159.
— (Pâtissiers d'). 276.
— (Pelletiers d'). 276.
— (Selliers d'). 276.
— (Tanneurs d'). 276.
— (Tisserands d'). 276.
— (Ursulines d'). 232.
— (Ville d'). 252.
Auxonne (Apothicaires d'). 215.
— (Bouchers d'). 215.
— (Boulangers d'). 159.
— (Bourreliers d'). 215.
— (Cabaretiers d'). 215.
— (Charpentiers d'). 159.
— (Charrons d'). 215.
— (Fers (marchands de) d'). 214.
— (Grenier à sel d'). 215.
— (Justice consulaire d'). 215.
— (Maçons d'). 215.
— (Marchands d'). 214.
— (Maréchaux d'). 215.

Auxonne (Mariniers d'). 214.
— (Menuisiers d'). 215.
— (Officialité d'). 214.
— (Officiers du bailliage d'). 215.
— (Pâtissiers d'). 215.
— (Prêtres familiers d'). 79.
— (Serruriers d'). 214.
— (Tailleurs d'habits d'). 216.
— (Tisserands d'). 214.
— (Tonneliers d'). 215.
— (Ursulines d'). 79.
— (Ville d'). 89.
Autun (Séminaristes d'). 87 (**).
Avallon (Apothicaires d'). 279.
— (Bailliage d'). 252.
— (Bouchers d'). 273.
— (Boulangers d'). 273.
— (Chapeliers d'). 273.
— (Charpentiers d'). 279.
— (Chirurgiens d'). 273.
— (Cordonniers d'). 274.
— (Corroyeurs d'). 279.
— (Couvreurs d') 279.
— (Drapiers d'). 273.
— (Frères de la doctrine chrétienne d'). 278.
— (Gantiers d'). 273.
— (Grenier à sel d'). 251.
— (Hôteliers d'). 274.
— (Marchands d'). 273.
— (Maréchaux d'). 273.
— (Menuisiers d'). 274.
— (Merciers d'). 273.
— (Pâtissiers d'). 281.
— (Prévôté d'). 252.
— (Savetiers d'). 274.
— (Selliers d'). 279.
— (Serruriers d'). 273.
— (Tailleurs d'). 279.
— (Tanneurs d'). 274.
— (Tisserands d'). 273.
— (Ursulines d'). 259.
— (Ville d'). 251.
— (Visitation d'). 231.
Bar-le-Régulier (Prieuré de). 158.

Bar-sur-Seine (Chapitre de l'église de). 301.
— (Ursulines de). 301.
— (Mathurins de). 302.
Beaune (Apothicaires de). 208.
— (Armuriers de). 211.
— (Boulangers de). 153.
— (Bourreliers de). 153.
— (Carmélites de). 78.
— (Chancellerie du bailliage de). 211.
— (Chapeliers de). 209.
— (Charpentiers de). 208.
— (Chapitre et chanoines de). 78.
— (Charrons de). 154.
— (Chartreux de). 79.
— (Chaudronniers de). 208.
— (Chirurgiens de). 156.
— (Commanderie de). 157.
— (Cordiers de). 154.
— (Cordonniers de). 156.
— (Corroyeurs de). 209.
— (Couteliers de). 210.
— (Couvreurs de). 153.
— (Drapiers de). 210.
— (Epiciers de). 208.
— (Hôteliers de). 211.
— (Jacobins de). 87.
— (Maçons et tailleurs de pierre de). 153.
— (Marchands de fer de). 154.
— (Marchands de soie de). 155.
— (Maréchaux de). 153.
— (Menuisiers de). 154.
— (Merciers et quincailliers de). 155.
— (Officialité de). 208.
— (Officiers du bailliage de). 211.
— (Officiers du sel de). 209.
— (Officiers des traites foraines de). 154.
— (Oratoriens de). 87.
— (Orfèvres de). 157.
— (Pâtissiers de). 210.

(*) Il y a erreur dans le manuscrit qui donne *chapeliers*.
(**) Voir le vol. II de Bourgogne.

TABLE DES MATIÈRES

Beaune (Pelletiers de). 209.
— (Perruquiers de). 211.
— (Potiers d'étain de). 209.
— (Savetiers de). 155.
— (Selliers de). 154.
— (Serruriers de). 210.
— (Taillandiers de). 153.
— (Tailleurs de). 154.
— (Tanneurs de). 155.
— (Tisserands de). 208.
— (Tonneliers de). 155.
— (Tondeurs de drap de). 159.
— (Tourneurs de). 155.
— (Ursulines de). 78.
— (Ville de). 77.
— (Vinaigriers de). 209.
— (Visitation de). 78.
— (Vitriers de). 208.
Bouillant (Prévôté royale de). 216.
Bourgogne (Province de). 151.
Brazey (Officiers de la châtellenie de). 158.
Brouin (Saint-) (Prieuré de). 295.
Bussière (Abbaye de La). 77.
Chapelotte (Chapitre de La). 78.
Châtillon-sur Seine (Abbaye de Notre-Dame de). 291.
— (Bouchers de). 295.
— (Drapiers de). 294.
— (Feuillants de). 291.
— (Religieux de l'abbaye de Notre-Dame de). 291.
— (Savetiers de). 294.
— (Tanneurs de) 295.
— (Ville de). 295.
Citeaux (Abbaye de). 88.
Combertault (Prieuré de). 157.
Courtangis (Prieuré de Saint-Etienne de). 231.
Dijon (Abbaye de Saint-Etienne et son chapitre de). 89.
— (Abbaye de Saint-Julien de). 89.
— (Apothicaires de). 211.
— (Armuriers de). 216.
— (Bénédictins de Saint-Bénigne de). 77.
— (Blanchisseurs de). 211. 217.
— (Bonnetiers de). 152.
— (Bouchers de). 156.

Dijon (Boulangers de). 152.
— (Bourreliers et carrossiers de). 208.
— (Boutonniers de). 217.
— (Carmélites de). 79.
— (Carmes de). 177.
— (Chanoines de la Chapelle du Roi à). 88.
— (Chapeliers de). 209.
— (Charpentiers de). 158.
— (Charcutiers de). 209.
— (Charrons de). 156.
— (Chartreux de). 89.
— (Chirurgiens de). 159.
— (Cordiers de). 208.
— (Cordonniers de). 152.
— (Corroyeurs de). 210.
— (Couteliers de). 216.
— (Couvreurs de). 177.
— (Dames de Sainte-Marthe de). 79.
— (Drapiers de). 157.
— (Ecoles de). 211.
— (Epiciers de). 152. 211.
— (Faïenciers de). 177.
— (Fondeurs de). 210.
— (Fourbisseurs de). 216.
— (Fruitiers de). 217.
— (Gantiers de). 211.
— (Grenier à sel de). 214.
— (Hôteliers de). 213.
— (Huilliers de). 212.
— (Jacobines de). 79.
— (Jardiniers de). 157.
— (Saint-Jean-Baptiste de). 79.
— (Jésuites de). 160.
— (Justice consulaire de). 217.
— (Maîtres à danser de). 217.
— (Marchands de poissons de). 177.
— (Marchands de soie de). 152.
— (Maréchaux de). 156.
— (Mégissiers de). 152.
— (Menuisiers de). 155.
— (Minimes de). 160.
— (Officiers des eaux et forêts de). 177.
— (Officiers de la monnaie de). 217.
— (Oratoriens de). 89.
— (Orfèvres de). 210.

Dijon (Paumiers de). 210.
— (Paveurs de). 177.
— (Pelletiers de). 156.
— (Peintres de). 87.
— (Perruquiers de). 208.
— (Pochers et forestiers de). 153.
— (Potiers d'étain de). 211.
— (Procureurs au Parlement de). 217.
— (Quincailliers de). 152.
— (Religieuses de Notre-Dame du Refuge de). 79.
— (Savetiers de). 153.
— (Sculpteurs de). 87.
— (Selliers de). 210.
— (Serruriers de). 156.
— (Table de Marbre de). 217.
— (Tailleurs de). 177. 212.
— (Tanneurs de). 152. 155.
— (Taillandiers de). 211.
— (Teinturiers de). 217.
— (Tisserands de). 210.
— (Tonneliers de). 209.
— (Tondeurs de drap de). 217.
— (Traiteurs de). 156.
— (Tripiers, bahutiers de). 217.
— (Ursulines de). 78.
— (Vanniers de). 156.
— (Ville de). 89.
— (Vinaigriers de). 209.
— (Visitation de). 77.
— (Vitriers de). 156.
Etang (Minimes de Notre-Dame de l'). 160.
Feste (Prieuré de). 159.
Flavigny (Abbaye de). 260.
— (Bénédictins de St-Pierre de). 251.
— (Bouchers de). 278.
— (Boulangers de). 278.
— (Chirurgiens de). 278.
— (Cordonniers de). 278.
— (Hôteliers de). 278.
— (Marchands de). 278.
— (Mépartistes de St-Genest de). 252.
— (Tanneurs de). 278.
— (Ursulines de). 259.
Fontaine-lez-Dijon (Feuillants de).
Fontaine-Française (Mairie de). 216.

TABLE DES MATIÈRES

Fontenay (Abbaye de). 230.
Fontmois (Abbaye de). 251.
Glanot (Prieuré de). 282.
Is-sur-Tille (Mairie royale d'). 216.
— (Officiers du grenier à sel d'). 159.
Jean-l'Evangéliste (Prieuré de Saint-). 230.
Jean-de-Losne (Charpentiers de Saint-). 213.
— (Chirurgiens et apothicaires de). 157.
— (Cordonniers de). 213.
— (Hôteliers de). 214.
— (Maréchaux de). 214.
— (Mariniers de). 214.
— (Officiers du grenier à sel de). 158.
— (Pâtissiers et boulangers de). 213.
— (Serruriers de). 214.
— (Ursulines de). 176.
— (Ville de). 176.
Larré (Prieuré de). 216.
Les Juifs (Officiers de la prévôté de). 160.
Lieudieu (Abbaye de Notre-Dame du). 89.
Maizières (Abbaye de). 89.
Marcel-lez-Châlons (Prieuré de Saint-). 216.
Marcigny-les-Nonnes (Religieuses de). 158.
Marcilly (Abbaye de). 230.
Marguerite (Sainte-) (Abbaye de). 157.
Molaize (Abbaye de). 87.
Montbard (Apothicaires de). 281.
— (Bouchers de). 281.
— (Boulangers de). 282.
— (Bourreliers de). 282.
— (Charrons de). 282.
— (Chirurgiens de). 281.
— (Chirurgiens de). 281.
— (Cordonniers, Savetiers de). 281.
— (Drapiers de). 282.
— (Hôteliers de). 281.
— (Gantiers de). 281.
— (Grenier à sel de). 278.
— (Marchands de). 281.
— (Maréchaux de). 282.

Montbard (Mépartistes de). 252.
— (Merciers de). 282.
— (Serruriers de). 282.
— (Tanneurs de). 281.
— (Tisserands de). 282.
— (Ursulines de). 232.
— (Ville de). 231.
Monterel (Prieuré de). 295.
Montréal (Prieuré de Saint-Bernard de). 232.
— (Chapitre de Notre-Dame de). 230.
Moustier-Saint-Jean (Abbaye de). 251.
— (Bénédictins de). 231.
Noyers (Apothicaires de). 272.
— (Bouchers de). 272.
— (Boulangers de). 272.
— (Chirurgiens de). 272.
— (Cordonniers de). 271.
— (Frères de la doctrine chrétienne de). 259.
— (Grenier à sel de). 272.
— (Hôteliers de). 272.
— (Marchands d'étoffes de). 272.
— (Maréchaux de). 272.
— (Merciers de). 272.
— (Savetiers de). 271.
— (Selliers de). 272.
— (Serruriers de). 272.
— (Tanneurs de). 272.
— (Ursulines de). 260.
Notre-Dame de Losne (Officialité de). 212.
Nuits (Boulangers de). 153.
— (Bourreliers de). 153.
— (Chapitre de Saint-Denis de). 78.
— (Cordonniers de). 157.
— (Marchands de). 156.
— (Maréchaux ferrants de). 154.
— (Officiers du bailliage de). 159.
— (Officiers du grenier à sel de). 208.
— (Officiers de la prévôté de). 159.
— (Tisserands de). 154.
— (Ville de). 77.
Oigny (Abbaye d'). 295.
— (Religieux de Notre-Dame d'). 291.

Palleau (Prieuré de). 159.
Praslon (Abbaye de). 79.
Pommard (Châtellenie royale de). 216.
Pontailler (Magistrats de). 158.
— (Prieuré de Notre-Dame da). 158.
Puits-d'Orbe (Abbaye royale du). 286.
Romain (Saint-) (Prieuré de). 157.
Roune (Officiers de la châtellenie de). 160.
Saulx-le-Duc (Grenier à sel de). 159.
— (Officiers de la châtellenie royale de). 160.
Saulieu (Apothicaires de). 274.
— (Bouchers de). 275
— (Boulangers de). 275.
— (Chapeliers de). 275.
— (Chapitre de Saint-Andoche de). 151.
— (Charpentiers de). 275.
— (Charrons de). 280.
— (Chaudronniers de). 280.
— (Chirurgiens de). 274.
— (Cloutiers de). 280.
— (Cordonniers de). 274.
— (Corroyeurs de). 279.
— (Drapiers de). 274.
— (Epiciers de). 279.
— (Grenier à sel de). 252.
— (Hôteliers de). 274.
— (Maçons de). 275.
— (Marchands de). 279.
— (Marchands de fer de). 279.
— (Maréchaux de). 275.
— (Merciers de). 275.
— (Pelletiers de). 279.
— (Potiers d'étain). 280.
— (Selliers de). 275.
— (Serruriers de). 275.
— (Tailleurs de). 275.
— (Tanneurs de). 274.
— (Tisserands de). 274.
— (Ursulines de). 259.
Seine (Saint-) (Bénédictins de). 152.
Semur-en-Auxois (Bailliage de). 279.
— (Bouchers de). 277.
— (Boulangers de). 272.
— (Cabaretiers de). 273.

TABLE DES MATIÈRES

Semur-en-Auxois (Chapeliers de). 271.
— (Chaudronniers de). 271.
— (Chirurgiens de). 270.
— (Cordiers de). 270. 271.
— (Drapiers de). 270.
— (Jacobines de). 251.
— (Maréchaux de). 271.
— (Mégissiers de). 271.
— (Menuisiers de). 271.
— (Mépartistes de). 252.
— (Officiers du grenier à sel de). 278.
— (Perruquiers de). 270.
— (Prieuré de Notre-Dame de). 230.
— (Potiers d'étain de). 271.
— (Savetiers de). 271.
— (Selliers de). 270.
— (Serruriers de). 252.
— (Tanneurs de). 273.
— (Tisserands de). 251.
— (Ursulines de). 232.
— (Ville de). 251.
— (Visitation de). 230.

Seurre (Boulangers de). 212.
— (Charpentiers de). 158.
— (Charrons de). 213.
— (Chirurgiens de). 158.
— (Cordiers de). 212.
— (Hôteliers de). 212.
— (Marchands de). 212.
— (Maréchaux de). 213.
— (Mariniers de). 213.
— (Officiers du grenier à sel de). 158.
— (Pâtissiers de). 212.
— (Selliers de). 212.
— (Serruriers de). 212.
— (Tailleurs de). 213.
— (Tanneurs de). 213.
— (Tisserands de). 212.
— (Ursulines de). 78.
— (Ville de). 151.
Talant (Officiers de la mairie royale de). 159.
Tard (Abbaye de Notre-Dame de). 77.
Til-en-Auxois (Chapitre de l'église de la Trinité de). 231.

Valcroissant (Prieuré de). 251.
Vauclerc (Prieuré de). 295.
Vergy (Châtellenie de). 216.
Vincent (Saint-). (Prieuré de). 216.
Vitteaux (Apothicaires de). 280.
— (Bouchers de). 278.
— (Boulangers de). 277.
— (Chirurgiens de). 280.
— (Cordonniers de). 277.
— (Drapiers de). 280.
— (Gantiers de). 280.
— (Hôteliers de). 278.
— (Marchands de). 277.
— (Maréchaux de). 289.
— (Merciers de). 280.
— (Savetiers de). 277.
— (Selliers de). 281.
— (Serruriers de). 280.
— (Tanneurs de). 277.
— (Taillandiers de). 280.
— (Tisserands de). 277.
— (Ursulines de). 79.

ERRATA

Page 304, ligne 17, *lire* Dijon *au lieu de* Besançon.
— 8 et 12, *lire* Lenet *et non* Levot.
— 248, n° 1, *lire* Blanot *et non* Blavot.

DIJON, IMP. DARANTIERE, RUE CHABOT-CHARNY, 65.

d'Hozier, Charles
Armorial général de France -
1875